A n t o n,

Vormundschaftsordnung.

Die

Vormundschaftsordnung

vom 5. Juli 1875

für den Umfang der Preußischen Monarchie.

Bearbeitet

von

O. Anton,

Vize=Präsident des Königl. Appellationsgerichts zu Ratibor.

Zweite völlig umgearbeitete Auflage.

Berlin 1879.

Verlag von J. Guttentag (D. Collin).

Vorwort zur ersten Auflage.

Die Vormundschaftsordnung vom 5. Juli 1875 für Preußen, ein mit ausgezeichneter Sorgfalt erwogenes und gefaßtes Gesetz, ist durch seine knappe Form, bei reichstem Inhalte, besonders geeignet, kommentirt zu werden, da gerade die gediegene Fassung bei größter Kürze es nicht immer leicht macht, sofort den vollen Inhalt in seiner weiten Ausdehnung finden zu können. Daher sind, soviel dem Verfasser bekannt, auch bereits neun, mehr oder minder vollständige Bearbeitungen und Kommentare dieses Gesetzes, in dem kurzen Zeitraume von vier Monaten seit der amtlichen Veröffentlichung desselben, im Buchhandel erschienen.

Trotzdem schien es, als wenn dem Bedürfniß, in der vorliegenden Form den Vormündern ein ebenso handliches wie übersichtliches Vademecum, welches gleichzeitig dem jungen Juristen die Kenntniß dieser Rechtsmaterie erleichtert und dem Vormundschaftsrichter bei der Bearbeitung des Vormundschaftswesens als Handbuch nicht ohne Werth sein dürfte, zu schaffen, bisher noch nicht genügt wäre und deßhalb entschloß sich der Verfasser zur Herausgabe dieses kleinen Werkchens, welches im Erreichen des ihm gesteckten Zieles seine Begründung finden möge. Die gebräuchliche Form, zu dem Gesetzestexte in numerirten Noten Erläuterungen und Ergänzungen zu geben, ist absichtlich verlassen und eine vollständige textmäßige Bearbeitung des Gesetzes vorgezogen, um die Uebersichtlichkeit seines Inhaltes nicht zu schmälern, denselben durch die nothwendigen Ergänzungen zu vervollständigen und dadurch jedem Gebildeten beim Studium und bei der Anwendung des Gesetzes ein praktisches Hülfsmittel zu gewähren.

Berlin, im November 1875.

Vorwort zur zweiten Auflage.

Die zweite Auflage, durch das seit November 1875 gesammelte neue Material an sich schon bedeutend erweitert, erscheint auf Ersuchen des Herrn Verlegers in der, den Praktikern am meisten willkommenen, Form eines Kommentars. Ueberall sind die Grundsätze der Vormundschaftsordnung aufgesucht und aus ihnen heraus sind sodann die Erläuterungen, welche nicht selten von den bisher aufgestellten Ansichten abweichen, folgerecht entwickelt. Diese Erläuterungen sind als Anmerkungen zu den einzelnen Gesetzesparagraphen gegeben, um die augenblickliche Orientirung zu erleichtern und gleichwohl das Studium nicht zu erschweren. Den zweifelhaften Fragen, welche in nunmehr fast dreijähriger Anwendung der seit 1. Januar 1876 geltenden Vormundschaftsordnung hervorgetreten sind, sowie den darüber bekannt gewordenen Einzelansichten ist die ernsteste Beachtung geschenkt. In Folge dessen ist diese zweite, völlig umgearbeitete Auflage viel umfangreicher geworden, als die erste. Sollte diese ein Führer bei Anwendung der Vormundschaftsordnung sein, so ist jene zugleich ein Rathgeber, bestrebt, möglichst vollständig und klar auf Fragen des Praktikers Antwort zu geben.

Ratibor, im Herbst 1878.

Inhaltsverzeichniß.

Abkürzungen.

A. L. R. = Allgemeines Landrecht für die Preußischen Staaten.
A. G. O. = Allgemeine Gerichtsordnung.
A. M. = Anderer Meinung.
Anm. = Anmerkung.
B. G. Bl. = Bundesgesetzblatt.
D. Civ. Pr. O. und D. Str. Pr. O. = Deutsche Civil- und Strafprozeßordnung.
Ges. S. = Gesetzsammlung.
J. M. Bl. = Justizministerialblatt.
K. O. = Kabinetsordre.
M. Bl. f. d. i. V. = Ministerialblatt für die innere Verwaltung.
Reskr. = Reskript.
R. G. Bl. = Reichsgesetzblatt.
R. Str. G. B. = Reichsstrafgesetzbuch
Str. G. B. = Strafgesetzbuch
} beides bedeutet das Reichsstrafgesetzbuch, geltend im ganzen Deutschen Reiche seit 1. Jan. 1872, nebst dem ergänzenden Gesetze v. 26. Febr. 1876.
S. = Seite.
S. oder s. = Siehe oder siehe.
V. = Verfügung.
V. O. = Verordnung oder Vormundschaftsordnung.
V. G. = Vormundschaftsgericht.

Verzeichniß der abgekürzt angeführten Werke.

Dernburg, Das Vormundschaftsrecht, 2. Aufl., Berlin 1876.
Eccius, Erörterungen aus dem Gebiete des Vormundschaftsrechts, Berlin 1876.
Gruchot, Beiträge zur Erläuterung des Deutschen Rechts, Jahrg. 20—22, Berlin 1876—1878.
Johow, Jahrbuch für endgültige Entscheidungen der Preußischen Appellationsgerichte, 5.—7. Band, Berlin 1876—1878.
Justizministerialblätter 1875—1878.
Koch, Kommentar zum Allgemeinen Landrecht, 5. Ausg., Berlin 1876.
Löwenstein, Die Vormundschaftsordnung, 2. Aufl., Berlin 1878.
Maassen, Die Vormundschaftsordnung, Cöln 1876.
Märcker, Nachlaßregulirung 2c., 5. Aufl., Berlin 1876.
Ministerialblätter für die innere Verwaltung 1875—1878.
Möbius, Erörterungen 2c., Breslau 1876.
Philler, Die Vormundschaftsordnung, Berlin 1875.
Wachler, Die Preußische Vormundschaftsordnung, Breslau 1875.

I.

Einleitung.

Die Gegenwart ist eine der fruchtbarsten Zeiten für gesetzgeberische Thätigkeit, insbesondere auch auf dem Gebiete der Gerichtspflege. Auch nicht ein Gebiet des großen Feldes juristischer Thätigkeit ist von dem kritischen Auge des Gesetzgebers unberührt geblieben. Unter den neu (seit 1. Januar 1876) in Wirksamkeit getretenen Gesetzen nimmt die neue Preußische Vormundschaftsordnung (vom 5. Juli 1875) wegen ihres hohen staats- und privatrechtlichen Interesse nicht die niedrigste Stufe allgemeiner Beachtung und großer Bedeutung ein; sowohl wegen ihrer fünfzigjährigen Vorarbeiten, als auch wegen ihres konsequent durchgeführten grundsätzlichen Inhalts und der mit größter Sorgfalt ausgearbeiteten Form. Es galt nicht nur, im landrechtlichen Theile Preußens die Vormundschaftsordnung zeitgemäß zu verbessern, sondern es handelte sich zugleich darum, die landrechtlichen, gemeinrechtlichen und rheinisch-französischen Rechtsgebiete in einem Vormundschaftsrechte zu vereinigen und dadurch einen tüchtigen Baustein zum Gebäude deutscher Rechtseinheit zu liefern. Ueberraschend und zum Nachdenken auffordernd bleibt der Umstand, daß seit 1825 in Preußen immer wieder die tüchtigsten theoretisch und praktisch durchgebildeten Kräfte bestrebt waren, ein besseres und zeitgemäßeres Vormundschaftsgesetz zu schaffen, welches den als fühlbar ausgesprochenen Mängeln abzuhelfen im Stande gewesen wäre, und daß dies erst 1875, nach fünfzigjährigem ununterbrochenen Streben und Arbeiten, gelungen ist. Das Horazische „nonum prematur in annum“ ist bei diesem Gesetze mithin in volle Anwendung gekommen. Die Gesetzgeber waren emsig bemüht, zu erforschen: worin die etwaigen begründeten Mängel der bisherigen Gesetzgebung in den drei Rechtsgebieten zu finden seien, wie in anderen civilisirten und kultivirten Staaten und Ländern das Vormundschaftswesen verwaltet wird und welche Grundgedanken beziehungsweise Ausführungswege sich bis in die neueste Zeit bewährt haben. Systematische Bearbeitung auf der Basis praktischer Erfahrung hat demnach das Werk gezeitigt, unter Zugrundelegung folgender leitender Grundsätze:

1) Der Vormund, und nicht das Vormundschaftsgericht, verwaltet die Vormundschaft, das Gericht (durch Einzelrichter) beaufsichtigt nur;
2) der Mündel kommt in Betracht als Mitglied der Familie, der Gemeinde und des Staates; allen dreien muß daher ein angemessenes Feld der Thätigkeit in der Vormundschaftsordnung eingeräumt werden;
3) dem Vater und der Mutter gebührt eine besonders bevorzugte Stellung, den Großeltern und Eheleuten eine nähere Berücksichtigung; nächst ihnen kommt die Familie weiter in „Verwandten und Verschwägerten“ in Betracht, deren Thätigkeit, neben gutachtlicher Anhörung, bis zur Bildung eines förmlichen „Familienrathes“ in Anspruch genommen werden kann;
4) die Gemeinde sorgt mit für Auswahl der Vormünder (Pfleger) und die Erziehung der Mündel durch den „Waisenrath“, ein unentgeltliches Gemeindeamt.

In Anwendung dieser Grundgedanken handelt der **erste Abschnitt** der neuen Vormundschaftsordnung vom „Vormundschaftsgericht“, legt die Staatsaufsicht in die Hand von Einzelrichtern, regelt die Kompetenz (Zuständigkeit) in gewohnter Art, event. durch Bestimmung des vorgesetzten Instanzgerichts, beziehentlich durch den Justizminister, und legt die endgiltige Entscheidung auf Beschwerden, welche beim Vormundschafts- oder beim Beschwerdegericht anzubringen sind, dem vorgesetzten Instanzgericht bei. Genau erwogen ist die Frage: ob die im landrechtlichen Gebiet bestehende kollegialische Behandlung der Vormundschaftssachen nicht der durch Einzelrichter vorzuziehen sein möchte? Aber verneint aus folgenden Gründen. Im gemeinrechtlichen und französischen Rechtsgebiet haben sich ebenso, wie in anderen Ländern, die Einzelrichter bewährt, so daß ein Aufwand mehrerer Richter unnütz erscheine; auch sei sowohl der Gesetzrevisor 1825, als auch später der Ausdruck von Behörden und Einzelnen, in Schrift und Wort, und von Versammlungen, namentlich dem Deutschen Juristentage, zu dem Resultat gekommen, daß das System des Einzelrichters vorzuziehen sei, zumal die Beschwerde kollegialisch erledigt werde und eine Vermögensverwaltung durch das Gericht, wie das Allg. Landrecht sie kannte, fortan wegfalle; der Verkehr des betheiligten Publikums mit dem Einzelrichter sei leichter, einfacher, flüssiger und fördernder, der Einzelrichter werde im Stande sein, mit eigenen klaren Augen, statt durch die andersfärbende papierne Aktenbrille zu sehen und werde bei seiner selbstständigen, verantwortlichen Stellung ein um so regeres Interesse an der Sache nehmen, als er sich auf fremden Rath und Beihülfe (im Kollegium) nicht stützen könne. Uebrigens ist im „Familienrath“ für wichtige und darnach angethane Sachen ein Kollegium ermöglicht, welches geeigneter sein dürfte, über schwierige vormundschaftliche Verwaltungsmaßregeln zu beschließen, als ein rein richterliches Vormundschaftskollegium.

Ferner ist die Frage beregt worden: ob die obrigkeitliche Aufsicht etwa vom Staate gänzlich der Gemeinde übertragen werden solle? Dies ist aber auch verneint worden. Schon deshalb, weil in Deutschland dem Staat, und zwar speziell dem Richteramt, seit Jahrhunderten mit gutem Erfolge diese Aufsicht anvertraut sei, und diesen historischen Boden zu verlassen kein Grund vorliege. Nur ganz vereinzelte (meist Richter-) Stimmen haben die Bejahung als Wunsch geäußert, um einen der rein richterlichen Thätigkeit weniger entsprechenden amtlichen Wirkungskreis den Gerichten abgenommen zu sehen. Die vormundschaftliche Aufsicht ist ein Akt des Rechtsschutzes und ein Ausfluß der dem Staate zukommenden Gerichtsbarkeit, welche den Zweck hat, für die Sicherheit der Staatsbürger, ihrer Personen und ihres

Vermögens, durch Rechtsschutz zu sorgen. Deshalb ist der Staat durch seine Gerichte naturgemäß zur Aufsicht berufen.

Der **zweite Abschnitt** behandelt die Vormundschaft über Minderjährige in fünf Abtheilungen, nämlich Einleitung, Führung, Beaufsichtigung, Beendigung der Vormundschaft, und Familienrath.

Er unterscheidet

1) gesetzliche Vormünder, die vom Richter nicht bestellt werden, aber wegen Unfähigkeit oder aus erheblichen Gründen entlassen oder entsetzt werden können;
2) vom Gesetz in bestimmter Reihenfolge berufene Vormünder, welche, bei Vermeidung der Beschwerde, vom Richter genommen, bestellt und beaufsichtigt werden müssen;
3) vom Richter, auf Vorschlag, beziehungsweise nach Anhörung des Waisenrathes ausgewählte und berufene Vormünder, die er bestellt und beaufsichtigt.

Zur Anzeige, wenn eine Bevormundung nöthig wird, sind verpflichtet: die Mutter, Stiefmutter, großjährigen Geschwister, wer den Mündel an Kindesstatt angenommen hat, der Standesbeamte, und, ist ein gerichtliches Verfahren der Grund, das Gericht resp. die Staatsanwaltschaft.

Sieben Gründe machen zur Führung einer Vormundschaft unfähig; Beamte bedürfen der Genehmigung der vorgesetzten Behörde; Ablehnungsgründe sind sieben in der V. O. ausgesprochen.

Dem Vormund kann ein Gegenvormund bestellt werden, dies muß geschehen, wenn mit der Vormundschaft eine Vermögensverwaltung verbunden ist und nicht mehrere Vormünder zu ungetrennter Verwaltung bestellt sind. Ob eine Vermögensverwaltung vorliegt, unterliegt der Beurtheilung des Richters; die im § 41 V. O. aufgeführten Fälle sind stets Akte einer Vermögensverwaltung.

Der Vormund, welchem nur ausnahmsweise ein Honorar zuzubilligen ist, sorgt für die Person und das Vermögen des Mündels, und vertritt ihn bei Rechtsgeschäften. Er haftet für die Sorgfalt eines ordentlichen Hausvaters in seinen eigenen Angelegenheiten und hat folgende Pflichten: er nimmt bei Einleitung der Vormundschaft vom Vermögen des Mündels ein Verzeichniß auf und reicht es, unter Umständen zur Versiegelung, als Grundlage der Verwaltung und Rechnungslegung, dem Gericht ein; er hat die Bestimmungen des Erblassers des Mündels über Verwaltung oder Veräußerung von Nachlaßgegenständen zu befolgen und darf davon nur mit Genehmigung des Gerichts abweichen; er darf Schenkungen, abgesehen von Anstandsausgaben, für den Mündel nicht vornehmen; Gelder, die zu laufenden Ausgaben nicht erforderlich sind, muß der Vormund, bei Vermeidung einer Selbstverzinsung zu 6 %, zinsbar anlegen in

a) deutschen Staatspapieren,
b) Schuldverschreibungen, deren Verzinsung von einem Deutschen Staate garantirt ist,
c) Preußischen Rentenbriefen,
d) kündbaren oder der Amortisation unterliegenden Kommunalobligationen,
e) sicheren Hypotheken oder Grundschulden, bei ländlichen Grundstücken innerhalb $^2/_3$, bei städtischen $^1/_2$ des Werthes, oder innerhalb des 15fachen Betrages des Grundsteuerreinertrages der Liegenschaft,
f) öffentlichen Sparkassen,
g) landschaftlichen Pfandbriefen und denen gleichstehenden Effekten.

Für die Kapitalanlage findet der Vormund sonach reiche Auswahl und kann er auch zweckmäßig solche Anlagen wählen, deren Verhältnisse er in unmittelbarer Nähe übersehen kann.

In seinem Nutzen darf der Vormund keinen Vermögensgegenstand des Mündels verwenden, sonst muß er vom Gelde 8—20% Strafzinsen, nach gerichtlichem Ermessen, zahlen. Er hat die Auseinandersetzung über seinen dem Mündel angefallenen Nachlaß, wenn er sie für nöthig findet, vor Gericht, vor Notar oder mittelst Privatschrift, zu veranlassen.

Der Genehmigung des Gegenvormundes bedarf es zur

a) Veräußerung von Werthpapieren,
b) Einziehung, Abtretung oder Verpfändung von Kapitalien, sofern dieselben nicht bei Sparkassen belegt sind,

c) Aufgabe oder Minderung der für eine Forderung bestellten Sicherheit;

der Genehmigung des Vormundschafts-Gerichts aber in 14 Fällen; das Gericht bestimmt auch die Art der Veräußerung einer unbeweglichen Sache.

Beaufsichtigt wird der Vormund, neben dem Waisenrath, welchem die Aufsicht über das persönliche Wohl und die Erziehung des Mündels aufgetragen ist, 1) durch den Gegenvormund betreffs ordnungsmäßiger Führung der Vermögensverwaltung. Der Gegenvormund, welcher auch wie ein ordentlicher Hausvater haftet, hat wenigstens einmal im Jahre, und zwar jedenfalls vor Abgabe seiner Bemerkungen zu der vom Vormund einzureichenden Rechnung oder Vermögensübersicht, den Vermögensbestand durch den Vormund sich nachweisen zu lassen, und dem Gericht von etwaigen Pflichtwidrigkeiten oder eintretender Unfähigkeit des Vormundes Anzeige zu machen. 2) Durch das Vormundschaftsgericht, welches gegen Vormund und Gegenvormund bis 300 Mark Ordnungsstrafe verhängen darf. Dem Gericht muß der Vormund jährlich Rechnung über die Vermögensverwaltung, mit Belägen versehen, legen, nachdem sie dem Gegenvormund vorgelegen hat und mit dessen Bemerkungen versehen worden ist. Bei Verwaltungen von geringem Umfange kann, nach der ersten Rechnung, für die folgenden der Termin vom Gericht auf 2—3 Jahre bestimmt werden. Von dieser Pflicht sind Vater Mutter, Ehemann und Großeltern des Mündels frei und können Vater und Mutter durch Schrift, Testament oder Notariatsakt den von ihnen ernannten Vormund befreien; ist dies der Fall, so hat der Vormund, mit den Bemerkungen des Gegenvormundes, auf Erfordern des Gerichts alle 2 Jahre oder in längeren Zwischenräumen, eine Uebersicht des Vermögensbestandes einzureichen.

Statt des Vormundschaftsgerichts kann der Vormund durch einen Familienrath beaufsichtigt werden, wenn

a) der Vater oder die Mutter einen solchen angeordnet haben,
b) Vormund oder Gegenvormund, oder
c) drei bis zum dritten Grade Verwandte oder Verschwägerte des Mündels ihn beantragen und Vater oder Mutter dessen Bildung nicht untersagt haben.

Gebildet wird der Familienrath aus dem Vormundschaftsrichter als Vorsitzendem und wenigstens 2 bis höchstens 6 männlichen Verwandten oder Verschwägerten des Mündels, welche zur Führung der Vormundschaft gesetzlich fähig sind, durch den Richter bestellt werden und wie Vormünder haften. Andere Personen (Familienfreunde) können in den Familienrath nur berufen werden

a) durch Vater oder Mutter des Mündels,
b) durch Beschluß eines bestehenden Familienraths.

Beendigt wird die Vormundschaft, außer beim Tode des Mündels, wenn

a) der Mündel die Großjährigkeit erreicht,
b) für großjährig erklärt wird, was, nach zurückgelegtem 18. Lebensjahre und geführter Sachuntersuchung, mit Einwilligung des Mündels, durch das Vormundschaftsgericht geschehen kann,
c) wenn der Mündel in väterliche Gewalt tritt, und
d) wenn das Ruhen der väterlichen Gewalt oder die Bevormundung des Vaters aufhört.

Sobald die Vormundschaft beendigt ist, muß der Vormund das Vermögen dem Mündel oder seinem Rechtsnachfolger herausgeben und binnen 2 Monaten nach Beendigung seines Amtes Schlußrechnung legen, welche der Gegenvormund mit seinen Bemerkungen zu versehen hat. Dann werden Vormund und Gegenvormund entlastet.

Sicherheitsstellung kann das Gericht vom Vormunde fordern, wenn der Vormund davon nicht vom Vater oder der Mutter des Mündels befreit ist, und ein erhebliches Vermögen zu verwalten hat; auch kann es Werthpapiere und Kostbarkeiten in behördliche oder derselben der Sicherheit nach gleichgestellte Verwahrung nehmen lassen oder Außerkurssetzung der Werthpapiere anordnen.

Im **dritten Abschnitt** ist die Vormundschaft über Großjährige behandelt. Großjährige erhalten einen Vormund

1) wenn sie für geisteskrank oder
2) für Verschwender erklärt,

3) wenn sie taub, stumm oder blind und hierdurch an Besorgung ihrer Rechtsangelegenheiten gehindert sind,
4) Abwesende, über deren Aufenthalt ein Jahr lang keine Nachricht eingegangen ist, so weit sie keinen Bevollmächtigten bestellt haben und behindert sind, ihre Vermögensangelegenheiten zu besorgen.

Der Vater ist gesetzlicher Vormund; die Ehefrau ist, wenn sie es nicht ablehnt, zur Führung der Vormundschaft fähig. Eine solche Vormundschaft hört auf, sobald der Grund zu deren Einleitung gehoben ist.

Der **vierte Abschnitt** endlich verbreitet sich über die Pflegschaft. Die in väterlicher Gewalt oder unter Vormundschaft stehenden Personen erhalten einen Pfleger für Angelegenheiten, bei welchen die Ausübung der väterlichen oder vormundschaftlichen Rechte erforderlich ist, aber aus thatsächlichen oder rechtlichen Gründen nicht stattfinden kann. Ein Pfleger kann von Rechnungslegung und Sicherheitsstellung wie ein Vormund befreit werden. Ein Gegenvormund ist nicht erforderlich.

Personen, die selbst zu handeln außer Stande sind und der väterlichen oder vormundschaftlichen Vertretung entbehren, können für einzelne Angelegenheiten oder für einen bestimmten Kreis von Angelegenheiten einen Pfleger erhalten. Ist der Erbe eines Nachlasses unbekannt, so ist zur Erhaltung des Nachlasses und zur Ausmittelung der Erben ein Pfleger zu bestellen.

Soviel über die Pflegschaft, die eine Lücke wohl nicht übrig läßt, sondern den Anforderungen praktischer Erfahrung völlig entspricht.

Aus dem **fünften Abschnitt**: Schlußbestimmungen ist nur hervorzuheben, daß dieses Gesetz am 1. Januar 1876 in Kraft getreten ist, die gesetzlichen Vorschriften über Auseinandersetzung bei anderweiter Heirath, ehelichen oder väterlichen Nießbrauch bei Kraft bleiben und das Gesetz auf die Mitglieder der königlichen Familie, des Hohenzollern'schen Fürstenhauses keine Anwendung findet, es vielmehr bei der Hausverfassung sein Bewenden behält, daß auch die nach dem bisher geltenden Privatfamilienrecht der Häupter und Mitglieder der früher reichsständischen Familien begründeten Rechte durch dieses Gesetz nicht berührt werden, und daß alle Gesetze und Ordnungen über das Vormundschaftswesen, welche in der neuen Vormundschaftsordnung nicht ausdrücklich aufrecht erhalten sind, als aufgehoben gelten.

Zu den Sicherungsmaßregeln bei Verwaltung des Mündelvermögens gegen die Gefahr, welche nach Aufhebung der gerichtlichen Vermögensverwaltung aus dem Kardinalsatze:

dem Vormunde liegt die Sorge und Verwaltung betreffs der Vermögensangelegenheiten des Mündels ob,

entstehen können, gehören, neben dem Vorrecht des Mündels im Konkurse wegen seines, gesetzlich der Verwaltung des Gemeinschuldners unterworfenen, Vermögens:

1) die Verpflichtung des Vormundes auf treue und gewissenhafte Führung der Vormundschaft mittelst Handschlages an Eides statt,
2) die Bestellung des Gegenvormundes, welcher das Inventar, die Rechnung, den Vermögensbestand zu prüfen hat und durch sein Einverständniß resp. seine Genehmigung überwacht, daß und wie das Geld vorschriftlich angelegt wird,
3) daß zu den bedeutenderen Verwaltungsmaßregeln oder Veränderungen in der Person des Mündels die Genehmigung des Vormundschaftsgerichts erforderlich ist,
4) die jährlich dem Vormundschaftsgericht zu legende Rechnung,
5) das Recht des Vormundschaftsgerichts, Sicherstellung zu fordern,
6) das Recht desselben, lettres au porteur und Kostbarkeiten bei der Reichsbank oder an anderen sicheren Orten deponiren zu lassen, resp. erstere außer Kurs setzen zu lassen,
7) die Befugniß der Eltern, Vormünder, selbst unter Befreiung, letztwillig zu berufen, und der Erblasser, für den Vormund (Pfleger) Verwaltungsinstruktionen zu hinterlassen.

Bei prompter und umsichtiger Anwendung dieser Maßregeln dürften die Mündel auch ferner vor Verlusten möglichst gewahrt bleiben.

Im Preußischen Landtage ist die Vormundschaftsordnung, neben dem Herrn Justizminister Dr. Leonhardt, von den Herren Geheimen Ober-Justizräthen Kurlbaum II und Dr. Stölzel als Regierungskommissarien, vertreten worden. Letztere Beide haben auch zur Aufklärung und Beseitigung irriger Auffassung im Justizministerialblatt für 1875, 1876, 1878 (resp. S. 248 ff., 265 ff., 22 ff. 7 ff.) schätzenswerthes Interpretationsmaterial geliefert.

Neben den anderen ihm verbliebenen (§§ 64—73, 86—89, 90, 91, 92—107, 109—117, 158—167, 168—175, 179—200, 621—625. II. 2., §§ 233—239, 387, 388. II. 1. A. L. R., J. M. Bl. 1875 S. 22—24, 26—30, Gruchot 20 S. 767) und neu zugelegten (§ 55 R. Str. G. B., Ges. vom 13. März 1878 Ges. S. S. 132 ff., Deutsche Civil-Proz. Ordn. § 109 Abs. 2) Thätigkeiten des Vormundschaftsrichters hat derselbe nach der Vormundschaftsordnung, von Einleitung bis zum Schluß der Vormundschaft (resp. Pflegschaft), Folgendes zu thun. Er hat

1) die Anzeigen über Veranlassung zu einer Vormundschaft oder Pflegschaft, sowie die Zuständigkeit zu prüfen, auch etwaige vorläufige Sicherungsmaßregeln zu treffen,
2) den Vormund resp. Gegenvormund zu berufen, zu verpflichten, zu bestallen, Meinungsverschiedenheiten der Vormünder zu entscheiden, event. das Honorar zuzubilligen,
3) die Vermögensverzeichnisse entgegenzunehmen resp. einzusiegeln,
4) Abweichungen von den Seitens der Erblasser gegebenen Verwaltungsvorschriften in des Mündels Interesse zu genehmigen,
5) die jährlich zu legende Rechnung sachlich und genau zu prüfen, namentlich, ob das Geld vorschriftlich und rechtzeitig zinsbar angelegt ist, event. dem Vormund die eigene Verzinsung zu 6—20% aufzulegen,
6) die Genehmigung in den 14 Fällen des § 42 V. O. zu ertheilen, event. die des Gegenvormundes in den 3 Fällen des § 41 zu ersetzen,

7) die Art der Veräußerung einer unbeweglichen Sache zu bestimmen,
8) mit dem Waisenrath die nöthigen Korrespondenzen zu pflegen,
9) den über 18 Jahre alten Mündel und in geeigneten Fällen Gegenvormund und Verwandte zu hören, den Familienrath zu konstruiren, ihm vorzusitzen und dessen Beschlüsse auszufertigen,
10) den Kautionspunkt zu regeln und event. die Deposition der Werthpapiere und Kostbarkeiten anzuordnen,
11) über Entlassung, Entsetzung der Vormünder und Familienrathsmitglieder, Festsetzung von Ordnungsstrafen zu befinden,
12) die Großjährigkeitserklärungen nach geführter Sachuntersuchung auszusprechen, die Vormundschaften und Pflegschaften aufzuheben,
13) nach beendeter Vormundschaft die Schlußrechnung entgegenzunehmen und Entlastung herbeizuführen, resp. die Vormundschaftsakten vorzulegen und event. die gestellte Sicherheit zurückzugeben.

Neben kurzer präziser und doch einfacher und übersichtlicher Fassung sind, wie der kurze Ueberblick darthut, in der Vormundschaftsordnung vom 5. Juli 1875, alle durch Schrift und Wort seit 1825 hervorgehobenen begründeten Wünsche möglichst verwerthet und alle bewährten Einrichtungen systematisch und einheitlich verwendet, so daß zu hoffen ist, sie wird durch immer mehr sich befestigende Praxis von Jahr zu Jahr in Anerkennung ihrer Vorzüge steigen und sich mehr und mehr in der Hand bewährter treuer Vormünder und umsichtiger wohlwollender Vormundschaftsrichter einbürgern, als eine glückliche Mischung des Theoretikers, welcher allgemeine feste Grundgedanken im Auge hat, und des Geschäftsmannes, welcher die besonderen Umstände in Berücksichtigung zu bringen weiß, zum Wohle Preußens und des Deutschen Reiches. Was Preußen gewonnen hat, hat von je auch Deutschland gewonnen.

II.

Vormundschaftsordnung

vom 5. Juli 1875*). (G. S. S. 431).

Erster Abschnitt.

Vormundschaftsgericht.

§ 1.

Das Vormundschaftsgericht wird von Einzelrichtern (Friedensrichtern, Amtsrichtern, Gerichtskommissarien) verwaltet.

Im Geltungsbereich der Verordnung vom 2. Januar 1849 und im Bezirk des Appellationsgerichts zu Frankfurt a. M. werden zu diesem Zwecke bei den Kollegialgerichten erster Instanz ein oder mehrere Einzelrichter ernannt.

---

*) Die Vormundschaftsordnung vom 5. Juli 1875 hat folgende Eintheilung:
Erster Abschnitt.
Vormundschaftsgericht. §§ 1—10.
Zweiter Abschnitt. Vormundschaft über Minderjährige.
I. Einleitung der Vormundschaft. §§ 11—26.
II. Führung der Vormundschaft. §§ 27—50.
III. Beaufsichtigung der Vormundschaft. §§ 51—60.
IV. Beendigung der Vormundschaft. §§ 61—70.
V. Familienrath. §§ 71—80.
Dritter Abschnitt.
Vormundschaft über Großjährige. §§ 81—85.
Vierter Abschnitt.
Pflegschaft. §§ 86—91.
Fünfter Abschnitt.
Schlußbestimmungen. §§ 92—102.

§ 2.

Für die Vormundschaft über einen Minderjährigen ist das Gericht zuständig, in dessen Bezirk der Vater zu der Zeit, in welcher die Bevormundung nöthig geworden ist, seinen Wohnsitz oder in Ermangelung eines solchen seinen Aufenthalt gehabt hat.

Für eine innerhalb der gesetzlichen Vormundschaft des Vaters erforderliche Thätigkeit des Vormundschaftsgerichts wird die Zuständigkeit durch den Wohnsitz oder in Ermangelung eines solchen durch den Aufenthalt des Vaters bestimmt.

§ 3.

Für die Vormundschaft über ein minderjähriges uneheliches Kind ist das Gericht zuständig, in dessen Bezirk die Mutter zur Zeit der Geburt des Kindes ihren Wohnsitz oder in Ermangelung eines solchen ihren Aufenthalt gehabt hat.

§ 4.

Für die Vormundschaft über einen Großjährigen ist das Gericht zuständig, in dessen Bezirk derselbe seinen Wohnsitz oder in Ermangelung eines solchen seinen Aufenthalt hat.

§ 5.

Fehlt es an einem der in den §§ 2—4 angeordneten Gerichtsstände, so ist das Gericht, in dessen Bezirk der Vater oder die uneheliche Mutter oder der zu bevormundende Großjährige den letzten Wohnsitz gehabt hat, und in Ermangelung eines solchen dasjenige Gericht zuständig, welches der Justizminister bestimmt.

§ 6.

Für die Vormundschaft über einen Nichtpreußen wird die Zuständigkeit durch den Wohnsitz nach Maßgabe der §§ 2—4 bestimmt.

In Ermangelung eines Wohnsitzes in Preußen kann das Gericht des Aufenthalts vorläufige Maßregeln ergreifen. Dasselbe hat eine Vormundschaft einzuleiten, wenn der Heimathstaat die Sorge für den zu Bevormundenden nicht übernimmt.

Die Vormundschaft über einen Nichtpreußen ist auf Verlangen der Behörden des Heimathstaates an diese abzugeben.

§ 7.

Minderjährige, deren Eltern unbekannt sind, werden von dem Gericht unter Vormundschaft gestellt, in dessen Bezirk sie gefunden wurden.

§ 8.

Für die Pflegschaft eines Bevormundeten ist das Gericht der Vormundschaft zuständig.

Im Uebrigen finden für die Pflegschaft, sowie für die außerhalb einer Vormundschaft oder Pflegschaft erforderliche Thätigkeit des Vormundschaftsgerichts die Vorschriften der §§ 2—4, 6 entsprechende Anwendung. Sofern diese Vorschriften nicht anwendbar sind, ist das Gericht zuständig, in dessen Bezirk die Angelegenheiten wahrzunehmen sind, wegen deren die Thätigkeit des Vormundschaftsgerichts eintritt.

§ 9.

Streitigkeiten über die Zuständigkeit mehrerer Vormundschaftsgerichte entscheidet endgültig das Appellationsgericht oder, wenn die Gerichte verschiedenen Appellationsgerichtsbezirken angehören, der Justizminister.

Das Vormundschaftsgericht kann die Vormundschaft oder die Pflegschaft aus erheblichen Gründen an ein anderes Vormundschaftsgericht abgeben, nach Bestellung des Vormundes oder des Pflegers jedoch nur mit dessen Zustimmung. Einigen sich die Gerichte nicht, so entscheidet nach Maßgabe der Vorschrift des ersten Absatzes das Appellationsgericht oder der Justizminister.

§ 10.

Gegen die Anordnungen des Vormundschaftsgerichts findet Beschwerde statt. Die Entscheidung erfolgt, und zwar endgültig, in dem Bezirk des Appellationsgerichtshofs zu Cöln durch das Landgericht, in dem Bezirk des Appellationsgerichts zu Celle durch das Obergericht, in den übrigen Landestheilen durch das Appellationsgericht.

Die Beschwerde wird bei dem Vormundschaftsgericht oder bei dem Beschwerdegericht eingelegt.

Die Beschwerde an das Landgericht kann ohne Mitwirkung eines Anwalts eingereicht werden und ist in einer Civilkammer des Landgerichts durch Rathskammerbeschluß zu erledigen.

Zweiter Abschnitt.

Vormundschaft über Minderjährige.

I. Einleitung der Vormundschaft.

§ 11.

Minderjährige erhalten einen Vormund, wenn sie nicht unter väterlicher Gewalt stehen, wenn die väterliche Gewalt nach den Vorschriften des bürgerlichen Rechts ruht, oder wenn ihr Vater selbst bevormundet wird.

§ 12.

Erlischt die väterliche Gewalt durch Verheirathung, durch getrennte Haushaltung oder durch Entlassung des Kindes, ohne daß dasselbe die Rechte eines Großjährigen erlangt, so wird der bisherige Gewalthaber gesetzlicher Vormund.

Ueber ein uneheliches Kind wird der Vater der unehelichen Mutter gesetzlicher Vormund, so lange das Vormundschaftsgericht nicht einen anderen Vormund bestellt.

§ 13.

Ueber einen Mündel, welcher in eine unter Verwaltung des Staats oder einer Gemeindebehörde stehende Verpflegungsanstalt aufgenommen ist, hat bis zu dessen Großjährigkeit der Vorstand der Anstalt die Rechte und Pflichten eines gesetzlichen Vormundes, so lange das Vormundschaftsgericht nicht einen anderen Vormund bestellt.

§ 14.

Ist ein gesetzlicher Vormund nicht vorhanden, so hat das Vormundschaftsgericht von Amtswegen die Vormundschaft einzuleiten.

§ 15.

So lange ein Vormund nicht vorhanden oder der vorhandene Vormund bei dem Anfall eines Nachlasses an den Mündel abwesend ist, hat das Vormundschaftsgericht das Vermögen des Mündels sicher zu stellen.

Die gleiche Pflicht hat jedes Vormundschaftsgericht, in dessen Bezirk sich Vermögen des Mündels befindet.

Sind der Vater oder die Mutter des Mündels oder großjährige Miteigenthümer anwesend, so ist die Sicherstellung nicht erforderlich.

§ 16.

Wird die Einleitung einer Vormundschaft nöthig, so sind die Mutter, die Stiefmutter und die großjährigen Geschwister, sowie derjenige, welcher den Mündel an Kindesstatt angenommen hat, verpflichtet, dem Vormundschaftsgericht unverzüglich Anzeige zu machen.

Eine gleiche Pflicht zur Anzeige haben die Standesbeamten, wenn ihnen ein Geburts- oder Sterbefall, welcher die Einleitung einer Vormundschaft nöthig macht, oder die Geburt eines unehelichen Kindes angemeldet wird.

Wird eine Bevormundung in Folge eines gerichtlichen Verfahrens nöthig, so ist das Gericht oder, wenn die Staatsanwaltschaft in dem Verfahren mitgewirkt hat, diese verpflichtet, das Vormundschaftsgericht zu benachrichtigen.

§ 17.

Als Vormünder sind in nachstehender Reihenfolge berufen:

1) wer, ohne die väterliche Gewalt zu erwerben, den Mündel an Kindesstatt angenommen hat;
2) wer von dem Vater in einem Testament oder in einer gerichtlich oder notariell beglaubigten oder eigenhändig geschriebenen und unterschriebenen Urkunde benannt ist, sofern der Vater zur Zeit seines Todes die väterliche Gewalt über den Mündel gehabt hat oder unter Voraussetzung der bereits erfolgten Geburt desselben gehabt haben würde, oder sofern der Vater bis zum Tode die Vormundschaft geführt hat;

3) die Mutter über ihre ehelichen, nicht an Kindesstatt hingegebenen Kinder;
4) wer von der Mutter in der unter Nr. 2 bestimmten Form benannt ist, sofern die Mutter bis zum Tode die Vormundschaft geführt hat;
5) der Großvater väterlicher Seits;
6) der Großvater mütterlicher Seits.

Die Mutter ist nicht berufen, wenn sie mit einem Anderen als dem Vater des Mündels verheirathet oder wenn die Ehe mit dem Vater des Mündels durch Urtheil getrennt ist.

Ist einer Ehefrau ein Vormund zu bestellen, so darf vor jedem nach diesem Paragraphen Berufenen der Ehemann bestellt werden.

§ 18.

Wegen Uebergehung der nach § 17 Berufenen ist die Beschwerde nur bis zum Ablauf von vier Wochen nach erhaltener Kenntniß von der Bestellung eines anderen Vormundes zuläßig.

Sind Umstände eingetreten, welche die Bestellung des nach § 17 Berufenen als nachtheilig für den Mündel erscheinen lassen, so kann das Vormundschaftsgericht den Berufenen mit dessen Zustimmung übergehen. Bei dessen Widerspruch ist die Entscheidung des Beschwerdegerichts einzuholen.

§ 19.

Kann die Vormundschaft keinem der nach § 17 Berufenen übertragen werden, so hat das Vormundschaftsgericht nach Anhörung des Waisenraths (§ 52) einen Vormund zu berufen und dabei geeignete Verwandte oder Verschwägerte des Mündels zunächst zu berücksichtigen.

Bei der Auswahl des Vormundes ist auf das religiöse Bekenntniß des Mündels Rücksicht zu nehmen.

Das Vormundschaftsgericht hat in der Regel für einen Mündel, sowie für mehrere Geschwister nur einen Vormund zu berufen.

§ 20.

Jeder Preuße, welcher nicht gesetzlich unfähig oder zur Ablehnung berechtigt ist, muß die Vormundschaft, zu welcher er berufen ist, übernehmen.

Weigert sich der Berufene, so kann er von dem Vormundschaftsgerichte durch Ordnungsstrafen bis zum Betrage von je dreihundert Mark zur Uebernahme der Vormundschaft angehalten werden.

Mehrere Strafen sind nur in Zwischenräumen von mindestens einer Woche zu verhängen. Ist dreimal eine Strafe ohne Erfolg verhängt, so ist ein anderer Vormund zu bestellen.

§ 21.

Unfähig zur Führung einer Vormundschaft sind:

1) Bevormundete oder Handlungsunfähige;
2) wer das einundzwanzigste Lebensjahr noch nicht zurückgelegt hat;
3) wer der bürgerlichen Ehrenrechte verlustig erklärt ist, nach Maßgabe des Strafgesetzbuchs;
4) Gemeinschuldner während der Dauer des Konkursverfahrens;
5) wer offenkundig einen unsittlichen Lebenswandel führt;
6) wer von dem Vater oder von der Mutter nach Maßgabe der in § 17 für die Berufung eines Vormundes gegebenen Vorschriften ausgeschlossen worden ist;
7) weibliche Personen.

Nicht unfähig zur Führung einer Vormundschaft sind jedoch die Mutter über ihre ehelichen, unehelichen oder angenommenen Kinder und die Großmutter, sofern sie nicht bei etwaiger Trennung der Ehe für den schuldigen Theil erklärt sind, sowie diejenigen weiblichen Personen, welche nach § 17 Nr. 2 und 4 berufen sind.

Eine Frau, welche mit einem Andern, als dem Vater des Mündels verheirathet ist, darf nur mit Einwilligung des Ehemannes zum Vormund bestellt werden.

§ 22.

Wer ein Staatsamt oder ein besoldetes Amt in der Kommunal- oder Kirchenverwaltung bekleidet, bedarf zur Führung einer von dem Vormundschaftsgericht eingeleiteten Vormundschaft der Genehmigung der zunächst vorgesetzten Behörde.

§ 23.

Die Uebernahme einer Vormundschaft können ablehnen:

1) weibliche Personen;
2). wer das sechszigste Lebensjahr überschritten hat;
3) wer bereits mehr als eine Vormundschaft oder Pflegschaft führt;
4) wer an einer die ordnungsmäßige Führung der Vormundschaft hindernden Krankheit leidet;
5) wer nicht in dem Bezirk des Vormundschaftsgerichts seinen Wohnsitz hat;
6) wer nach Maßgabe des § 58 zur Stellung einer Sicherheit angehalten wird;
7) wer fünf oder mehr minderjährige eheliche Kinder hat.

Die Führung einer Gegenvormundschaft steht im Sinne der Nr. 3 der Führung einer Vormundschaft oder Pflegschaft nicht gleich.

Das Ablehnungsrecht geht verloren, wenn es nicht bei dem Vormundschaftsgericht vor der Verpflichtung geltend gemacht wird.

§ 24.

Der Vormund wird von dem Vormundschaftsgericht durch Verpflichtung auf treue und gewissenhafte Führung der Vormundschaft bestellt. Die Verpflichtung erfolgt mittelst Handschlags an Eidesstatt.

Der Vormund erhält eine Bestallung, aus welcher die Namen und die Geburtszeiten der Mündel, die Namen des Vormundes, des Gegenvormundes und der Mitvormünder, sowie die Art der etwaigen Theilung der Verwaltung ersichtlich sein müssen. Ist ein Familienrath bestellt, so ist auch dies anzugeben.

Eine Bestellung des gesetzlichen Vormundes findet nicht statt.

§ 25.

Wird ein Handlungsunfähiger zum Vormund bestellt, so ist die Bestellung nichtig.

Ist der zum gesetzlichen Vormund Berufene bevormundet oder handlungsunfähig oder nicht im Besitz der bürgerlichen Ehrenrechte, so tritt die gesetzliche Vormundschaft nicht ein.

Stehen dem Vormund andere Unfähigkeitsgründe entgegen, oder fehlt es an der nach § 22 erforderlichen Genehmigung, so führt er sein Amt, bis er entlassen wird.

§ 26.

Neben dem Vormund kann ein Gegenvormund bestellt werden.

Ein Gegenvormund muß bestellt werden, wenn mit der Vormundschaft eine Vermögensverwaltung verbunden ist und nicht mehrere Vormünder zu ungetrennter Verwaltung bestellt sind.

Führen mehrere Vormünder die Verwaltung nach Geschäftszweigen getrennt, so kann der eine zum Gegenvormund des andern bestellt werden.

Neben dem gesetzlichen Vormund ist ein Gegenvormund nur zu bestellen, wenn dessen Anhörung nach Maßgabe des § 55 erforderlich wird; die Bestellung erfolgt nur zum Zwecke der Prüfung der von dem Vormundschaftsgerichte zu genehmigenden Handlung.

Auf die Berufung und Bestellung des Gegenvormundes finden die für die Berufung und Bestellung des Vormundes geltenden Vorschriften entsprechende Anwendung.

Der Vater oder die Mutter können nach Maßgabe der in § 17 für die Berufung eines Vormundes gegebenen Vorschriften die Bestellung eines Gegenvormundes untersagen.

II. Führung der Vormundschaft.

§ 27.

Dem Vormund liegt die Sorge für die Person und die Vermögensangelegenheiten des Mündels, sowie die erforderliche Vertretung desselben ob, soweit nicht für gewisse Angelegenheiten ein Pfleger bestellt ist.

§ 28.

Der Mutter des Mündels steht dessen Erziehung unter der

Aufsicht des Vormundes zu. Dieselbe kann ihr aus erheblichen Gründen nach Anhörung des Vormundes sowie des Waisenrathes durch das Vormundschaftsgericht entzogen werden.

Die bestehenden Vorschriften über die religiöse Erziehung der Kinder bleiben in Kraft.

§ 29.

Der Mündel wird durch solche Rechtsgeschäfte berechtigt und verpflichtet, welche der Vormund ausdrücklich im Namen des Mündels oder unter Umständen abgeschlossen hat, welche ergeben, daß das Geschäft nach dem Willen der Betheiligten für den Mündel geschlossen werden sollte.

§ 30.

Mehrere Vormünder verwalten gemeinschaftlich.

Bei Meinungsverschiedenheiten entscheidet die Mehrheit oder, wenn eine solche nicht erzielt wird, das Vormundschaftsgericht.

Ist unter mehreren Vormündern die Verwaltung getheilt, so verwaltet jeder die ihm zugetheilten Geschäfte selbstständig.

Andere Bestimmungen über die Verwaltung mehrerer Vormünder können durch den zur Berufung Berechtigten getroffen werden.

§ 31.

Der Gegenvormund hat darauf zu achten, daß die Vermögensverwaltung des Vormundes oder des bei Verhinderung desselben eintretenden Pflegers ordnungsmäßig geführt wird. Er hat in den in diesem Gesetze bestimmten Fällen bei Führung der Vormundschaft mitzuwirken.

Er hat von etwaigen Pflichtwidrigkeiten oder der eintretenden Unfähigkeit des Vormundes dem Vormundschaftsgericht Anzeige zu machen.

§ 32.

Der Vormund sowie der Gegenvormund haftet für die Sorgfalt, welche ein ordentlicher Hausvater auf seine eigenen Angelegenheiten verwendet.

Die Verantwortlichkeit des bestellten Vormundes beginnt mit dem Zeitpunkt der Bestellung.

Der Ehemann einer zum Vormund bestellten Frau haftet, wenn er nicht der Vater des Mündels ist, für die vormundschaftliche Verwaltung als Bürge.

Die Einrede der Theilung unter mehreren Verhafteten ist ausgeschlossen.

Die bestehenden Vorschriften, nach welchen dem Mündel ein persönliches Vorzugsrecht vor anderen Gläubigern des Vormundes zusteht, bleiben in Kraft.

Ein Pfandrecht oder ein Titel zum Pfandrecht an dem Vermögen des Vormundes entsteht durch die Vormundschaft nicht.

§ 33.

Die Vormundschaft wird in der Regel unentgeltlich geführt.

Auslagen müssen dem Vormund und dem Gegenvormund aus dem Vermögen des Mündels erstattet werden.

Hat der Vormund oder der Gegenvormund Dienste geleistet, welche seinem Gewerbe oder Beruf angehören, so kann er die Bezahlung dieser Dienste aus dem Vermögen des Mündels fordern.

§ 34.

Ein Honorar steht dem Vormund nur zu, soweit ihm ein solches von dem Erblasser des Mündels oder von dem Vormundschaftsgericht zugebilligt worden ist.

Das Vormundschaftsgericht darf dem Vormund ein Honorar nach Anhörung des Gegenvormundes und nur dann zubilligen, wenn die Vermögensverwaltung der Vormundschaft besonders umfangreich ist.

Dem Gegenvormund darf das Vormundschaftsgericht ein Honorar nicht zubilligen.

§ 35.

Von dem bei Einleitung der Vormundschaft vorhandenen oder später dem Mündel zugefallenen Vermögen hat der Vormund unter Zuziehung des etwa vorhandenen Gegenvormundes ein genaues und vollständiges Verzeichniß aufzunehmen und dem

Vormundschaftsgericht mit der von ihm und dem Gegenvormund abzugebenden pflichtmäßigen Versicherung der Richtigkeit und Vollständigkeit einzureichen.

Der Vater des Mündels ist als gesetzlicher Vormund von dieser Verpflichtung frei.

Hat ein Erblasser des Mündels in der § 17 Nr. 2 bestimmten Form die Offenlegung des Verzeichnisses seines Nachlasses verboten, so ist dasselbe von dem Vormund nach Vorschrift des ersten Absatzes einzureichen und von dem Vormundschaftsgericht einzusiegeln, auf Verlangen des Vormundes in dessen Gegenwart. Das Vormundschaftsgericht darf nur aus besonderen Gründen, über welche der Vormund zu hören ist, von dem Inhalte dieses Verzeichnisses Kenntniß nehmen.

§ 36.

Hat ein Erblasser des Mündels über die Verwaltung oder die Veräußerung der zu seinem Nachlasse gehörigen Gegenstände Bestimmungen für den Vormund getroffen, so sind diese zu befolgen. Eine Abweichung von diesen Bestimmungen ist mit Genehmigung des Vormundschaftsgerichts gestattet, wenn Umstände eingetreten sind, welche die Befolgung als nachtheilig für den Mündel erscheinen lassen.

§ 37.

Die Kosten der Erziehung des Mündels hat der Vormund aus den Einkünften desselben zu bestreiten. Reichen die Einkünfte nicht aus, so kann das Stammvermögen angegriffen werden.

§ 38.

Der Vormund kann Schenkungen für den Mündel nicht vornehmen. Jedoch sind Geschenke zulässig, welche üblich sind oder durch die Vermögensverwaltung begründet werden.

§ 39.

Gelder, welche zu laufenden oder zu anderen durch die Vermögensverwaltung begründeten Ausgaben nicht erforderlich sind, hat der Vormund im Einverständnisse mit dem Gegenvormund in Schuldverschreibungen, welche von dem Deutschen Reiche oder von einem Deutschen Bundesstaate mit gesetzlicher Ermächtigung ausgestellt sind, oder in Schuldverschreibungen, deren Verzinsung von dem Deutschen Reiche oder von einem Deutschen Bundesstaate gesetzlich garantirt ist, oder in Rentenbriefen der zur Vermittelung der Ablösung von Renten in Preußen bestehenden Rentenbanken, oder in Schuldverschreibungen, welche von Deutschen kommunalen Korporationen (Provinzen, Kreisen, Gemeinden rc.), oder von deren Kreditanstalten ausgestellt und entweder Seitens der Inhaber kündbar sind, oder einer regelmäßigen Amortisation unterliegen, oder auf sichere Hypotheken oder Grundschulden, zinsbar anzulegen.

Gelder, welche in dieser Weise nach den obwaltenden Umständen nicht angelegt werden können, sind bei der Reichsbank oder bei öffentlichen, obrigkeitlich bestätigten Sparkassen zinsbar zu belegen.

Eine Hypothek oder Grundschuld ist für sicher zu erachten, wenn sie bei ländlichen Grundstücken innerhalb der ersten zwei Drittheile des durch ritterschaftliche, landschaftliche, gerichtliche oder Steuertaxe, bei städtischen innerhalb der ersten Hälfte des durch Taxe einer öffentlichen Feuerversicherungs-Gesellschaft oder durch gerichtliche Taxe zu ermittelnden Werthes, oder wenn sie innerhalb des fünfzehnfachen Betrages des Grundsteuerreinertrages der Liegenschaft zu stehen kommt.

Sicheren Hypotheken stehen im Sinne dieser Vorschriften die mit staatlicher Genehmigung ausgegebenen Pfandbriefe und gleichartigen Schuldverschreibungen solcher Kreditinstitute gleich, welche durch Vereinigung von Grundbesitzern gebildet, mit Korporationsrechten versehen sind und nach ihren Statuten die Beleihung von Grundstücken auf die im dritten Absatz angegebenen Theile des Werthes derselben zu beschränken haben.

Versäumt oder verzögert der Vormund die Anlegung von Geldern, so muß er die anzulegende Summe mit sechs vom Hundert jährlich verzinsen.

§ 40.

Der Vormund darf Vermögensgegenstände des Mündels nicht in seinem Nutzen verwenden. Er hat das trotzdem in seinem Nutzen verwendete Geld von der Verwendung an zu verzinsen.

Den Zinsfuß bestimmt das Vormundschaftsgericht nach seinem Ermessen auf acht bis zwanzig vom Hundert.

Eine Hypothek oder Grundschuld, welche auf einem Grundstücke des Vormundes haftet, darf derselbe für den Mündel nicht erwerben.

§ 41.

Der Genehmigung des Gegenvormundes bedarf es:

1) zur Veräußerung von Werthpapieren;
2) zur Einziehung, Abtretung oder Verpfändung von Kapitalien, sofern dieselben nicht bei Sparkassen belegt sind;
3) zur Aufgabe oder Minderung der für eine Forderung bestellten Sicherheit.

Die Genehmigung des Gegenvormundes kann durch die Genehmigung des Vormundschaftsgerichts ersetzt werden.

§ 42.

Der Genehmigung des Vormundschaftsgerichts bedarf es:

1) zur Entlassung des Mündels aus der Preußischen Staatsangehörigkeit;
2) zur Annahme des Mündels an Kindesstatt;
3) zum Eintritt des Mündels in eine Einkindschaft;
4) zur Erbauseinandersetzung, sofern dieselbe nicht durch Erkenntniß festgesetzt wird;
5) zur Veräußerung oder Belastung unbeweglicher Sachen, soweit dieselbe nicht im Zwangsverfahren gegen den Mündel erfolgt;
6) zum Erwerb von unbeweglichen Sachen durch lästigen Vertrag;
7) zur Verpachtung oder Vermiethung unbeweglicher Sachen, wenn der Vertrag über das Alter der Großjährigkeit hinaus gelten soll, sowie zur Verpachtung von Grundstücken, die zu einem Grundsteuerreinertrag von dreitausend Mark oder mehr eingeschätzt sind;
8) zur Abschließung von Vergleichen, wenn deren Gegenstand unschätzbar ist oder die Summe von dreihundert Mark übersteigt;

9) zur Veränderung oder Auflösung, sowie zur Neubegründung oder Uebernahme eines Erwerbsgeschäfts;
10) zur Eingehung wechselmäßiger Verbindlichkeiten;
11) zur Ertheilung einer Prokura;
12) zur Aufnahme von Darlehen;
13) zur Uebernahme fremder Verbindlichkeiten;
14) zur Entsagung einer Erbschaft oder eines Vermächtnisses.

§ 43.

Ob die Auseinandersetzung über einen dem Mündel angefallenen Nachlaß mit dessen Miterben von dem Vormund herbeizuführen sei, hat dieser zu ermessen.

Die Erbauseinandersetzung kann vor Gericht, vor einem Notar oder mittelst Privatschrift erfolgen.

Im Bezirk des Appellationsgerichtshofes zu Cöln erhält die Erbauseinandersetzung durch die Genehmigung des Vormundschaftsgerichts dieselbe Gültigkeit, als wäre sie nur von großjährigen Personen vorgenommen worden.

Der Erbauseinandersetzung steht die Theilung gütergemeinschaftlichen Vermögens zwischen dem Ehegatten und den Erben des Verstorbenen gleich.

Die in Artikel 2109 des Rheinischen Civilgesetzbuchs bestimmte Frist beginnt von dem Tage der richterlichen Genehmigung der Erbauseinandersetzung.

§ 44.

Die Art der Veräußerung einer unbeweglichen Sache wird unbeschadet der Rechte der Miteigenthümer von dem Vormundschaftsgericht bestimmt. Die Veräußerung kann durch gerichtliche und notarielle Versteigerung oder aus freier Hand erfolgen.

Erfolgt die Veräußerung durch notarielle Versteigerung, so finden in dem Geltungsbereiche des Gesetzes vom 18. April 1855 (Gesetz-Samml. S. 521) die Vorschriften desselben über die Versteigerung durch einen Notar mit der Maßgabe Anwendung, daß die der Rathskammer oder dem Präsidenten des Landgerichts zugewiesene Thätigkeit von dem Vormundschaftsgericht auszuüben ist.

Das Vormundschaftsgericht bestimmt nach freiem Ermessen, in welcher Art die Versteigerung bekannt zu machen ist.

§ 45.

Zur Eingehung von wechselmäßigen Verbindlichkeiten darf eine allgemeine Genehmigung ertheilt werden, wenn sie durch die vormundschaftliche Vermögensverwaltung erforderlich wird.

§ 46.

Ein ohne die nach §§ 41, 42 erforderliche Genehmigung abgeschlossenes Rechtsgeschäft hat nur dieselbe Wirksamkeit, wie ein von einem Mündel, welcher sich mit Genehmigung des Vormundes verpflichten kann, ohne Genehmigung des Vormundes abgeschlossenes Rechtsgeschäft.

§ 47.

Der Vater des Mündels ist berechtigt in der § 17 Nr. 2 bestimmten Form den von ihm benannten Vormund von der Nothwendigkeit der Genehmigung des Gegenvormundes oder des Vormundschaftsgerichts zu den § 41, § 42 Nr. 4—14 und § 44 bezeichneten Handlungen zu befreien.

Im Falle solcher Befreiung ist in der Bestallung die allgemeine Ermächtigung zur Vornahme der bezeichneten Handlungen zu ertheilen. Die Befreiung wird erst durch diese Ermächtigung wirksam.

§ 48.

Die bestehenden Vorschriften über das Erforderniß der Einwilligung des Vormundes, des Vormundschaftsgerichts und des Familienraths zur Eheschließung des Mündels und über die Wirkungen des Mangels dieser Einwilligung bleiben mit der Maßgabe in Kraft, daß in dem Bezirk des Appellationsgerichtshofes zu Cöln die dem Familienrath zugewiesene Thätigkeit von dem Vormundschaftsgericht auszuüben ist.

§ 49.

Durch die Genehmigung eines Geschäfts Seitens des Gegenvormundes wird der Vormund, durch die Genehmigung Seitens des Vormundschaftsgerichts werden der Vormund und der Gegenvormund von ihrer Haftpflicht dem Mündel gegenüber nicht befreit.

§ 50.

Der Mündel wird der Rechtswohlthat des Nachlaßverzeichnisses bei einer ihm angefallenen Erbschaft durch Handlungen oder Unterlassungen des Vormundes nicht verlustig.

III. Beaufsichtigung der Vormundschaft.

§ 51.

Das Vormundschaftsgericht hat über die gesammte Thätigkeit des Vormundes und des Gegenvormundes die Aufsicht zu führen.

Das Vormundschaftsgericht ist befugt, gegen den Vormund und den Gegenvormund Ordnungsstrafen zu verhängen. Eine Ordnungsstrafe darf den Betrag von dreihundert Mark nicht übersteigen.

§ 52.

Dem Vormundschaftsgericht sind für jede Gemeinde oder für örtlich abzugrenzende Gemeindetheile ein oder mehrere Gemeindeglieder als Waisenräthe zur Seite zu setzen.

Für benachbarte Gemeindebezirke können dieselben Personen zu Waisenräthen bestellt werden.

Das Amt eines Waisenraths ist ein unentgeltliches Gemeindeamt.

Durch Beschluß der Gemeindebehörde kann das Amt des Waisenraths besonderen Abtheilungen der Gemeindeverwaltung übertragen oder mit schon bestehenden Organen der Gemeindeverwaltung verbunden werden.

Auf selbständige Gutsbezirke finden die vorstehenden Bestimmungen mit der Maßgabe entsprechende Anwendung, daß die Waisenräthe von dem Gutsvorsteher ernannt werden.

§ 53.

Der Waisenrath hat die Aufsicht über das persönliche Wohl des Mündels und über dessen Erziehung zu führen, insbesondere

Mängel oder Pflichtwidrigkeiten, welche er bei der körperlichen oder sittlichen Erziehung des Mündels wahrnimmt, anzuzeigen, auch auf Erfordern über die Person des Mündels Auskunft zu ertheilen.

Er hat diejenigen Personen vorzuschlagen, welche im einzelnen Falle zur Berufung als Vormund oder Gegenvormund geeignet erscheinen.

§ 54.

Das Vormundschaftsgericht hat dem Waisenrath des Bezirks, in welchem der Mündel wohnt, von der einzuleitenden Vormundschaft, sowie in den Fällen des zweiten Absatzes § 12 und des § 13 von der gesetzlichen Vormundschaft Kenntniß zu geben und den Vormund namhaft zu machen.

Von einer Verlegung der Wohnung des Mündels in eine andere Gemeinde oder einen anderen Bezirk hat der Vormund den Waisenrath zu benachrichtigen. Dieser hat dem Waisenrath des neuen Aufenthaltsortes Kenntniß zu geben.

§ 55.

Das Vormundschaftsgericht hat vor einer von ihm zu treffenden Anordnung auf Antrag des Vormundes oder des Gegenvormundes oder eines Verwandten oder Verschwägerten des Mündels drei von den näheren Verwandten oder Verschwägerten desselben, sofern sie ohne Verzug erreichbar sind, gutachtlich zu hören. Es steht ihm frei, auch ohne Antrag Verwandte oder Verschwägerte des Mündels gutachtlich zu hören.

Das Vormundschaftsgericht hat vor der Entscheidung über die zu einer Handlung des Vormundes erforderliche Genehmigung den Gegenvormund zu hören.

Das Vormundschaftsgericht hat vor der Entscheidung über die Veräußerung einer unbeweglichen Sache oder die Auflösung eines Erwerbsgeschäfts den Mündel, welcher das achtzehnte Lebensjahr zurückgelegt hat, zu hören.

Die Wirksamkeit der Anordnungen des Vormundschaftsgerichts ist von der Anhörung der bezeichneten Personen nicht abhängig.

§ 56.

Das Vormundschaftsgericht hat jährlich von dem Vormund Rechnungslegung über die Vermögensverwaltung zu fordern. Bei Verwaltungen von geringerem Umfange kann, wenn die Rechnung des ersten Jahres gelegt ist, der Termin für die folgenden auf zwei bis drei Jahre bestimmt werden.

Mehrere zu ungetrennter Verwaltung bestellte Vormünder legen die Rechnung gemeinschaftlich.

Der Rechnung sind ein Vorbericht über den Ab- und Zugang des Vermögens und die Beläge beizufügen. Unter der Rechnung hat der Vormund zu versichern, daß er alle Einnahmen verrechnet habe und außer den in der Rechnung aufgeführten vormundschaftlichen Vermögensstücken andere nicht verwahre.

Die Rechnung ist vor der Einreichung dem Gegenvormund unter Nachweisung des Vermögensbestandes vorzulegen und von diesem mit seinen Bemerkungen zu versehen.

Das Vormundschaftsgericht hat die Rechnung sachlich und nach den Belägen zu prüfen, nach Erledigung der Erinnerungen dem Vormund die Beläge mit einem Vermerke des erfolgten Gebrauchs zurückzugeben, und auf Verlangen Abschrift der Rechnung zu ertheilen.

§ 57.

Der Vater, die Mutter, der Ehemann und die Großeltern des Mündels sind von der Rechnungslegung während der Verwaltung frei. Der Vater und die Mutter sind berechtigt, in der § 17 Nr. 2 bestimmten Form den von ihnen benannten Vormund von der Rechnungslegung während der Verwaltung zu befreien.

In Fällen, in denen keine Rechnungslegung stattfindet, hat der Vormund auf Erfordern des Vormundschaftsgerichts alle zwei Jahre oder in längeren Zwischenräumen eine Uebersicht des Vermögensbestandes einzureichen, welche vorher dem Gegenvormund unter Nachweisung des Bestandes vorzulegen und von diesem mit seinen Bemerkungen zu versehen ist. Der Vater des Mündels ist von dieser Verpflichtung frei.

Das Verbot der Offenlegung des Vermögensverzeichnisses ist rücksichtlich des davon betroffenen Vermögens als Befreiung von der Rechnungslegung und der Einreichung der Vermögensübersicht zu erachten.

§ 58.

Vormünder, welche für den Mündel ein erhebliches Vermögen zu verwalten haben, können von dem Vormundschaftsgerichte zur Stellung einer Sicherheit angehalten werden. Die Art und der Umfang der Sicherheit wird nach richterlichem Ermessen bestimmt; sie kann jederzeit erhöhet, gemindert oder erlassen werden.

Kosten, welche aus der Stellung der Sicherheit erwachsen, sind aus dem Vermögen des Mündels zu entrichten.

§ 59.

Der Vater sowie die Mutter des Mündels sind berechtigt, in der § 17 Nr. 2 bestimmten Form den von ihnen benannten Vormund von der Pflicht zur Sicherheitsstellung zu befreien.

Die Befreiung fällt weg, wenn Umstände eingetreten sind, welche nach dem Ermessen des Vormundschaftsgerichts eine Sicherheitsstellung nothwendig machen.

Der Vater, die Mutter, der Ehemann und die Großeltern als Vormünder und der Gegenvormund sind von der Pflicht zur Sicherheitsstellung frei.

§ 60.

Das Vormundschaftsgericht kann anordnen, daß Werthpapiere des Mündels, welche auf den Inhaber lauten oder an den Inhaber gezahlt werden können, und Kostbarkeiten bei der Reichsbank oder bei einer anderen dazu bestimmten Behörde oder Kasse in Verwahrung genommen oder daß jene Werthpapiere außer Kurs gesetzt werden.

Diese Anordnungen finden gegen den Vater des Mündels als Vormund nicht statt. Sie finden gegen den von dem Vater benannten Vormund nicht statt, wenn sie von dem Vater in der § 17 Nr. 2 bestimmten Form ausgeschlossen sind.

Das Vormundschaftsgericht muß die Verwahrung eintreten lassen, wenn der bestellte Vormund sie beantragt.

IV. Beendigung der Vormundschaft.

§ 61.

Die Vormundschaft hört auf, wenn der Mündel die Großjährigkeit erreicht, wenn er für großjährig erklärt wird, wenn er in väterliche Gewalt tritt, und wenn das Ruhen der väterlichen Gewalt oder die Bevormundung des Vaters aufhört.

Die Großjährigkeitserklärung eines Mündels ist zulässig, wenn derselbe das achtzehnte Lebensjahr zurückgelegt hat. Sie erfolgt mit Einwilligung des Mündels durch das Vormundschaftsgericht nach geführter Sachuntersuchung. Verwandte sowie Verschwägerte des Mündels sind nach Maßgabe des § 55 zu hören.

§ 62.

Wird der Vormund oder der Gegenvormund handlungsunfähig, so erlischt das Amt desselben.

Mit der Aufnahme des Mündels in eine Verpflegungsanstalt, deren Vorstand nach § 13 die Rechte eines gesetzlichen Vormundes erlangt, erlischt das Amt des bisherigen Vormundes.

§ 63.

Der Vormund oder der Gegenvormund, welcher sich pflichtwidrig erweist, ist von dem Vormundschaftsgericht zu entsetzen.

Der Vormund oder der Gegenvormund, welcher sich als gesetzlich unfähig erweist oder aus erheblichen Gründen seine Entlassung beantragt, oder welchem die zur Führung der Vormundschaft nach § 22 erforderliche Genehmigung nicht ertheilt oder entzogen wird, ist von dem Vormundschaftsgericht zu entlassen. Als erhebliche Gründe sind namentlich anzusehen die in § 23 Nr. 4—7 angeführten Umstände, wenn sie im Laufe der Vormundschaft eintreten.

Diese Vorschriften finden auch auf den gesetzlichen Vormund Anwendung.

Die Beschwerde gegen die erfolgte Entsetzung oder Entlassung ist nur bis zum Ablauf von vier Wochen nach Zustellung der Entscheidung zulässig.

§ 64.

Verheirathet sich eine zum Vormunde bestellte Frau, so hat das Vormundschaftsgericht zu entscheiden, ob sie zu entlassen sei. Verwandte sowie Verschwägerte des Mündels sind vorher nach Maßgabe des § 55 zu hören. Die Beibehaltung ist nur mit Einwilligung des Ehemannes zulässig.

§ 65.

Stirbt der Vormund oder der Gegenvormund, so sind der Ueberlebende und die Erben verpflichtet, dem Vormundschaftsgericht Anzeige zu machen. Die Erben haben für Sicherstellung der in dem Nachlasse befindlichen Vermögensstücke des Mündels zu sorgen.

Sind mehrere Vormünder bestellt, so wird durch den Abgang eines Vormundes das vormundschaftliche Amt der übrigen nicht aufgehoben.

§ 66.

Der Vormund sowie der Gegenvormund hat nach Beendigung seines Amtes die Bestallung an das Gericht zurückzugeben.

§ 67.

Der Vormund hat nach Beendigung seines Amtes dem bisherigen Mündel oder dessen Rechtsnachfolger oder dem neu bestellten Vormund das verwaltete Vermögen herauszugeben und binnen zwei Monaten Schlußrechnung zu legen.

Der Gegenvormund hat die Schlußrechnung mit seinen Bemerkungen zu versehen und über die von ihm geführte Gegenvormundschaft, sowie über das, von dem Vormund verwaltete Vermögen jede erforderte Auskunft zu geben.

Die Schlußrechnung ist dem Vormundschaftsgericht einzureichen. Dieses hat dieselbe dem bisherigen Mündel oder dessen Rechtsnachfolger oder dem neu bestellten Vormund zur Erklärung vorzulegen und, wenn Ausstellungen nicht gemacht werden, die Entlastung herbeizuführen.

Die Pflicht zur Legung der Schlußrechnung geht auf den Verwalter im Konkursverfahren und auf die Erben des Vormundes über. Die zweimonatliche Frist beginnt für die Erben vom Todestage des Vormundes, oder, wenn ihnen eine Ueberlegungsfrist zusteht, vom Ablauf der letzteren.

§ 68.

Von der Pflicht, Schlußrechnung zu legen, kann der Vormund von den Eltern oder dem Erblasser des Mündels nicht befreit werden.

§ 69.

Der bisherige Mündel, dessen Rechtsnachfolger und der neu bestellte Vormund sind berechtigt, behufs Prüfung der Schlußrechnung die Vormundschaftsakten einzusehen.

Dieselben sind verpflichtet, dem Vormund und dem Gegenvormund über treu und richtig geführte Vormundschaft und über Ausantwortung des Vermögens Quittung und Entlastung zu ertheilen.

Die Quittung und Entlastung ist wegen einzelner Ausstellungen nicht zu verweigern. Wegen dieser darf ein Vorbehalt gemacht werden. Im Falle schriftlicher Beurkundung ist der Vorbehalt, um wirksam zu sein, in die Urkunde aufzunehmen.

Die Anerkennung der Rechnung schließt den Beweis eines Irrthums oder eines Betrugs in der Rechnung nicht aus.

§ 70.

Die von dem Vormund gestellte Sicherheit ist zurückzugeben und die Löschung der Sicherheitshypothek zu bewilligen, sobald dem Vormund Quittung und Entlastung ertheilt worden ist. Ist bei der Quittung und Entlastung ein Vorbehalt gemacht, so hat das Vormundschaftsgericht zu entscheiden, ob und wie viel von der Sicherheit zurückzubehalten oder von der Hypothek bestehen zu lassen sei.

V. Familienrath.

§ 71.

Ein Familienrath ist zu bilden:

1) wenn der Vater oder die Mutter des Mündels nach Maß-

gabe der in § 17 für die Berufung eines Vormundes gegebenen Vorschriften die Bildung angeordnet hat,

2) wenn drei Personen, welche mit dem Mündel bis zum dritten Grade verwandt oder verschwägert sind, die Bildung beantragen,

3) wenn der Vormund oder der Gegenvormund die Bildung beantragen.

Die Bildung eines Familienraths unterbleibt, wenn sie von dem Vater oder der Mutter nach Maßgabe der Vorschriften des § 17 untersagt ist.

Zum Eintritt in den Familienrath kann Niemand gezwungen werden.

§ 72.

Der Familienrath wird aus dem Vormundschaftsrichter als Vorsitzendem und aus Verwandten oder Verschwägerten des Mündels als Mitgliedern gebildet. Andere Personen können in denselben berufen werden:

1) durch den Vater oder die Mutter nach Maßgabe der Vorschriften des § 17,

2) durch den Beschluß eines bestehenden Familienraths.

Nur männliche Personen, welche zur Führung der Vormundschaft gesetzlich fähig sind, können Mitglieder des Familienraths werden. Die Gültigkeit der Bestellung gesetzlich unfähiger Mitglieder ist nach den Vorschriften der §§ 25, 62 zu beurtheilen.

Der Gegenvormund kann zugleich Mitglied des Familienraths sein.

Die Zahl der Mitglieder beträgt höchstens sechs.

§ 73.

Soweit die Mitglieder des Familienraths nicht durch den Vater oder die Mutter berufen sind, oder die von diesen Berufenen nicht eintreten oder Mitglieder ausscheiden, erfolgt die Berufung der Mitglieder bis zur Herstellung der Beschlußfähigkeit durch den Vormundschaftsrichter nach Anhörung von Verwandten und Verschwägerten des Mündels, sofern dieselbe ohne Verzug geschehen kann.

Darüber, ob und welche Personen außerdem zu berufen sind, beschließt der Familienrath.

§ 74.

Die Mitglieder des Familienraths werden von dem Vormundschaftsrichter durch Verpflichtung auf treue und gewissenhafte Führung ihres Amtes bestellt. Die Verpflichtung erfolgt mittelst Handschlags an Eidesstatt.

§ 75.

Der Familienrath hat die Rechte und Pflichten des Vormundschaftsgerichts.

§ 76.

Der Familienrath ist nur bei Anwesenheit des Vormundschaftsrichters und mindestens zweier Mitglieder beschlußfähig.

Sind außer dem Vorsitzenden nur zwei Mitglieder vorhanden, so hat der Familienrath ein oder zwei Ersatzmitglieder zu berufen und die Reihenfolge zu bestimmen, in welcher dieselben bei etwaiger Beschlußunfähigkeit einzutreten haben.

§ 77.

Der Familienrath wird durch den Vormundschaftsrichter auf den Antrag zweier Mitglieder, des Vormundes oder des Gegenvormundes oder von Amtswegen zusammengerufen.

Alle Mitglieder sind mündlich oder schriftlich durch den Vormundschaftsrichter einzuladen.

Der Familienrath faßt seine Beschlüsse nach der Mehrheit der Stimmen der Anwesenden. Bei Stimmengleichheit giebt die Stimme des Vormundschaftsrichters den Ausschlag.

§ 78.

Zum Nachweise eines gültigen Beschlusses genügt die Unterschrift des Vormundschaftsrichters.

Der Vormund kann verlangen, daß ihm die Beschlüsse des Familienraths schriftlich zugehen.

Gegen die Beschlüsse des Familienraths findet Beschwerde nach Maßgabe des § 10 statt.

Wird ein sofortiges Einschreiten erforderlich, so hat der Vormundschaftsrichter die nöthigen Anordnungen zu treffen und unverzüglich den Familienrath zusammen zu berufen, um diesen von der getroffenen Verfügung in Kenntniß zu setzen und über die weiter zu ergreifenden Maßregeln einen Beschluß herbeizuführen.

§ 79.

Die Mitglieder des Familienraths können aus denselben Gründen wie ein Vormund durch das Beschwerdegericht entsetzt oder entlassen werden.

Gegen Mitglieder des Familienraths, welche ohne genügende Entschuldigung ausbleiben, kann der Vormundschaftsrichter eine Ordnungsstrafe bis zu hundert Mark verhängen.

Gegen die Verhängung der Ordnungsstrafe findet Beschwerde nach Maßgabe des § 10 statt.

§ 80.

Fehlt es an der erforderlichen Anzahl von geeigneten Personen zur Bildung oder Ergänzung des Familienraths, so ist die Vormundschaft nach den Vorschriften dieses Abschnitts I—IV zu behandeln.

Von der Auflösung des Familienraths sind die bisherigen Mitglieder, der Vormund und der Gegenvormund durch den Vormundschaftsrichter in Kenntniß zu setzen.

Auch ist dem Vormund und dem Gegenvormund eine neue Bestallung zu ertheilen, die frühere aber zurückzugeben.

Dritter Abschnitt.

Vormundschaft über Großjährige.

§ 81.

Großjährige erhalten einen Vormund:

1) wenn sie für geisteskrank erklärt sind;
2) wenn sie für Verschwender erklärt sind;

3) wenn sie taub, stumm oder blind und hierdurch an Besorgung ihrer Rechtsangelegenheiten gehindert sind.

§ 82.

Abwesende Großjährige, über deren Aufenthalt ein Jahr lang keine Nachricht eingegangen ist, oder welche an ihrer Rückkehr, sowie an der Besorgung ihrer Vermögensangelegenheiten gehindert sind, erhalten einen Vormund zur Vertretung bei ihren Vermögensangelegenheiten, insoweit sie dazu einen Bevollmächtigten nicht bestellt haben oder Umstände eingetreten sind, welche die ertheilte Vollmacht aufheben oder deren Widerruf zu veranlassen geeignet sind.

Aus dringenden Gründen kann demjenigen, dessen Aufenthaltsort unbekannt ist, auch vor Ablauf eines Jahres ein Vormund bestellt werden.

Jeder, welcher dem Vormundschaftsgericht ein Interesse zur Sache nachweist, ist berechtigt, die Einleitung der Vormundschaft zu beantragen.

Die nach dem geltenden Rechte bestehenden Ansprüche der Erben auf die Verwaltung und Nutznießung des Vermögens eines Abwesenden werden durch dieses Gesetz nicht berührt.

§ 83.

Der Vater ist gesetzlicher Vormund. In den Fällen des § 81 Nr. 3 und des § 82 beginnt sein Amt, sobald das Vormundschaftsgericht den Grund zur Bevormundung festgestellt hat.

Die Ehefrau ist zur Führung der Vormundschaft fähig und hat die in diesem Gesetze dem Ehemann beigelegten Rechte.

Im Uebrigen finden auf die Vormundschaft über Großjährige die Vorschriften des zweiten Abschnittes dieses Gesetzes entsprechende Anwendung. Insbesondere ist auch der Vormund eines Abwesenden berechtigt, für denselben zu erwerben, Rechtsstreite zu führen und nach Maßgabe des § 50 Erbschaften anzutreten.

Dem Vormund eines Abwesenden oder Verschwenders kann auch bei nicht umfangreicher Vermögensverwaltung ein Honorar zugebilligt werden.

§ 84.

Die Vormundschaft über einen Großjährigen hört auf, wenn der Grund zu deren Einleitung gehoben ist, die über einen Abwesenden namentlich auch, wenn derselbe für todt, für verschollen oder im Bezirk des Appellationsgerichtshofes zu Cöln für abwesend erklärt worden ist.

§ 85.

Die Einleitung und die Aufhebung der Vormundschaft über einen Verschwender ist von dem Vormundschaftsgericht öffentlich bekannt zu machen.

Vierter Abschnitt.

Pflegschaft.

§ 86.

Die in väterlicher Gewalt oder unter Vormundschaft stehenden Personen erhalten einen Pfleger für Angelegenheiten, bei welchen die Ausübung der väterlichen oder vormundschaftlichen Rechte erforderlich ist, aber aus thatsächlichen oder rechtlichen Gründen nicht stattfinden kann.

Bei einem Widerstreit erheblicher Interessen mehrerer Mündel desselben Vormundes erhält jeder Mündel einen Pfleger.

§ 87.

Wird bei Zuwendungen an eine in väterlicher Gewalt oder unter Vormundschaft stehende Person durch Anordnung Desjenigen, welcher die Zuwendung gemacht hat, eine Pflegschaft nöthig, so ist der bei der Zuwendung Benannte zum Pfleger berufen.

Von der Rechnungslegung während der Dauer der Pflegschaft, von der Sicherheitsstellung und von der Nothwendigkeit der Genehmigung des Gegenvormundes oder des Vormundschaftsgerichts zu gewissen Handlungen kann der Pfleger bei der Zuwendung befreit werden.

§ 88.

Eine Leibesfrucht, welche unter Voraussetzung ihrer bereits erfolgten Geburt nicht unter väterlicher Gewalt stehen würde, erhält auf Antrag der Schwangeren, oder auf Antrag desjenigen, dessen Rechte durch eine mögliche Geburt betroffen werden, oder in geeigneten Fällen von Amtswegen einen Pfleger.

§ 89.

Ist der Erbe eines Nachlasses unbekannt, so ist zur Erhaltung des Nachlasses und zur Ausmittelung des Erben ein Pfleger zu bestellen.

Die in den einzelnen Landestheilen bestehenden weiteren Befugnisse dieses Pflegers werden durch dieses Gesetz nicht berührt.

Auch bei nicht umfangreicher Vermögensverwaltung kann diesem Pfleger ein Honorar zugebilligt werden.

§ 90.

Außer in den Fällen der §§ 86—89 können Personen, welche selbst zu handeln außer Stande sind und der väterlichen oder vormundschaftlichen Vertretung entbehren, für einzelne Angelegenheiten oder für einen bestimmten Kreis von Angelegenheiten einen Pfleger erhalten.

§ 91.

Auf die Pflegschaft finden die Vorschriften dieses Gesetzes über die Vormundschaft entsprechende Anwendung; die Bestellung eines Gegenvormundes ist nicht erforderlich.

Die Pflegschaft hört auf, wenn der Grund zu deren Einleitung gehoben ist.

Fünfter Abschnitt.

Schlußbestimmungen.

§ 92.

Dieses Gesetz tritt am 1. Januar 1876 in Kraft und findet auch auf die schwebenden Vormundschaften oder Pflegschaften

Anwendung, soweit nicht in den nachstehenden Paragraphen etwas Anderes bestimmt ist.

Die vormundschaftliche Thätigkeit der Familienräthe im Bezirk des Appellationsgerichtshofes zu Cöln, der Voluntairgerichte im Bezirk des Justizsenats zu Ehrenbreitstein, der Waisengerichte in den Hohenzollernschen Landen und der Kirchspielsgerichte des Landes Hadeln hört auf.

§ 93.

Die bisherigen Vormünder oder Pfleger verbleiben in ihrem Amte; sie können jedoch vom Vormundschaftsgerichte in der Zeit bis zum 1. Januar 1878 entlassen werden, wenn sie zur Führung der Vormundschaft oder Pflegschaft ungeeignet erscheinen, und weder nach Maßgabe der §§ 17, 87 als berufen zu erachten, noch nach Maßgabe der §§ 12, 83 gesetzliche Vormünder sind.

§ 94.

Sind einem bisher bestellten oder berufenen Vormund oder Pfleger durch Verfügung der Eltern oder der Erblasser des Mündels nach dem bisherigen Rechte zulässigerweise größere Befugnisse eingeräumt, als dieses Gesetz zuläßt, so bleiben diese Befugnisse bestehen.

§ 95.

Die Befugnisse, welche Eltern oder Ehegatten kraft gesetzlicher Nutznießung am Vermögen der Kinder oder kraft ehelichen Güterrechts zustehen, werden von diesem Gesetze nicht berührt.

Im Bezirk des Appellationsgerichtshofes zu Cöln hat der Vater nach dem Tode der Mutter die Rechte und Pflichten des gesetzlichen Vormundes. Schreitet der Vater zur ferneren Ehe, so ist das Vermögen des Kindes unter Mitwirkung eines Pflegers durch ein von dem Vater dem Vormundschaftsgericht einzureichendes Verzeichniß festzustellen.

Die in den übrigen Landestheilen bestehenden Vorschriften, welche vor oder nach der Eheschließung eine Nachweisung, Auseinandersetzung oder Sicherstellung des Vermögens erfordern, bleiben in Kraft.

§ 96.

Im Geltungsbereiche der Depositalordnung vom 15. September 1783 kann die Auszahlung von Geldern aus dem Depositum auf Grund der dem Vormund erst durch dieses Gesetz übertragenen Rechte vor dem 1. Januar 1878 nicht verlangt werden.

§ 97.

Die Großjährigkeitserklärung eines in väterlicher Gewalt stehenden Kindes erfolgt mit Zustimmung des Vaters nach Maßgabe der Vorschriften des zweiten Absatzes § 61. Die Anhörung von Verwandten oder Verschwägerten des Kindes ist nicht erforderlich.

Im Bezirk des Appellationsgerichtshofes zu Cöln findet die nach den bisherigen Vorschriften zulässige Emanzipation nicht mehr statt.

§ 98.

Die für großjährig Erklärten haben alle Rechte der Großjährigen.

Dasselbe gilt im Bezirk des Appellationsgerichtshofes zu Cöln von den vor dem 1. Januar 1876 Emanzipirten, wenn sie das achtzehnte Lebensjahr zurückgelegt haben. Auf die vor dem 1. Januar 1876 Emanzipirten, welche das achtzehnte Lebensjahr noch nicht zurückgelegt haben, finden die bisherigen Vorschriften mit der Maßgabe Anwendung, daß die dem Familienrath und dem Landgericht zugewiesene Thätigkeit von dem Vormundschaftsgericht auszuüben ist.

§ 99.

Die Großjährigkeit tritt als Folge der Verheirathung nicht mehr ein.

Im Bezirk des Appellationsgerichtshofes zu Cöln erlischt durch Verheirathung des Kindes die väterliche Gewalt.

§ 100.

Rücksichtlich der Vormundschafts- und Pflegschaftsangelegenheiten der Mitglieder der Königlichen Familie und des Hohenzollernschen Fürstenhauses behält es bei der Hausverfassung sein Bewenden.

§ 101.

Die nach dem bisher geltenden Privat-Familienrecht der Häupter und Mitglieder der früher reichsständischen Familien begründeten Rechte werden durch dieses Gesetz nicht berührt.

§ 102.

Die Vorschriften des gemeinen Deutschen Rechts, des allgemeinen Landrechts und der allgemeinen Gerichtsordnung für die Preußischen Staaten, des Rheinischen Civilgesetzbuchs und der in den einzelnen Landestheilen geltenden Ordnungen und Gesetze über das Vormundschaftswesen, welche in diesem Gesetze nicht ausdrücklich aufrecht erhalten sind, werden aufgehoben.

III.

Gesetz,

betreffend die Kosten, Stempel und Gebühren in Vormundschaftssachen.

Vom 21. Juli 1875.*) (G. S. S. 548.)

Artikel 1.

Die §§ 41—46 des Tarifs zu dem Gesetze über den Ansatz und die Erhebung der Gerichtskosten vom 10. Mai 1851 (Gesetz-Samml. S. 622),

der Artikel 19 Nr. 1 des Gesetzes, betreffend einige Abänderungen des Gesetzes vom 10. Mai 1851, vom 9. Mai 1854 (Gesetz-Samml. S. 273),

der § 13 Littr. A. B. C. der Verordnung vom 30. August 1867, betreffend den Ansatz und die Erhebung der Gerichtskosten rc. in den Herzogthümern Holstein und Schleswig (Gesetz-Samml. S. 1369),

der § 13 der Verordnung vom 30. August 1867, betreffend den Ansatz und die Erhebung der Gerichtskosten rc. in dem vormaligen Kurfürstenthum Hessen (Gesetz-Samml. S. 1385),

der § 16 der Verordnung vom 30. August 1867, betreffend den Ansatz und die Erhebung der Gerichtskosten rc. in

---

*) Dieses Kostengesetz ist hier mit abgedruckt, weil es den Meisten angenehm ist, die Kostensätze selbst kennen zu lernen und die Liquidationen prüfen zu können.

dem vormaligen Herzogthum Nassau ꝛc. (Gesetz-Samml. S. 1399),

der Artikel XIV des Gesetzes, betreffend die Gerichtskosten im Bezirke des Appellationsgerichts zu Wiesbaden, vom 7. März 1870 (Gesetz-Samml. S. 193),

werden mit Vorbehalt der ferneren Anwendung des bisherigen § 43 des Tarifs zu dem Gesetze vom 10. Mai 1851 im Falle des § 47 desselben, durch nachstehende Paragraphen ersetzt:

§ 41.

A. Bei den zur Wahrnehmung einzelner Geschäfte eingeleiteten Pflegschaften und im Falle der Bestellung eines Gegenvormundes neben dem gesetzlichen Vormunde sind nach dem Werthe des Gegenstandes zu erheben:

1. von je 50 Mark des Betrages bis zu 300 Mark,
2. von je 150 Mark des Mehrbetrages bis zu 600 Mark,
3. von je 300 Mark des Mehrbetrages bis zu 1500 Mark,
4. von je 500 Mark des Mehrbetrages bis zu 3000 Mark,
5. von je 1000 Mark des Mehrbetrages bis zu 15,000 Mark

fünfzig Pfennige,

6. von dem Mehrbetrage bis zu 30,000 Mark,
7. von dem Mehrbetrage bis zu 60,000 Mark

je drei Mark,

8. von dem Mehrbetrage sechs Mark.

Diese Sätze kommen jedoch bei Pflegschaften nur insoweit zum Ansatz, als nicht rücksichtlich der Person, in deren Interesse ein Pfleger bestellt wird, eine Vormundschaft oder Pflegschaft eingeleitet oder einzuleiten ist, auf welche die folgenden Bestimmungen Anwendung finden.

Dieselben Sätze sind von dem Kapitalbetrage des Vermögens des Mündels zu erheben, wenn die gesetzliche Vormundschaft über einen Großjährigen in Folge der Anordnung des Vormundschaftsgerichtes eintritt. Wird später eine andere Vormundschaft eingeleitet, so ist der erhobene Betrag auf die Kosten derselben anzurechnen.

§ 42.

B. Bei anderen Pflegschaften und bei Vormundschaften, mit

Ausnahme der gesetzlichen Vormundschaft, ist von dem Kapitalbetrage des Vermögens des Mündels, auf welches sich die Pflegschaft oder Vormundschaft erstreckt, insofern dasselbe über 150 Mark beträgt (§ 7 Nr. 5 des Gesetzes vom 10. Mai 1851), zu erheben:

1. von je 50 Mark des Betrages bis zu 300 Mark,
2. von je 100 Mark des Mehrbetrages bis zu 600 Mark,
3. von je 150 Mark des Mehrbetrages bis zu 1500 Mark,
4. von je 300 Mark des Mehrbetrages

fünfzig Pfennige.

§ 43.

Außerdem ist zu erheben:

C. von den jährlichen Revenüen desjenigen Vermögens, über dessen Verwaltung dem Vormundschaftsgericht Rechnung gelegt werden muß:

1. von je 20 Mark des Revenüenbetrages bis zu 300 Mark,
2. von je 30 Mark des Mehrbetrages bis zu 600 Mark,
3. von je 60 Mark des Mehrbetrages bis zu 1500 Mark,
4. von je 120 Mark des Mehrbetrages

zwanzig Pfennige.

Dabei werden statt der Berechnung die jährlichen Revenüen zu 3 Procent des Kapitalvermögens nach Abzug der Schulden angenommen und das angefangene Kalenderjahr sowohl am Anfang als am Ende der Verwaltung voll gerechnet.

§ 44.

Für Verhandlungen und Verfügungen, welche von den Vormundschaftsgerichten als solchen oder Behufs Sicherstellung, Verwaltung oder Beaufsichtigung des Vermögens des Mündels von den Erbtheilungsbehörden vorgenommen oder erlassen werden, ingleichen für die Auseinandersetzung über den Nachlaß des Vaters oder der unehelichen Mutter oder desjenigen, durch dessen Tod die Vormundschaft oder Pflegschaft nöthig geworden ist, einschließlich der Ermittelung des Nachlasses und des Erbeslegitimationsverfahrens, dürfen bei Vormundschaften und bei Pflegschaften neben den in den §§ 42, 43 bestimmten Kostenbeträgen nur die etwa entstehenden baaren Auslagen und Kalkulaturgebühren und die Kosten eines etwa gerichtlich aufgenommenen Vermögensverzeichnisses angesetzt werden.

§ 45.

Für die Ermittelung und die Theilung eines anderen Nachlasses und für das Erbeslegitimationsverfahren zu demselben kommen besondere Kosten nach Maßgabe der geltenden Vorschriften in Ansatz.

§ 46.

Sind bei einzelnen Geschäften, für welche dem Mündel besondere Kosten nicht angesetzt werden dürfen, andere Personen betheiligt, so müssen diese die für solche Geschäfte in anderen Fällen bestimmten Kosten nach dem Verhältniß ihres Antheils entrichten.

Artikel 2.

Die Vorschriften des § 7 des Gesetzes vom 10. Mai 1851 finden in dessen Geltungsbereiche auch auf die unter Vormundschaft stehenden tauben, stummen und blinden Personen Anwendung.

Artikel 3.

Die nach Artikel 1 abgeänderten §§ 41—44 des Tarifs zu dem Gesetze vom 10. Mai 1851 treten auch für die Hohenzollernschen Lande an Stelle der bisher geltenden Vorschriften als Theile des Gesetzes vom 10. Mai 1851 in Kraft.

Artikel 4.

Die nach Artikel 1 abgeänderten §§ 41—46 des Tarifs zu dem Gesetze vom 10. Mai 1851, der nach Artikel 2 ausgedehnte § 7 des Gesetzes vom 10. Mai 1851, soweit derselbe auf die in Vormundschaftssachen zu erhebenden Kosten sich bezieht, und der § 10 Nr. 3 desselben Gesetzes (Anlage) treten auch für die Provinz Hannover an Stelle der bisher geltenden Vorschriften mit den folgenden Bestimmungen in Kraft.

§ 1.

Die Berechnung der Kosten nach den Sätzen des Tarifs erfolgt dergestalt, daß die vollen Sätze, welche für Beträge von 20, 30, 50 Mark u. s. w. bestimmt sind, auch für die nur angefangenen Beträge entrichtet werden.

§ 2.

Neben den nach diesem Gesetze zu erhebenden Kostensätzen sind weder Schreibgebühren, noch Gebühren oder Porto für Zustellungen oder Behändigungen, noch Aufrufsgebühren, noch Gebühren für einfache auf Anfrage ergehende Bescheide, für die wegen Beseitigung vorläufiger Anstände ergehenden Zwischenverfügungen und für die Abhaltung von Terminen zu entrichten.

Für Bescheide auf unbegründete Gesuche oder Beschwerden außerhalb einer eingeleiteten Vormundschaft oder Pflegschaft und für vereitelte Termine werden die Gebühren nach Maßgabe der bisherigen Bestimmungen besonders erhoben.

§ 3.

Durch die Tarifsätze werden zugleich die Stempelabgaben gedeckt, welche auf Grund der nach dem Gesetze wegen Aenderung der Stempelsteuer vom 24. Februar 1869 (Gesetz-Samml. S. 366) §§ 1, 2 und dem Gesetze, betreffend die Aufhebung rc. gewisser Stempelabgaben, vom 26. März 1873 (Gesetz-Samml. S. 131) § 2 in Kraft gebliebenen älteren Vorschriften zu erheben waren.

§ 4.

Hinsichtlich der Zahlung von Kostenvorschüssen, der Kostenstundung und der Kostenbefreiung, sowie hinsichtlich der Erledigung von Beschwerden über den Ansatz und über die verweigerte Stundung oder Niederschlagung der Kosten kommen die bisher in Vormundschaftssachen geltenden Vorschriften zur Anwendung, soweit dieselben nicht durch § 7 des Gesetzes vom 10. Mai 1851 abgeändert werden.

§ 5.

Insoweit nach den vorstehenden Bestimmungen Schreib-, Zustellungs- und Aufrufsgebühren von den Betheiligten nicht zu entrichten sind, werden den auf den Bezug solcher Gebühren angewiesenen Beamten aus der Staatskasse ohne Rücksicht auf den Eingang des Kostenpauschquantums vergütigt:

1. an Schreibgebühren für jeden Bogen fünfundzwanzig Pfennige.

   Dabei werden 96 Zeilen Schrift, die Zeile zu 12 Silben gerechnet, einem Bogen Schreibwerk gleich geachtet und nur angefangene Bogen, ingleichen Schriftstücke von geringerem Umfange als einem Bogen wie volle Bogen vergütigt;

2. für die Vornahme von Behändigungen oder Zustellungen fünfundzwanzig Pfennige.

   Diese Gebühr wird um zwanzig Pfennige erhöht, wenn die Zustellung an die Partei außerhalb des Ortes, wo der Zustellungsbeamte seinen Wohnsitz hat, bewirkt werden muß;

3. an Aufrufungsgebühren für jeden Termin dreizehn Pfennige.

Diese Gebühren werden nicht gezahlt, wenn der Mündel zur Zeit der Schreibarbeit, der Behändigung, der Zustellung oder des Aufrufs nicht mehr als das ihm nach § 7 Nr. 5 des Gesetzes vom 10. Mai 1851 zu belassende Vermögen hat.

Bis zur Höhe der gezahlten Gebühren werden die nach den §§ 42, 43 des Tarifs zu erhebenden Kosten nach Maßgabe des zur Zeit vorhandenen Vermögens des Mündels sofort erhoben.

Artikel 5.

In dem bisherigen Geltungsbereiche des Gesetzes vom 10. Mai 1851, mit Ausnahme des Bezirks des Justizsenats zu Ehrenbreitstein und der Hohenzollernschen Lande, kommen die Vorschriften dieses Gesetzes zur Anwendung, soweit nicht die zu erhebenden Kosten bereits festgestellt sind oder die Vormundschaft oder Pflegschaft des betheiligten Mündels bereits beendigt ist.

Der von den Revenüen des Vermögens des Mündels zu erhebende Kostenbetrag wird jedoch für die Zeit bis zum Ende des Jahres 1875 nach den bisherigen Vorschriften berechnet.

Artikel 6.

In dem Bezirke des Justizsenats zu Ehrenbreitstein, in den Hohenzollernschen Landen und in der Provinz Hannover kommt bei den noch nicht beendigten Vormundschaften oder Pflegschaften der Betrag der nach den bisherigen Vorschriften in Ansatz gebrachten oder zu bringenden Kosten, Stempel und Gebühren auf die nach den §§ 41, 42 des Tarifs zu dem Gesetze vom 10. Mai 1851 zu erhebenden Kosten in Anrechnung, soweit nicht jene Kosten, Stempel und Gebühren lediglich bei der Revision und Abnahme der von dem Vormunde oder Pfleger gelegten Rechnung entstanden sind oder nach den Vorschriften der §§ 44—46 des Tarifs neben den in den §§ 42, 43 desselben bestimmten Kosten zu erheben gewesen wären.

Die in § 43 des Tarifs bestimmten Kosten sind auch für das Jahr 1875 zu erheben, wenn die Vermögensverwaltung bereits in diesem Jahre bestanden hat und noch nicht beendigt ist.

Ist die Verwaltung bereits beendigt, so finden bei der Revision und Abnahme der Rechnung die bisherigen Vorschriften Anwendung.

Artikel 7.

Die Gebührentaxe für die Friedensgerichte im Bezirk des Appellationsgerichtshofes in Cöln vom 23. Mai 1859 (Ges.-Samml. S. 309) wird durch folgende Vorschriften ergänzt.

§ 1.

Der Friedensrichter erhält die in Artikel 1 der Taxe bestimmte Vakationsgebühr bei den Entscheidungen über Anträge:

1. auf Ertheilung der nach §§ 41, 42, 48 der Vormundschaftsordnung erforderlichen Genehmigung des Vormundschaftsgerichtes,
2. auf Großjährigkeitserklärung (ebenda §§ 61, 97).

§ 2.

Der Friedensrichter erhält die in Artikel 2 der Taxe bestimmte feste Gebühr von einer Mark und fünfzig Pfennigen für die Verpflichtung des Vormundes oder des Gegenvormundes oder des Pflegers oder der Mitglieder eines Familienrathes.

Für die bei Einleitung der Vormundschaft oder Pflegschaft und für die bei Einsetzung des Familienrathes erfolgende Verpflichtung mehrerer Personen erhält der Friedensrichter die Gebühr nur einmal.

§ 3.

Der Friedensgerichtsschreiber erhält für seine Theilnahme an den in den §§ 1, 2 bezeichneten Geschäften zwei Drittheile der dem Friedensrichter bewilligten Gebühren.

Artikel 8.

In dem Bezirke des Appellationsgerichts zu Frankfurt a. M. sind die zu den Approbationsdekreten der Kuratelrechnungen erforderlichen zweimaligen Stempel nach dem Betrage desjenigen Vermögens, über dessen Verwaltung dem Vormundschaftsgericht Rechnung gelegt werden muß, bei Einreichung der Vormundschaftsrechnung zu den Akten zu verwenden.

Artikel 9.

Dieses Gesetz tritt am 1. Januar 1876 in Kraft.

Auszug aus dem Gesetze, betreffend den Ansatz und die Erhebung der Gerichtskosten.

Vom 10. Mai 1851.

§ 7.

In Rücksicht auf die unter Vormundschaft stehenden minderjährigen, taubstummen und geisteskranken Personen wird Folgendes bestimmt:

1. Während der Dauer der Vormundschaft können ohne Rücksicht auf die Höhe des Vermögens des Pflegebefohlenen aus demselben erhoben werden:

a) alle Kosten, welche vor Einleitung der Vormundschaft entstanden, insofern sie nicht für vormundschaftsgerichtliche Akte zu entrichten sind, welche in Rücksicht auf die einzuleitende Vormundschaft vorzunehmen waren;

b) alle baaren Auslagen (§ 6) und Kalkulaturgebühren, diese jedoch nur soweit, als das Vermögen des Pflegebefohlenen zur Zeit der angefertigten Kalkulaturarbeit 50 Thaler nach Nr. 5 übersteigt;

c) die in der Regel aus den betreffenden Massen zu entnehmenden Kosten eines durch Adjudikatoria beendigten Subhastationsprozesses und der Kaufgelderbelegung, und des erbschaftlichen Liquidationsprozesses, wenn und sobald sich eine Unzulänglichkeit des Vermögens zur Befriedigung der Gläubiger ergiebt.

2. Mit der Einziehung anderer Kosten sollen dieselben während der Dauer der Vormundschaft verschont bleiben, wenn und soweit diese nicht aus den nach Bestreitung des Unterhalts und der Erziehung etwa übrig bleibenden Ueberschüssen der Revenüen ihres Vermögens gedeckt werden können. Sobald aus der am Schlusse eines Jahres oder sonst gelegten Rechnung sich ein solcher Ueberschuß ergiebt, kann derselbe zur Deckung der bis dahin entstandenen Kosten, jedoch unter der Maßgabe, daß daraus zunächst die noch nicht berichtigten baaren Auslagen zu entnehmen sind, verwendet werden.

3. Wenn in Folge letztwilliger Verordnung, oder nach Provinzial- oder Statutarrecht, oder nach besonderen Verträgen, der Mutter oder einem Dritten der Nießbrauch oder die von der Aufsicht des Gerichts befreite Verwaltung des Vermögens zusteht, so ist von dem vormundschaftlichen Gerichte nach Vernehmung des Vormundes und nach billigem Ermessen zu bestimmen, ob und welcher Revenüenbetrag als Ueberschuß anzusehen ist.

4. Wenn die Ermittelung deshalb unthunlich ist, weil die Angabe des Vermögens von demjenigen, welcher von Einreichung eines Inventars befreit ist, verweigert wird, so findet die Erhebung der in der Vormundschaftssache selbst entstandenen Kosten nach Maßgabe eines durch Arbitrium der Vormundschaftsbehörde und nach Vernehmung des Vormundes festzustellenden Betrages statt.

vorbehaltlich einer künftigen Nachliquidation beim Fortfall des Hindernisses; andere Kosten sind sofort zu erheben.

5. Die gestundeten Kosten sind nach beendigter Vormundschaft zu erheben; dem gewesenen Pflegebefohlenen muß jedoch außer dem Bettzeuge, den Kleidungsstücken und Geräthschaften, welche ihm zu seinem persönlichen Gebrauch etwa schon verabfolgt oder angeschafft sind, ein reines Vermögen von 50 Thalern belassen und der demzufolge nicht einzuziehende Betrag seiner Kostenschuld muß niedergeschlagen werden.

6. Auf eine Stundung der Kosten können weibliche Pflegebefohlene, sobald sie sich verheirathen, und diejenigen Pflegebefohlenen, hinsichtlich welcher die Vormundschaft über die Zeit der erlangten Großjährigkeit aus einem andern Grunde, als dem einer vorhandenen erheblichen Gemüthsschwäche verlängert wird, von diesem Zeitpunkte an nicht ferner Anspruch machen.

7. Die Verjährung beginnt rücksichtlich der von den Pflegebefohlenen zu bezahlenden Kosten erst mit dem Ablauf desjenigen Jahres, in welchem die über sie geführte Vormundschaft beendigt ist.

§ 10.

3. In Vormundschafts- und Kuratelsachen, insoweit letztere nicht lediglich mit der Abwickelung eines einzelnen Geschäfts beendigt werden, sind die vom Kapitalvermögen der Pflegebefohlenen nach dem Tarif § 42 zu erhebenden Sätze bei Beendigung der Vormundschaft oder Kuratel, die von den Revenüen nach § 43 des Tarifs zu erhebenden aber am Schlusse eines jeden Jahres, in welchem dieselben fällig werden, wenn aber eine Rechnungslegung beim vormundschaftlichen Gericht stattfindet, nach Eingang und Abnahme der Rechnung zu liquidiren.

IV.

Vormundschaftsordnung

vom 5. Juli 1875.[1]) (G. S. S. 431.)

Erster Abschnitt.[2])

Vormundschaftsgericht.

1) Dieses Gesetz hat Gesetzeskraft im ganzen Königreich Preußen seit 1. Januar 1876 (G. S. S. 452, § 92); im Kreise Herzogthum Lauenburg vom 1. Oktober 1878 ab (G. S. S. 102).

2) In diesem Abschnitte ist behandelt:

a) Besetzung
b) Zuständigkeit über
aa) einen Preußen
bb) einen Nichtpreußen
des Vormundschaftsgerichts bei Vormundschaften oder Pflegschaften,

c) Abgabe der Vormundschaft oder Pflegschaft an ein anderes Vormundschaftsgericht,

d) Beschwerdeinstanz und Form
aa) bei Streitigkeiten der Vormundschaftsgerichte untereinander,
bb) gegen Anordnungen des Vormundschaftsgerichts.

§ 1.

Das Vormundschaftsgericht wird von Einzelrichtern (Friedensrichtern, Amtsrichtern, Gerichtskommissarien) verwaltet.[3])

Im Geltungsbereich der Verordnung vom 2. Januar 1849[4]) und im Bezirk des Appellationsgerichts zu Frankfurt a. M. werden zu diesem Zwecke bei den Kollegialgerichten erster Instanz ein oder mehrere Einzelrichter ernannt.[4a])

3) Seither wurden die Vormundschaften und Pflegschaften im Geltungsbereich der V. O. v. 2. Jan. 1849 bei den Kollegialgerichten (Stadt- und Kreis-

gerichten) vom Kollegium bearbeitet. Anders war es an den Orten des Bezirks dieser Gerichte, an welchen von einem Richter (Gerichtskommissarius) verwaltete Gerichtskommissionen eingerichtet sind. Diesen Einzelrichtern stand die Bearbeitung der Vormundschaftssachen zu, sofern das betreffende Kollegialgericht einzelne Angelegenheiten dieser Art nicht selbst vor sich zog. (Geschäftsregul. v. 18. Juli 1850, J. M. Bl. S. 232.) Letzteres ist nun aufgehoben. (J. M. Bl. 1875. S. 241. § 2.)

Friedensrichter bestehen im Bezirk des Appellationsgerichts zu Cöln und hatten von je die Leitung und Ueberwachung des Vormundschaftswesens durch Zusammenberufung des Familienrathes, durch Vorsitz in demselben und durch Beaufsichtigung der Vormünder.

Amtsrichter, denen die Anordnung und Leitung der Vormundschaften zusteht, sind in den Provinzen Hannover, Schleswig-Holstein und Hessen-Nassau.

Im Bezirk des Appellationsgerichts zu Frankfurt a. M. hatte das Stadtgericht II die Obervormundschaft bis zum 31. Dezember 1875.

Nach § 4 des Einführungsgesetzes zum Gerichtsverfassungsgesetz für das Deutsche Reich, welches spätestens mit dem 1. Oktober 1879 Gesetzeskraft erlangen soll, fällt die Thätigkeit des Vormundschaftsgerichts den Amtsgerichten in Preußen zu, denen Einzelrichter vorstehen. (R. G., Bl. 1877. S. 77. 45, § 26. Ges. v. 24. April 1878. G. S. S. 235.)

4) Das ist der Fall in den Provinzen: Ost- und Westpreußen, Pommern, Brandenburg, Sachsen, Posen, Schlesien, Westfalen.

4a) Im J. M. Bl. 1875 S. 248—252 ist ein Aufsatz „über die geschäftliche Behandlung der Vormundschaftssachen" vom Geh. Ob. Justizrath Kurlbaum II., welcher bei Berathung der V. O. im Preußischen Landtage als Regierungskommissarius fungirte, und eine Verfügung zur Ausführung der V. O. v. 20. November 1875, S. 241 abgedruckt. Ersteren Aufsatz wird man als eine offiziöse Anweisung für die Vormundschaftsrichter ansehen dürfen. Aus beiden ist Folgendes zu entnehmen:

A) Aus der Verfügung v. 20. Nov. 1875:

a) die „Königl. Kreisgericht, Abth. II., Vormundschaftsrichter" zeichnenden Vormundschaftsrichter ernennt das Appellationsgericht;

b) die Vormundschaften und Pflegschaften sind in ein formularmäßig vorgeschriebenes Register einzutragen, mit Ausnahme der gesetzlichen Vormundschaften des Vaters und des mütterlichen Großvaters eines unehelichen Kindes, so lange dem Mündel kein Vermögen zufällt, sowie der Pflegschaften über bereits bevormundete Personen, wenn damit eine dauernde Vermögensverwaltung nicht verbunden ist, in welchen drei Fällen besondere Akten nicht angelegt werden;

c) über die in die Register einzutragenden Sachen sind alljährlich vorschriftlich aufzustellende Geschäftsübersichten an die Aufsichtsbehörden einzureichen;

d) bei den einzelnen Akten sind formularmäßige Nachweisungen zu führen.

B) Nach der Verf. v. 30. Nov. 1875 (J. M. Bl. S. 246) bedienen sich die Vormundschaftsgerichte der gewöhnlichen Gerichtssiegel.

C) Aus dem Kurlbaum'schen Aufsatze:

a) die Vormundschaftsrichter bleiben Mitglieder der 2. Abtheilung der

Kollegialgerichte mit selbstständiger materieller Behandlung der Sachen, übrigens aber der allgemeinen Dienstaufsicht des Gerichtsvorstandes*) unterworfen, sowie die Kommissarien für Bagatellsachen im Geltungsbereich der V. O. vom 2. Januar 1849 und die Subhastationsrichter im Geltungsbereich der Subhastationsordnung vom 15. März 1869; die Einrichtung der Grundbuchämter ist eine absichtlich zum Theil andere (J. M. Bl. 1872. S. 176)**);

b) die Gerichtskommissionen, Friedensgerichte, Amtsgerichte zeichnen die von ihnen in Vormundschaftssachen ausgehenden Urkunden in gewöhnlicher Weise ohne jeden Zusatz;

c) zu den Geschäften der Vormundschaftsrichter gehören auch alle Angelegenheiten, welche in anderen Gesetzen als der V. O. dem Vormundschaftsgericht als solchem überwiesen sind, z. B. im Geltungsbereiche des Allg. Landr. Entscheidungen über die Erziehung der unter väterlicher Gewalt stehenden Kinder, sowie über die Verwaltung des Vermögens derselben oder der Ehefrauen nach §§ 70 ff., 170 ff., 87 ff. Tit. 2, § 239 Tit. 1, Theil 2 A. L. R.;

d) Nachlaßregulirungen und Erbtheilungen gehören vor den Nachlaß-, nicht vor den Vormundschaftsrichter, auch wenn bevormundete Personen allein oder mit Anderen bei denselben betheiligt sind; die Genehmigung des Auseinandersetzungsvertrages (§ 42 Nr. 4 V. O.) liegt dem Vormundschaftsgericht ob;

e) die Vertheilung der Geschäfte unter die mehreren Vormundschaftsrichter wird je nach den lokalen Verhältnissen ortschaftsweise, oder, wie in großen Städten, nach dem Namen der Mündel, am zweckmäßigsten sein; in keinem Falle ist eine Vertheilung nach Gattungen zulässig;

---

*) Speziell ist die Frage zur Sprache gekommen: ob die Kreisgerichtsdirektoren, resp. die Abtheilungsdirigenten seit dem Bestehen der V. O. v. 5. Juli 1875 zur Revision der Akten des Vormundschaftsrichters berechtigt seien? Die Bejahung dürfte einem Zweifel wohl kaum unterliegen; nur darf die selbstständige materielle Bearbeitung der Vormundschafts- (Pflegschafts-)sachen durch den Vormundschaftsrichter dadurch nicht beeinträchtigt werden. Materielle Revisionsverfügungen, welche nur durch Kollegialbeschluß Wirkung erhielten, entbehren fortan der Wirkung, da die Vormundschaftsrichter Kollegialbeschlüssen nicht mehr unterliegen.

**) Selten wird der Fall vorkommen, daß ein Vormundschaftsrichter einen Lokaltermin außerhalb der Gerichtsstelle abzuhalten haben wird. Für diesen Fall fragt es sich: ob dazu nach § 10 des Geschäftsregulativs v. 18. Juli 1850 die Genehmigung des Gerichtsdirigenten erforderlich ist? Mit Löwenstein (S. 11) ist diese Frage nach der im Kurlbaumschen Aufsatze fixirten Stellung der Vormundschaftsrichter (J. M. Bl. 1875. S. 248) zu verneinen; wenn sie auch nur in der materiellen Behandlung der Sachen selbstständig sind, übrigens aber der allgemeinen Dienstaufsicht des Gerichtsvorstandes unterworfen bleiben, so sind sie doch wie die Subhastationsrichter und Kommissarien für Bagatellprozeßsachen gestellt. Und bei Ersteren ist diese Genehmigung nach Nr. 5 der Verf. vom 20. März 1869 (J. M. Bl. S. 63) ausdrücklich ausgeschlossen.

f) die in der Verf. v. 20. Nov. 1875 vorgeschriebenen Register sind zweckmäßig der Geschäftsvertheilung entsprechend ortschafts- oder buchstabenweise getrennt anzulegen und die Eintragungen jedenfalls chronologisch zu bewirken;
g) zu den Vormundschaftsakten sind nur rein vormundschaftliche Verhandlungen zu nehmen; sind (s. oben A. b) keine besonderen Akten anzulegen, so gehen die Stücke zu Sammelakten, welche resp. ortschafts- oder namenweise (s. vorstehend C. f) mit Inhaltsverzeichniß versehen, zu bilden sind;
h) bei den einzelnen Vormundschaftsakten sind die Uebersichten (s. oben A. d) genau zu führen;
i) für den Geschäftsverkehr mit den Waisenräthen ist die größte Einfachheit zu empfehlen.

Die Aktenkassation (V. v. 24. Juni 1848, J. M. Bl. S. 224) erfolgt bei Nachlaß- und Erblegitimationssachen in 30 Jahren vom Tage der Reposition abgerechnet, bei Vormundschaftssachen mit Vermögensverwaltung und bei Auseinandersetzungen des Vaters mit den Kindern in 10 Jahren vom Tage der Großjährigkeit oder Großjährigkeitserklärung des jüngsten Pflegebefohlenen, ohne Vermögensverwaltung in 5 Jahren.

§ 2.

Für die Vormundschaft über einen Minderjährigen ist das Gericht zuständig, in dessen Bezirk der Vater zu der Zeit, in welcher die Bevormundung nöthig geworden ist, seinen Wohnsitz 5) oder in Ermangelung eines solchen seinen Aufenthalt gehabt hat.

Für eine innerhalb der gesetzlichen 6) Vormundschaft des Vaters erforderliche Thätigkeit des Vormundschaftsgerichts wird die Zuständigkeit durch den Wohnsitz oder in Ermangelung eines solchen durch den Aufenthalt des Vaters bestimmt. 6a)

5) Unter Wohnsitz wird nicht ein vorübergehender Wohnort, sondern der Ort verstanden, an welchem Jemand seinen beständigen Wohnsitz aufgeschlagen hat. Die Absicht, seinen beständigen Wohnsitz an einem Orte nehmen zu wollen, kann sowohl ausdrücklich, als durch Handlungen oder Thatsachen geäußert werden, z. B. wenn Jemand an einem gewissen Ort ein Amt, welches seine beständige Gegenwart daselbst erfordert, übernimmt, Handel oder Gewerbe daselbst zu treiben anfängt, oder sich daselbst alles, was zu einer eingerichteten Wirthschaft gehört, anschafft; ebenso Uebernahme einer Pacht mit persönlichem Aufenthalt auf dem gepachteten Gute, Gesindedienst selbstständiger Personen, Gesellendienst und Militairdienst großjähriger, nicht unter väterlicher Gewalt stehender Personen, vorausgesetzt, daß die Militairperson nicht allein zur Erfüllung der allgemeinen Militairpflicht in den Dienst getreten ist. (§§ 23. 24. Einl. z. A. L. R., §§ 3. 9. 10. 11. 12. 13. 14. I. 2. A. G. O., O. Tr. v. 5. Febr. 1872. Striethorst 86. S. 46, Pr. O. Tr. 513 v. 14. Aug. 1838 und 489 v. 25. Juni 1838.) Etwas ganz anderes und hier nicht in Betracht kommend ist der Unterstützungswohnsitz für Arme. (Johow 6. S. 30.)

Bei doppeltem Wohnsitz entscheidet der Aufenthalt. (Cf. Analogie in Striethorst 86. S. 54, wenn auch in anderer Beziehung.) Beide Vormundschaftsgerichte werden allerdings für sich die Zuständigkeit des Wohnsitzes in solchem Falle beanspruchen können und im Falle des § 15 der V. O. die Sicherstellung vornehmen müssen. Es wird darauf nicht schwer sein, zwischen beiden Vormundschaftsgerichten eine Vereinbarung darüber zu erzielen, welches die Vormundschaft führt. Eventuell würde das Appellationsgericht, beziehungsweise der Justizminister nach § 9 V. O. zu entscheiden haben und vielleicht nach der geschehenen Prävention, welche Dernburg (S. 40) für maßgebend erachtet, seine Entscheidung treffen, vorausgesetzt, daß eine Prävention überhaupt vorliegt. Die hierüber lautenden §§ 58. 59. II. 18. A. L. R., wornach bei doppeltem Wohnsitz das Gericht den Vormund zu bestellen hat, unter welchem der Vater zuletzt wirklich gewohnt hat, und bei Lebzeiten des Vaters einen Kurator für seine Kinder, bei welchem zuerst darauf angetragen worden, sind als aufgehoben anzusehen.

Militairpersonen, welche einen Wohnsitz in Preußen hatten, deren Garnison aber, ohne daß sie selbst ihre Eigenschaft als Preußen aufgegeben oder verloren haben, außerhalb der Preußischen Staaten, z. B. nach Elsaß-Lothringen, verlegt ist, behalten als Wohnsitz den letzten preußischen Garnisonort des Truppentheils. Ein Beispiel sei hier aus der Praxis mitgetheilt. Ein Offizier stand bis 1869 bei einem preußischen Dragonerregiment zu R. in Garnison, wurde zur Militairreitschule nach H. kommandirt, 1870 zu seinem nach Frankreich ausgerückten Regimente wieder eingezogen, mit diesem Regimente 1871, nach dem Frieden, in eine Elsässische Stadt in Garnison gelegt, nahm 1872 mit Pension als Preußischer Offizier seinen Abschied, zog in eine Stadt des Königreichs Bayern und verstarb daselbst 1876 mit Hinterlassung einer Wittwe und minderjähriger Kinder. Unter Billigung Seitens des Justizministers wurde das Kreisgericht zu R., auf Ersuchen des Bayerischen Gerichts, vom betreffenden Appellationsgericht als zuständiges Vormundschaftsgericht bezeichnet und mit Einleitung der Vormundschaft beauftragt. (Just. Min. Verf. vom 18. Dezember 1876. III. 5153.)

Reichsbeamte (Preußen), deren dienstlicher Wohnsitz sich im Auslande befindet, behalten nach § 21 des Ges. v. 31. März 1873 (R. G. Bl. S. 65) den ordentlichen persönlichen Gerichtsstand, welchen sie in ihrem Heimathsstaate hatten. In Ermangelung eines solchen ist ihr Gerichtsstand vor dem Stadtgericht zu Berlin begründet. Darunter gehören: Gesandte, Berufskonsuln ꝛc.

Hiermit stimmen auch die in der Civilprozeßordnung für das Deutsche Reich über die bürgerlichen Rechtsstreitigkeiten betreffs des Gerichtsstandes §§ 12. 13. 14. 15. 16., 18 getroffenen Bestimmungen.

Sollte, was kaum anzunehmen, die Einleitung und Führung der Vormundschaft durch ein unzuständiges Vormundschaftsgericht erfolgen, so müßte, sobald sich dies herausgestellt, die Abgabe an das zuständige Gericht, eventuell im Beschwerdewege, erfolgen, und es würde sich nur fragen, welche Folgen daraus entstehen? Abgesehen von einer etwa eintretenden entgegengesetzten Judikatur wird die Bestellung des Vormundes durch ein unzuständiges Vormundschaftsgericht bis zur geschehenen Remedur für wirksam anzusehen sein. (Vergl. Dernburg S. 162, Gruchot 20. S. 414, Löwenstein S. 17.) Eine Bestimmung darüber in diesem Gesetz zu treffen ist von der Regierung absichtlich unterlassen worden, weil diese Frage nach allgemeinen Rechtsprinzipien zu entscheiden sei.

6) §§ 12. 13. 26 Abs. 4, 35. 63. 83 V. O.

6a) Für die anderen beiden Fälle der gesetzlichen Vormundschaft des Vaters der unehelichen Mutter, und des Vorstandes der Verpflegungsanstalten (§§ 12. 13 V. O.) gelten, da für sie besondere Vorschriften über die Zuständigkeit nicht gegeben sind, die §§ 2 Abs. 1, und 3—7 der V. O.

§ 3.

Für die Vormundschaft über ein minderjähriges uneheliches Kind ist das Gericht zuständig, in dessen Bezirk die Mutter zur Zeit der Geburt des Kindes ihren Wohnsitz[7]) oder in Ermangelung eines solchen ihren Aufenthalt gehabt hat.

7) Ueber den Wohnsitz vgl. Note 5. — Lebt der Vater der unehelichen Mutter, so wird dieser gesetzlicher Vormund über deren uneheliches Kind (§ 12 Abs. 2 V. O.), und für diesen Fall bleibt § 2 V. O. maßgebend. Hier handelt es sich um eine uneheliche Mutter, welche selbstständig einen Wohnsitz aufschlagen kann. Und da fragt es sich: wann kann dies bei einer großjährigen Tochter, deren Vater lebt, angenommen werden? Nach A. L. R. II. 2. §§ 228. 230 nur bei Heirath oder ausdrücklicher Entlassung aus der väterlichen Gewalt. Dagegen nicht, wie beim großjährigen Sohne (§ 210. II. 2. A. L. R.), durch Errichtung einer eigenen, von den Eltern abgesonderten Wirthschaft. Anders ist es im gemeinen Recht. Dort sind in dieser Beziehung die Töchter mit den Söhnen gleichgestellt, so daß im Gebiete des gemeinen Rechts eine großjährige Tochter durch Gründung eines besondern Hausstandes aus der väterlichen Gewalt tritt und einen selbstständigen Wohnsitz gründet. (Johow 7. S. 22.)

Uebrigens gilt, nach A. L. R., gemeinem und französischem Rechte (Code civil art. 108. 406) der Wohnsitz des Vaters auch für den Wohnsitz seiner in väterlicher Gewalt befindlichen Kinder, selbst nach dem Tode so lange, bis das Kind selbstständig einen neuen Wohnsitz begründet. (Gruchot 21. S. 292, Neumann S. 5.)

Kinder aus einer Ehe zur linken Hand haben den Gerichtsstand des Vaters (§ 99. I. 2. A. G. O., § 866. II. 1, §§ 60. 62. 555. 561. II. 2. A. L. R.)

Nach A. L. R. war der Gerichtsstand der unehelichen Mutter zur Zeit der Einleitung der Vormundschaft für die Zuständigkeit bestimmend, jetzt nach § 3. V. O. der Wohnsitz der Mutter zur Zeit der Geburt des Kindes. Dadurch ist der Uebelstand beseitigt, daß uneheliche Kinder, deren Mütter sich zum Zweck einer heimlichen Niederkunft aus ihrem ordentlichen Gerichtsstande entfernten, am Niederkunftsorte der Mutter zu bevormunden waren.

§ 4.

Für die Vormundschaft über einen Großjährigen ist das Gericht zuständig, in dessen Bezirk derselbe seinen Wohnsitz oder in Ermangelung eines solchen seinen Aufenthalt hat.[8])

8) Vergl. § 81—84 V. O. — Geisteskranke können einen Wohnsitz weder aufgeben noch verlegen. Sie mögen daher kurze oder lange Zeit in einer Irren-Anstalt in oder außerhalb Preußens und Deutschlands untergebracht sein, immer bleibt der inländische Vormundschaftsrichter des letzten Wohnsitzes zuständig. (Johow 7. S. 24.)

§ 5.

Fehlt es an einem der in den §§ 2—4 angeordneten Gerichtsstände, so ist das Gericht, in dessen Bezirk der Vater oder die uneheliche Mutter oder der zu bevormundende Großjährige den letzten Wohnsitz gehabt hat, und in Ermangelung eines solchen dasjenige Gericht zuständig, welches der Justizminister bestimmt.[9])

9) Dieser Paragraph ist geeignet, alle etwaigen Zuständigkeitsweiterungen abzuschneiden. Der Justizminister ist nach § 9. Abs. 2. V. O. bei etwa zweifelhaften Fragen in der günstigen Lage, stets aus praktischen Gründen die Abgabe einer (einzuleitenden) Vormundschaft oder Pflegschaft einem Vormundschaftsgerichte aufzugeben. Ebenso das Appellationsgericht, welches die entscheidende Instanz bildet. (Ein Beispiel dafür findet sich in Johow 7. S. 24.)

Dieser Paragraph findet auch Anwendung auf Preußische Staatsangehörige, welche ihren letzten Wohnsitz oder Aufenthaltsort außerhalb Preußens hatten. Ist indeß dort bereits eine Vormundschaft oder Pflegschaft eingeleitet, so kann es dabei bleiben, bis das Preußische zuständige Gericht die Abgabe fordert und durchsetzt. (Johow 6. S. 29, Dernburg S. 41, Löwenstein S. 14, Neumann S. 5.)

§ 6.

Für die Vormundschaft über einen Nichtpreußen wird die Zuständigkeit durch den Wohnsitz nach Maßgabe der §§ 2—4 bestimmt.

In Ermangelung eines Wohnsitzes in Preußen kann[9a]) das Gericht des Aufenthalts vorläufige Maßregeln ergreifen. Dasselbe hat eine Vormundschaft einzuleiten, wenn der Heimathstaat die Sorge für den zu Bevormundenden nicht übernimmt.

Die Vormundschaft über einen Nichtpreußen ist auf Verlangen der Behörden des Heimathstaates an diese abzugeben.[9b])

9a) Ergreift das Gericht derartige Maßregeln zu Gunsten nicht-preußischer Schutzbedürftiger nicht, so muß dies die Polizeibehörde thun, und dem Gericht von dem Geschehenen, behufs Einleitung einer Vormundschaft oder Pflegschaft, Nachricht geben.

9b) Nach dem Herrenhausbericht tritt dieser Fall ein z. B. wenn eine minderjährige Ehefrau, die des Bürgerrechts durch Auswanderung ihres Ehemannes verlustig geht, nach dem Gesetz des neuen Heimathsstaates unter Vormundschaft verbleibt. Nach der Ansicht des Ob. Trib. (Striethorst 84. S. 297) dauert bei einem Wechsel der Staatsangehörigkeit die Kompetenz des Vormundes und des Vormundschaftsgerichts so lange fort, bis das Gericht (die Vormundschaftsbehörde) der neuen Heimath die Vormundschaft übernimmt. (Löwenstein S. 15.)

Die Bestimmungen des Ges. v. 8. Nov. 1867 (B. G. Bl. S. 137) über die Rechte und Pflichten der Konsuln, sowie die bestehenden Staatsverträge bleiben unberührt bestehen.

§ 7.

Minderjährige, deren Eltern unbekannt sind,[10] werden von dem Gericht unter Vormundschaft gestellt, in dessen Bezirk sie gefunden wurden.

10) Findelkinder. Vergl. § 24. Ges. v. 6. Febr. 1875 (Reichsges. Bl. S. 28), über deren Eintragung im Geburtsregister. Dasselbe gilt, wenn der Wohn- oder Aufenthaltsort der Eltern unbekannt ist, mögen auch Namen und Personen der Eltern des Kindes sonst bekannt sein. Auch ausgesetzte und verlassene Kinder gehören daher hierher. (Löwenstein S. 15, Neumann S. 6, Maassen S. 25.) Steht fest, daß diese Kinder „Preußen" sind, so würde § 5 V. O. in diesem Falle auch Anwendung finden.

§ 8.

Für die Pflegschaft eines Bevormundeten ist das Gericht der Vormundschaft zuständig.[11])

Im Uebrigen finden für die Pflegschaft, sowie für die außerhalb einer Vormundschaft oder Pflegschaft erforderliche Thätigkeit des Vormundschaftsgerichts die Vorschriften der §§ 2—4. 6 entsprechende Anwendung.[12]) Sofern diese Vorschriften nicht anwendbar sind, ist das Gericht zuständig, in dessen Bezirk die Angelegenheiten wahrzunehmen sind, wegen deren die Thätigkeit des Vormundschaftsgerichts eintritt.

11) §§ 86. 90. V. O.

12) Hieraus folgt, daß Eltern bei Erziehungsstreitigkeiten (§§ 70. 87. ff. II. 2. A. L. R.) oder wenn ein Vater sich mit den Kindern aus einer vorhergehenden, durch den Tod getrennten Ehe vermögensrechtlich auseinandersetzen will (§ 18. II. 1, 170—172. 174. 179 ff., 187. 191—200. II. 2. A. L. R.) oder muß, dieser, sich wegen Bestellung des Pflegers an das Vormundschaftsgericht des derzeitigen Wohnsitzes des Vaters der Kinder, und im letzteren Falle nicht an das des Wohnsitzes zur Zeit des Todes der Ehefrau, zu wenden haben. (Johow 6. S. 346.) Dasselbe gilt im Falle des § 239. II. 1. A. L. R. (J. M. B. 1875. S. 249.) Dagegen bleibt die Erbbescheinigung und eine etwa gerichtliche Nachlaßregulirung der Zuständigkeit des Gerichts vorbehalten, unter welchem der Erblasser (die Erblasserin) zuletzt seinen (ihren) persönlichen Gerichtsstand gehabt hat. (§ 392. I. 9. A. L. R., § 2. Ges. v. 12. März 1869, Ges. S. S. 473.)

§ 9.

Streitigkeiten über die Zuständigkeit mehrerer Vormundschaftsgerichte entscheidet endgültig das Appellationsgericht[13]) oder, wenn die Gerichte verschiedenen Appellationsgerichtsbezirken angehören, der Justizminister.

Das Vormundschaftsgericht kann die Vormundschaft oder die Pflegschaft aus erheblichen Gründen[14]) an ein anderes Vormundschaftsgericht abgeben,[15]) nach Bestellung des Vormundes oder des Pflegers jedoch nur mit dessen Zustimmung. Einigen sich die Gerichte nicht, so entscheidet nach Maßgabe der Vorschrift des ersten Absatzes das Appellationsgericht oder der Justizminister.

13) Dieser Grundsatz ist bereits im § 35. V. O. v. 2. Jan. 1849 (Ges. S. S. 11) anerkannt. Eine solche Entscheidung kann sowohl bei dem positiven wie negativen Kompetenzkonflikte nöthig werden. Nach dem 1. Oktober 1879 bleibt dieselbe Bestimmung. Nur tritt an die Stelle des Appellationsgerichts das Oberlandesgericht, resp. das Landesgericht. Siehe S. 64. (Ges. v. 24. April 1878, Ges. S. S. 234. § 20. Nr. 2.)

14) Welche Gründe „erheblich“ sind, bleibt natürlich arbiträr für jeden Einzelfall; jedenfalls muß aber das Beste der Pflegebefohlenen, wie dies § 86. II. 18. A. L. R. erforderte, in erster Reihe in Betracht kommen. Eine Wohnortsveränderung ist nicht ohne Weiteres als erheblicher Grund anzusehen.

15) Auch zur Einleitung der Vormundschaft kann die Abgabe erfolgen.*) Auf alle Fälle muß aber unverzüglich, ohne die Frage wegen der „Abgabe“ vorher zu erledigen, die im § 15. V. O. gebotene Sicherstellung des Mündelvermögens erfolgen.

§ 10.

Gegen die Anordnungen[15a]) des Vormundschaftsgerichts findet Beschwerde[16]) statt. Die Entscheidung erfolgt, und zwar endgültig, in dem Bezirk des Appellationsgerichtshofs zu Cöln durch das Landgericht, in dem Bezirk des Appellationsgerichts zu Celle durch das Obergericht, in den übrigen Landestheilen durch das Appellationsgericht.

Die Beschwerde wird bei dem Vormundschaftsgericht oder bei dem Beschwerdegericht eingelegt.

Die Beschwerde an das Landgericht kann ohne Mitwirkung eines Anwalts eingereicht werden und ist in einer Civilkammer des Landgerichts durch Rathskammerbeschluß zu erledigen.

---

*) Dies ergiebt die Justizmin. Verf. v. 13. Juli 1877, mitgetheilt in Johow 7. S. 24.

15a) Unter „Anordnungen" ist die gesammte Thätigkeit des Vormundschaftsgerichts, namentlich auch die Entscheidung über die zu einer Handlung des Vormundes erforderliche Genehmigung zu verstehen. (Dernburg S. 58, Löwenstein S. 17). Dernburg (S. 56) unterscheidet „Disziplinarbeschwerde" und „Privatbeschwerde", ja nachdem die sie die Disziplin, den Geschäftsbetrieb oder Verzögerungen betrifft, oder das verletzte Privatinteresse, sei es das des Mündels, sei es das eines Dritten. Im Mündelinteresse steht, nach den Landtagsverhandlungen und nach ausdrücklicher Erklärung der Regierungskommissarien, einem Jeden, nicht (wie Eccius S. 28 will) allein dem Vormunde, das Beschwerderecht zu.

16) Die Beschwerde ist an keine Form gebunden. Sie kann mündlich beim Vormundschaftsrichter, wenigstens in den Theilen der Monarchie, in welchen die Allg. Gr. Ordn. gilt (Anh. §§ 442. 443 zu §§ 15 und 16. III. 1. A. G. O.) angebracht werden, oder auch schriftlich bei demselben oder beim zuständigen Beschwerde- (Appellations-) Gericht. Im ersteren Falle ist das Vormundschaftsgericht um so mehr, nicht zur Zurückweisung, sondern zur Weiterreichung (vorbehaltlich der Portoeinziehung) verpflichtet, als die Vormundschaft dem Prinzip nach kein Familienrecht, sondern ein Institut des Staatsrechts ist. (§ 32. I. 1. A. L. R., Note 30 zu § 32. I. 1. A. L. R. in Koch, 7. Ausg. I. S. 80.) An eine Frist ist die Beschwerde auch nicht gebunden. (Johow 7. S. 342.) Eine Ausnahme machen die Beschwerde der als Vormund Berufenen wegen Uebergehung, welche nur bis zum Ablauf von vier Wochen nach erhaltener Kenntniß von der Bestellung eines anderen Vormundes zulässig ist (§§ 17. 18. V. O.), und die Beschwerde des bestellten Vormundes gegen die erfolgte Entsetzung oder Entlassung bis zum Ablauf von vier Wochen nach Zustellung der Entscheidung (§ 63. V. O.). Dagegen unterliegen die Beschwerden gegen die Beschlüsse des Familienraths oder der Familienrathsmitglieder gegen die Verhängung der Ordnungsstrafe der Regel. (§§ 78. 79. V. O.) Dasselbe gilt von der Beschwerde gegen einen Beschluß des Vormundschaftsgerichts auf Unterbringungszulässigkeit von Kindern, welche das 6. Lebensjahr vollendet haben und eine strafbare Handlung begehen vor Vollendung des 12. Lebensjahres (§ 55 R. Str. G. B.)*) in eine Erziehungs- oder Besserungsanstalt. (§ 1 Ges. v. 13. März 1878, Ges. S. S. 132.)**) Nur hat die Beschwerde keine aufschiebende Wirkung, wenn sie nicht innerhalb einer Woche, von Verkündung des Beschlusses an gerechnet, bei dem Vormundschaftsgericht eingereicht wird. (§ 4. a. a. O.) In diesem Falle steht das Recht der Beschwerde den Eltern des Korrigenden, oder, sofern diese nicht leben, den Großeltern, dem Vormund, dem Pfleger, dem Gemeindevorstand, der Ortspolizeibehörde, einem anderen durch den Minister des Innern zu bestimmenden Vertreter der Staatsregierung, dem Schulvorstand und dem Waisenrath zu, den Eltern, beziehungsweise Großeltern jedoch nur dann, wenn der Beschluß auf Unterbringung lautet. (§ 3 Abs. 2 und 4, § 4 a. a. O.)

---

*) Dieser Paragraph ist auch Eltern gegenüber anwendbar. Eine prozessualische (strafprozeßgerichtliche) Beschwerde, wie z. B. Kassationsrekurs, ist gegen den Beschluß des Vormundschaftsgerichts unzulässig. (R. O. Tr. f. Straff. 18. S. 82, Johow 7. S. 341.)

**) Gilt vom 1. Oktober 1878 ab. (§ 18 a. a. O. S. 136.)

Bei allen anderen Beschwerden hat derjenige das Beschwerderecht, welcher seinerseits eine durch die Anordnung des Vormundschaftsgerichts geschehene Rechtsverletzung behaupten kann. (Dernburg S. 57.) Deshalb hat z. B. kein Beschwerderecht der Waisenrath darüber, daß der Vormundschaftsrichter die von ihm vorgeschlagene Person als zum Vormunde nicht geeignet befunden und daher vom Waisenrath einen andern Vorschlag erfordert hat. (Johow 7. S. 30.) S. Anm. 15a. Die Beschwerde ist nach dem Deutschen Rechtsverfahren vom 1. Oktober 1879 ab als Rechtsmittel behandelt. (§ 530 D. Civ. Proz. O.) Und zwar entscheidet auf die Beschwerde in Vormundschaftssachen, welche den Amtsgerichten zustehen (§§ 16. 26. 40 Ges. v. 24. April 1878, Ges. S. S. 230), das Landgericht; auf die weitere Beschwerde aber sodann das Oberlandesgericht zu Berlin. (§ 51 a. a. O.) Beschwerden dagegen, welche Angelegenheiten der Justizverwaltung, insbesondere den Geschäftsbetrieb und Verzögerungen betreffen, werden im Aufsichtswege erledigt. (§ 85 a. a. O.) Das Recht der Aufsicht steht zu (§ 78 a. a. O.): dem Präsidenten des Landgerichts hinsichtlich dieses Gerichts, so wie der Gerichte des Bezirks, dem Präsidenten des Oberlandesgerichts hinsichtlich dieses Gerichts, so wie der Gerichte des Bezirks, dem Justizminister hinsichtlich sämmtlicher Gerichte. Weigert sich ein Gericht, die an dasselbe gelangte Requisition zu erledigen, verweigert es also die Leistung der Rechtshülfe (§ 87 a. a. O.), so entscheidet auf die desfallsige Beschwerde das Oberlandesgericht des ersuchten (Amts-) Gerichts endgiltig. (§ 158. 160 Deutsches Gerichtsverfass. Gesetz.)

Rückwirkende Kraft hat Dritten gegenüber die abändernde Entscheidung des Beschwerdegerichts nicht. (Löwenstein S. 19, Eccius S. 42.)

Zweiter Abschnitt.[1])

Vormundschaft über Minderjährige.

1) Dieser Abschnitt handelt von der **Vormundschaft über Minderjährige.** Er theilt sich in 5 Nummern:

I. Einleitung der Vormundschaft. Darin wird behandelt

a. Erforderniß eines Vormundes für einen Minderjährigen,
b. gesetzliche Vormundschaft,
c. Sicherstellung des Mündelvermögens,
d. Anzeigepflicht in Vormundschaftsfällen,
e. Reihenfolge der als Vormünder gesetzlich Berufenen und Beschwerderecht derselben bei Uebergehung,
f. Uebergehungsbefugniß der gesetzlich Berufenen,
g. Berufung des Vormundes durch das Vormundschaftsgericht,
  aa. nach Anhörung des Waisenrathes,
  bb. unter Berücksichtigung Verwandter oder Verschwägerter des Mündels,
  cc. unter Berücksichtigung des religiösen Bekenntnisses des Mündels,
h. Zwang zur Uebernahme von Vormundschaften,
i. Strafe bei Weigerung,
k. Unfähigkeit zur Führung einer Vormundschaft,

l. Genehmigung zur Führung einer Vormundschaft,
m. Ablehnungsrecht,
n. Bestellung des Vormundes,
o. Bestallung desselben,
p. Nichtigkeit der Bestellung,
q. Gegenvormund.

II. Führung der Vormundschaft. Unter dieser Nummer werden behandelt:

a. Pflicht und Thätigkeit des Vormundes,
b. Erziehung des Mündels, sowie Erziehungskosten,
c. Rechtsgeschäfte für den Mündel,
d. mehrere Vormünder für einen Mündel,
e. Pflicht und Thätigkeit des Gegenvormundes,
f. Haftpflicht der Vormünder,
g. Honorar derselben,
h. Einreichung des Verzeichnisses von dem Mündelvermögen,
i. Verwaltungsinstruktion durch den Erblasser,
k. Schenkungen Namens des Mündels,
l. Anlage der Mündelgelder
  aa. in Effekten,
  bb. in sichern Hypotheken oder Grundschulden,
m. Belegung derselben,
  aa. bei der Reichsbank,
  bb. bei Sparkassen,
n. Verzugszinsen bei verzögerter Anlegung von Mündelgeldern,
o. Strafzinsen bei Verwendung von Vermögensgegenständen des Mündels in des Vormundes Nutzen,
p. Nothwendigkeit der Genehmigung des Gegenvormundes,
q. Nothwendigkeit der Genehmigung des Vormundschaftsgerichts,
r. Erbauseinandersetzung,
s. Veräußerung von Immobilien,
t. Eingehung von wechselmäßigen Verbindlichkeiten,
u. Wirksamkeit eines ohne erforderliche Genehmigung abgeschlossenen Rechtsgeschäftes,
v. Befreite Vormundschaft,
w. Heirathskonsens für den Mündel,
x. Rechtswohlthat des Nachlaßverzeichnisses.

III. Beaufsichtigung der Vormundschaft durch das Vormundschaftsgericht:

a. Ordnungsstrafen gegen Vormund und Gegenvormund,
b. durch den Waisenrath,
c. Anhörung
  aa. von Verwandten oder Verschwägerten,
  bb. des Gegenvormundes,
  cc. des über 18 Jahr alten Mündels,
d. Rechnungslegung des Vormundes,
e. Kautionsstellung desselben,

f. Verwahrung oder Außerkurssetzung der Inhaberpapiere und Verwahrung von Kostbarkeiten.

IV. Beendigung der Vormundschaft:

a. durch Großjährigkeit oder Großjährigkeitserklärung,
b. durch Eintritt in väterliche Gewalt,
c. durch Handlungsunfähigkeit des Vormundes,
d. durch Entsetzung oder Entlassung des Vormundes,
e. durch Tod des Vormundes,
f. Schlußrechnung,
g. Ertheilung von Quittung und Entlastung,
h Rückgabe der bestellten Sicherheit.

V. Familienrath:

a. Wann derselbe zu bilden ist,
b. wie er gebildet wird,
c. Verpflichtung der Mitglieder desselben,
d. Rechte und Pflichten desselben,
e. Beschlußfähigkeit,
f. Zusammentritt und Beschlußfassung,
g. Form der Beschlüsse,
h. Entsetzung der } Mitglieder des Familienrathes,
i. Entlassung der } Mitglieder des Familienrathes,
k. Ordnungsstrafen gegen die } Mitglieder des Familienrathes,
l. Auflösung des Familienrathes.

I. Einleitung der Vormundschaft.

§ 11.

Minderjährige[2]) erhalten einen Vormund, wenn sie nicht unter väterlicher Gewalt stehen, wenn die väterliche Gewalt nach den Vorschriften des bürgerlichen Rechts ruht,[3]) oder wenn ihr Vater selbst bevormundet wird.[4])

2) Das sind diejenigen Personen, welche das einundzwanzigste Lebensjahr noch nicht zurückgelegt haben. (Ges. v. 17. Febr. 1875. Reichsges.-Bl. S. 71.) Kinder heißen sie, wenn sie das siebente, Unmündige, wenn sie das vierzehnte Jahr noch nicht zurückgelegt haben. (§ 25. I. 1. A. L. R.) Willenserklärungen der Kinder sind nichtig, der Unmündigen aber insofern giltig, als sie sich dadurch einen Vortheil erwerben. (§§ 20. 21. I. 4. A. L. R.) Minderjährige werden in Ansehung der Fähigkeit, Verträge zu schließen, den Unmündigen gleich geachtet. (§§ 9 14. 18. I. 5. A. L. R.) Minderjährige, welche das 14. Jahr zurückgelegt haben, können (also wenn sie „mündig" sind) letztwillige Verordnungen giltig errichten, ohne daß dazu die väterliche oder vormundschaftliche Einwilligung erfordert wird. Doch sind sie vor zurückgelegtem 18. Jahre ihre letztwilligen Verordnungen nicht anders als mündlich zum gerichtlichen Protokolle zu errichten befugt. (§§ 11. 16. 17. 18. I. 12. A. L. R.) Mit zurückgelegtem 18. Lebensjahre kann ein Minderjähriger

für großjährig erklärt werden. (§ 61 Abs. 2, 97. V. O.) Ehemündigkeit der Eheschließenden tritt beim männlichen Geschlecht mit vollendetem 20., beim weiblichen Geschlecht mit vollendetem 16. Lebensjahre ein; doch ist Dispensation, in Preußen durch den Justizminister (Verordn. v. 24. Febr. 1875 Ges.-S. S. 97, V. v. 2. März 1875 J. M. B. S. 63. 234) zulässig. (Ges. v. 6. Febr. 1875 § 28. Reichsges.-Bl. S. 29.) Minderjährige sind in politischer Beziehung weder wahlfähig noch wahlberechtigt. Beweiszeugen sind Minderjährige, welche das 14. Lebensjahr zurückgelegt haben; vorher können sie nur zur näheren Aufklärung der Sache vernommen werden (also der Regel nach nicht eidlich). (§ 357 Nr. 9. Krim.-Ordn.; Strafproz.-O. § 161 Nr. 2 Ges.-S. für 1867. S. 972, Rechtspr. Ob. Trib. f. Straff. 19. S. 103.) Nach der Straf- und Zivilprozeßordnung für das Deutsche Reich, welche vom 1. Okt. 1879 ab in Geltung treten sollen, sind Personen, welche zur Zeit der Vernehmung das 16. Lebensjahr noch nicht vollendet haben, unbeeidigt zu vernehmen. (§ 56 Nr. 1. beziehungsweise § 357 Nr. 1.)

In strafrechtlicher Beziehung kommen die verschiedenen Altersstufen auch in Betracht. Und zwar das 6. 12. und 18. Lebensjahr. (Ges. v. 13. März 1878, Ges.-S. S. 132, §§ 55. 56. 57. 173 R.-Str.-G.-B.) Darnach kümmert sich der Staat um strafbare Handlungen der Kinder bis zum vollendeten 6. Lebensjahre überhaupt nicht; von da bis zum vollendeten 12. Lebensjahre findet eine strafrechtliche Verfolgung nicht statt, vielmehr schreitet dann nach Umständen von Obrigkeitswegen das Vormundschaftsgericht durch Beschluß auf Unterbringung in eine geeignete Familie oder in eine Erziehungs- oder Besserungsanstalt ein; vom 12. bis zur Vollendung des 18. Lebensjahres ist ein (Seitens der Staats- oder Polizeianwaltschaft) Angeschuldigter freizusprechen, wenn er bei Begehung der strafbaren Handlung die zur Erkenntniß ihrer Strafbarkeit erforderliche Einsicht nicht besaß, und im Urtheil zu bestimmen, ob er der Familie zu überweisen oder in eine Erziehungs- oder Besserungsanstalt zu bringen ist; besaß er die erforderliche Einsicht, so ist er nicht mit der gewöhnlichen, sondern einer milderen, in besonderen zur Verbüßung von Strafen jugendlicher Personen bestimmten Anstalten oder Räumen zu vollziehenden, Strafe, nie mit dem Tode, lebenslänglicher Freiheitsstrafe, Zuchthaus, Verlust der bürgerlichen Ehrenrechte oder Polizeiaufsicht zu belegen; beim Beischlaf zwischen Verwandten oder Verschwägerten auf- und absteigender Linie (also zwischen Eltern, Schwieger- und Stiefeltern und Kindern) bleiben die Kinder straflos, wenn sie das 18. Lebensjahr nicht vollendet haben.

In Betreff der nach dem Gesetz v. 13. März 1878 (Ges.-S. S. 132) in Erziehungs- oder Besserungsanstalten untergebrachten nicht bevormundeten Kinder üben die Waisenräthe, trotz etwa bestehender väterlicher Gewalt, wie über Mündel, eine gleiche Aufsicht. (§ 9 a. a. O., §§ 53. 54. V. O.)

3) Unter väterlicher Gewalt steht jedes eheliche Kind bis zum Tode des Vaters oder bis die väterliche Gewalt sonst ihre Endschaft erreicht. Das Letztere ist in den verschiedenen Rechtsgebieten des preußischen Staates verschieden. Nach dem Allg. Landrecht tritt ein großjähriger Sohn (J. M. Bl. 1874 S. 151 ff.) durch Errichtung einer eigenen abgesonderten Wirthschaft, Betreibung eines eigenen Gewerbes, Bekleidung eines öffentlichen Amtes, eigene Ernährung ohne weitere Unterstützung Seitens des Vaters dauernd vorausgesetzt, aus der väterlichen Gewalt, ein minderjähriger Sohn dagegen, wenn

ihn sein Vater, mit Beistimmung des wenigstens 18jährigen (§§ 61. 97. V. O., §§ 214. 216. II. 2, § 719. II. 18. A. L. R.) Sohnes, bei dem Vormundschaftsgerichte für aus der väterlichen Gewalt entlassen erklärt und für großjährig erklären läßt (s. S. 69 Note 5 Abs. 2), oder wenn der Vater ausdrücklich oder stillschweigend einwilligt, daß sein noch minderjähriger Sohn ein besonderes Gewerbe für eigene Rechnung anfängt. Eine Tochter scheidet durch Heirath mit Konsens oder durch ausdrückliche Entlassung nach erreichter Großjährigkeit aus väterlicher Gewalt (§§ 210—230. II. 2. A. L. R.) Außerdem hört die väterliche Gewalt auf, wenn der Vater wegen grober Verbrechen, unter Verlust der bürgerlichen Ehrenrechte (§§ 31—34. Strafges. B.), zu Zuchthaus rechtskräftig verurtheilt, wenn er gerichtlich für einen Verschwender erklärt worden, wenn er ohne Vorwissen des Staats in der Absicht, sich der Militairpflicht oder anderen Staatsbürgerpflichten zu entziehen, aus den Königlichen Landestheilen entweicht, endlich, wenn er vorsätzlich die Kinder hülflos und ohne Aufsicht verlassen hat. In diesen Fällen erlischt die väterliche Gewalt für immer. (§§ 255—259. II. 2. A. L. R. Johow 6. S. 33, 7. S. 92. 93.) Die väterliche Gewalt ruht, wenn der Vater zu mehr als 2jähriger Gefängnißstrafe oder Festungshaft rechtskräftig verurtheilt oder in Geisteskrankheit verfallen ist, lebt aber wieder auf nach ausgestandener Strafe, erhaltener Begnadigung oder erfolgter Wiederherstellung. (§§ 260—262. a. a. O.) Nach gemeinem Recht erlischt die väterliche Gewalt zur Strafe wegen bestimmter Vergehen gegen das Kind, durch die Gelangung des Kindes zur Bischofswürde, durch freiwillige Entlassung des Kindes, durch getrennte Haushaltung desselben und durch Verheirathung der Tochter. (Arndts, Pandekten § 426.) Nach französischem Recht dauert die väterliche Gewalt bis zur Volljährigkeit oder Großjährigkeitserklärung des Kindes (code civil art. 372., Dernburg, S. 104. 117). Bei Einschränkung der väterlichen Gewalt (§§ 90. 91. 266, 179 ff. 267, 200. 204—209. 268. II. 2, § 1002. II. 1. A. L. R., J. M. Bl. 1874 S. 176) ist nach § 86. V. O. eine Pflegschaft einzuleiten. (Neumann S. 14, Märcker S. 17.)

4) Aus welchem Grunde es auch sei. (§§ 11. 81. 82. V. O., Ges. v. 6. Febr. 1875. Reichs-Ges.-Bl. S. 29, § 28 Abs. 2.)

§ 12.

Erlischt die väterliche Gewalt durch Verheirathung, durch getrennte Haushaltung oder durch Entlassung des Kindes, ohne daß dasselbe die Rechte eines Großjährigen erlangt, so wird der bisherige Gewalthaber 5) gesetzlicher Vormund.

Ueber ein uneheliches Kind wird der Vater der unehelichen Mutter 6) gesetzlicher Vormund, so lange das Vormundschaftsgericht nicht einen anderen Vormund bestellt.

5) Minderjährigkeit des Kindes hier immer vorausgesetzt. Unter „Gewalthaber" ist nur verstanden: der eheliche Vater, vorausgesetzt, daß er die Gewalt nicht durch Hingabe des Kindes an Kindes Statt verloren hat, der Vater aus einer Ehe zur linken Hand und der Adoptivvater, dagegen der Stiefvater und der Pflegevater nicht. (§§ 62. 561. 681. 732. 753. II. 2. A. L. R.) Dieser Grund-

satz war, obschon die „gesetzliche Vormundschaft" das Allg. Landrecht in Preußen nicht kannte, sondern nur eine eingeschränkte Vormundschaft, bereits anerkannt bei der Verheirathung einer minderjährigen Tochter (§ 229. II. 2. A. L. R.) und bei Verpfändung sowie Veräußerung von Grundstücken und Gerechtigkeiten durch einen minderjährigen der väterlichen Gewalt entlassenen Sohn (§ 226. a. a. O.) Der Aufsicht des Waisenrathes untersteht der Vater als gesetzlicher Vormund nicht. (§ 54. Abs. 1. V. O.)

Im landrechtlichen Geltungsbereiche tritt die gesetzliche Vormundschaft des Vaters (wie Löwenstein S. 21 anführt) bei der Verheirathung der minderjährigen Tochter und bei der Entlassung des minderjährigen Sohnes ein. (§§ 228. 229. 218. II. 2. A. L. R.) Großjährigkeit (§ 216. II. 18. A. L. R.) tritt jetzt (§ 97. V. O.) in Folge der Entlassung aus der väterlichen Gewalt nicht mehr ein. Will jetzt der Vater als gesetzlicher Vormund mit seinem der väterlichen Gewalt entlassenen minderjährigen Sohne kontrahiren, so bedarf es dazu eines Pflegers, resp. der Genehmigung des Vormundschaftsgerichts. (§§ 91. 42. [6] V. O., Löwenstein S. 22.)

Stirbt der Adoptivvater, so fällt das Kind in die väterliche Gewalt des natürlichen Vaters nicht wieder zurück. Das Vormundschaftsgericht wird in solchem Falle also die Vormundschaft einleiten müssen und den natürlichen Vater als Vormund berufen und verpflichten können. (Neumann S. 19.)

Zu seiner Legitimation wird, wenn der erforderliche Fall eintritt, der gesetzliche Vormund sein Verhältniß zum gesetzlichen Mündel nachweisen müssen. (Vergl. Neumann S. 19, Dernburg S. 136, Löwenstein S. 23, Märcker S. 17.) Denn vom Vormundschaftsgericht erhält er weder eine Bestallung, noch eine sonstige Legitimationsurkunde.

6) Mag die Mutter des außerehelichen Kindes in väterlicher Gewalt sein resp. bleiben, oder nicht. Die Beaufsichtigung dieser gesetzlichen Vormundschaft erfolgt durch den Waisenrath und das Vormundschaftsgericht. (§ 54. V. O.)

§ 13.

Ueber einen Mündel, welcher in eine unter Verwaltung des Staats oder einer Gemeindebehörde stehende Verpflegungsanstalt aufgenommen ist, hat bis zu dessen Großjährigkeit [7]) der Vorstand der Anstalt die Rechte und Pflichten eines gesetzlichen Vormundes, so lange das Vormundschaftsgericht nicht einen anderen Vormund bestellt. [8])

7) Oder Großjährigkeitserklärung (§ 98. V. O.), oder wenn der Mündel in väterliche Gewalt tritt. (§ 61. V. O.)

8) Voraussetzen muß man hierbei, daß der minderjährige Pflegling (Mündel) in der geschlossenen Anstalt und nicht etwa außerhalb derselben, bei Privaten, untergebracht ist, weil nur in diesem Falle das elterliche Haus durch den Aufenthalt im Anstaltshause einen Ersatz findet und in diesem Falle allein der Vorstand der Anstalt in der Lage ist, die Rechte und Pflichten eines gleichsam väterlichen Gewalthabers auszuüben. Doch sind die Praktiker zum Theil anderer Ansicht, obwohl auch der Wortlaut des § 13 ausdrücklich vor-

aussetzt, daß der Mündel in eine derartige Anstalt aufgenommen ist, nicht war; also dauert diese gesetzliche Vormundschaft auch nur so lange, als der Mündel in der Anstalt verbleibt. Es läge sonst auch kein Grund zur Bestimmung Abs. 2 des § 62 V. O. vor, wonach mit der Aufnahme in eine solche Verpflegungsanstalt das Amt des bisherigen Vormundes erlischt. Dieser Ansicht ist auch das Kammergericht (Johow 6. S. 33) und Dernburg (S. 139). Eine Beaufsichtigung dieser gesetzlichen Vormundschaft durch den Waisenrath und das Vormundschaftsgericht erfolgt. (§ 54. V. O.)

Derartige Verpflegungsanstalten werden vorzugsweise Waisenhäuser, Taubstummen-Anstalten, Irrenhäuser ꝛc. sein.

Bei den in Erziehungs- oder Besserungsanstalten wegen Begehung strafbarer Handlungen auf Grund des § 55 R. Str. G. B. resp. des Ges. v. 13. März 1878 (Ges.-S. S. 132) untergebrachten unmündigen Personen bleibt der Vormund in Thätigkeit und tritt eine gesetzliche Vormundschaft für den Vorstand der Anstalt nicht ein. (§ 10. Abs. 3 a. a. O.) Unter Aufnahme in eine „Verpflegungsanstalt" ist eine Unterbringung im Gegensatze zu einer strafweisen Detention oder Zwangs-Erziehung zu verstehen, welche letztere (s. oben Note 2 Abs. 2 zu § 11) durch das Vormundschafts- oder Strafgericht ausgesprochen worden ist. Daher steht auch die gesetzliche Vormundschaft aus § 13 V. O. weder dem Vorstande der Gefängnisse noch dem der Zuchthäuser noch dem der Arbeitshäuser (§ 362 R. Str. G. B.) zu.

§ 14.

Ist ein gesetzlicher Vormund nicht vorhanden, so hat das Vormundschaftsgericht von Amtswegen die Vormundschaft einzuleiten.[9])

9) Sobald es von dem Bevormundungsfalle Kenntniß erhält, auf welche Art es auch sei. Es hat von Amtswegen und unverzüglich einzuschreiten, ohne Antrag und vor der gebotenen Anzeige im § 16. V. O.

§ 15.

So lange ein Vormund nicht vorhanden oder der vorhandene Vormund bei dem Anfall eines Nachlasses an den Mündel abwesend ist, hat das Vormundschaftsgericht das Vermögen des Mündels sicher zu stellen.[10])

Die gleiche Pflicht hat jedes Vormundschaftsgericht, in dessen Bezirk sich Vermögen des Mündels befindet.[11])

Sind der Vater oder die Mutter des Mündels oder großjährige Miteigenthümer anwesend, so ist die Sicherstellung nicht erforderlich.[12])

10) Wie die „Sicherstellung" erfolgen soll, ist in der V. O. nicht angegeben. Es kommt daher auf das pflichtmäßige und umsichtige Ermessen des Vormundschaftsrichters an, welche Art und Form der Sicherstellung er im ge-

gebenen Falle für erforderlich und ausreichend erachtet. Die vom Gesetz als Regel gekannte Form ist die Siegelung. (§ 461. I. 9., §§ 354. 357. 361. 363. 365—370. II. 18. A. L. R.; § 5. Anh. § 432. §§ 20. 24. 25—31. 33—35. 36. 37. 39. 41. II. 5. A. G. O.) Doch wird Bestellung eines Aufsehers, Annahme der Nachlaßsachen zur Pfandkammer oder zum Depositum rc., unter Berücksichtigung der Umstände und Kosten, in einzelnen Fällen vorzuziehen sein. (Vergl. § 73. I. 24. A. G. O.*) Die Vorschriften über das bei gerichtlichen Siegelungen zu beobachtende Verfahren sind in den oben angegebenen gesetzlichen Bestimmungen, namentlich §§ 20—41. II. 5. A. G. O. enthalten.

Es fragt sich hier: in wie weit der Vormundschaftsrichter ein, ihm rechtzeitig bekannt gewordenes, Verbot des Erblassers, seinen Nachlaß zu siegeln, zu beachten hat? Das Kammergericht (Johow 6. S. 35) nimmt an, der Vormundschaftsrichter dürfe das vom Vater der Mündel gegebene Verbot der Siegelung ohne triftige Gründe nicht unbefolgt lassen. Es bejaht also die Frage und zwingt den Vormundschaftsrichter zu einer Prüfung, ob der den Erblasser zu dem Siegelungsverbote bestimmende Grund muthmaßlich noch vorliegt oder nicht. Richtiger ist wohl die gestellte Frage zu verneinen (Johow 5. S. 277), obwohl meist die Vormundschaftsrichter in der Praxis der Intention des Kammergerichts gemäß verfahren werden. Zu verneinen ist die Frage a., weil § 374. II. 18. A. L. R., wornach eine Siegelung im Falle eines Verbotes des Erblassers nur im Falle einer von diesem nicht vorgesehenen Gefahr geschehen durfte, aufgehoben und b. die Sicherstellung im Falle des § 15 V. O. unbedingt vorgeschrieben ist. (Löwenstein S. 26, Neumann S. 21.)

11) Bezüglich der Mitwirkung bei der Siegelung des Nachlasses eines Deutschen Reichsbeamten (§ 20 Ges. v. 31. März 1873, R. G. Bl. S. 64) stehen dem Reiche, beziehungsweise dessen Behörden, im Verhältniß zu den Reichsbeamten dieselben Rechte zu, welche die am dienstlichen Wohnsitze des Reichsbeamten geltende Gesetzgebung des einzelnen Bundesstaates dem Staate, beziehungsweise dessen Behörden, den Staatsbeamten gegenüber gewährt.

Bei Ausländern haben die Generalkonsuln, Konsuln, Vizekonsuln und Konsularagenten das Recht der Siegelung; sie müssen aber der zuständigen Lokalbehörde (Vormundschaftsgericht) Nachricht geben und diese kann bei der Siegelung gegenwärtig sein, auch ihre eigenen Siegel mit anlegen. Diese und die vom Konsularbeamten angelegten Siegel dürfen ohne Mitwirkung der Lokalbehörde nicht abgenommen werden. Ist keine Konsularbehörde am Orte, so hat die zuständige Lokalbehörde nach den Landesgesetzen zu verfahren, also sicher zu stellen und dem betreffenden Konsularbeamten sofort Nachricht zu geben. Dies ist vertragsmäßig vereinbart zwischen Deutschland und Italien, Spanien, den Vereinigten Staaten von Amerika, Rußland. (Verträge v. resp. 21. Dez. 1868, 22. Febr. 1870, 11. Dez. 1871, $\frac{\text{12. Nov.}}{\text{31. Okt.}}$ 1874, B. G. Bl. u. R. G. Bl. 1869 S. 113, 1870 S. 99, 1872 S. 95, 1875 S. 136.) Bei allen anderen Nichtpreußen und Ausländern ist analog zu verfahren, unter Berücksichtigung des § 6 V. O.

12) Die Anwesenheit eines großjährigen Miteigenthümers (Miterben, Johow 6. S. 81) genügt, um die Sicherstellung nicht erforderlich zu machen.

---

*) S. Note 5 zu § 2, Abs. 2. S. 58, Johow 5. S. 277, 6. S. 36., § 14. II. 5. A. G. O., franz. Civ. Proz. O. II. 2. Tit. 1.

(Johow 5. S. 277.) Anwesenheit des Stiefvaters oder der Stiefmutter hemmt an sich die Sicherstellung nicht.

§ 16.

Wird die Einleitung einer Vormundschaft nöthig, so sind die Mutter, die Stiefmutter und die großjährigen Geschwister, sowie derjenige, welcher den Mündel an Kindesstatt angenommen hat, verpflichtet, dem Vormundschaftsgericht unverzüglich Anzeige zu machen.[13])

Eine gleiche Pflicht zur Anzeige haben die Standesbeamten, wenn ihnen ein Geburts- oder Sterbefall, welcher die Einleitung einer Vormundschaft nöthig macht, oder die Geburt eines unehelichen Kindes angemeldet wird.[14])

Wird eine Bevormundung in Folge eines gerichtlichen Verfahrens nöthig, so ist das Gericht oder, wenn die Staatsanwaltschaft in dem Verfahren mitgewirkt hat, diese verpflichtet, das Vormundschaftsgericht zu benachrichtigen.

13) Berechtigt zur Anzeige ist jeder. Namentlich auch der Gläubiger des Mündels. (§ 82. V. O.) Eine Strafe wegen unterlassener Anzeige ist nicht aufrecht erhalten (§ 102. V. O.); dagegen können die dazu verpflichteten Beamten deshalb diszíplinirt werden. Auch bei gesetzlicher Vormundschaft ist die Anzeige erforderlich. (§§ 26, 54, 55, 63. V. O.) Anderer Meinung ist Löwenstein (S. 27). Allerdings setzt § 16 voraus, daß „die Einleitung einer Vormundschaft nöthig“ wird. Indeß ist die Anzeigepflicht bei den Fällen des § 12 Abs. 2 und 13 mindestens zweckmäßig. Vergl. über die Anzeigepflicht der Standesbeamten J.-M. Bl. 1874 S. 247, der Gerichte Deutsche Civilproz. O. §§ 600. 603. 615. 623. 626.

14) Selbstverständlich gebührenfrei (Johow 7. S. 32.) auf Kosten der Gemeinde. (§§ 8. 16. 74 Nr. 2. Ges. v. 6. Febr. 1875. R. G. Bl. S. 23.) Das Porto für die Anzeigen würden als sächliche von den Gemeinden zu tragende Kosten der Standesämter anzusehen sein, wie dies der Minister des Innern für die dienstlichen Sendungen der Standesbeamten an die Landräthe am 15. April 1876 auch angeordnet hat. (M. Bl. f. d. i. V. S. 101.) Indeß hat der Justizminister durch V. v. 31. Aug. 1875, dem entgegen, (J. M. B. S. 196) das Porto auf den Justizfonds übernommen, so daß die Standesämter derartige Anzeigen, unter dem Rubrum „portopflichtige Dienstsache“ unfrankirt an die Gerichtsbehörden abzusenden haben. Aber auch nur derartige Anzeigen über Geburts- und Sterbefälle, welche eine Bevormundung nöthig machen. Es ist angenommen, dieses Porto habe zu Lasten der Staatskasse mit Rücksicht darauf übernommen werden können, daß es sich dabei um eine Thätigkeit für die Standesbeamten handelt, zu welcher die betreffenden Beamten im Interesse der ihnen an sich fremden Staatsangelegenheiten eines anderen Ressorts verpflichtet seien. (M. Bl. f. d. i. V. 1876. S. 101.)

§ 17.

Als Vormünder sind in nachstehender Reihenfolge berufen: [14a])

1) wer, ohne die väterliche Gewalt [15]) zu erwerben, den Mündel an Kindesstatt angenommen hat;
2) wer von dem Vater [16]) in einem Testament oder in einer gerichtlich oder notariell beglaubigten oder eigenhändig geschriebenen und unterschriebenen Urkunde benannt [17]) ist, sofern der Vater zur Zeit seines Todes die väterliche Gewalt über den Mündel gehabt hat oder unter Voraussetzung der bereits erfolgten Geburt desselben gehabt haben würde, oder sofern der Vater bis zum Tode die [18]) Vormundschaft geführt hat;
3) die Mutter über ihre ehelichen, nicht an Kindesstatt hingegebenen Kinder;
4) wer von der Mutter in der unter Nr. 2 bestimmten Form benannt ist, sofern die Mutter bis zum Tode die Vormundschaft geführt hat, [18a])
5) der Großvater väterlicher Seits;
6) der Großvater mütterlicher Seits.

Die Mutter ist nicht berufen, wenn sie [19]) mit einem Anderen als dem Vater des Mündels verheirathet oder wenn die Ehe mit dem Vater des Mündels durch Urtheil getrennt ist. [20])

Ist einer Ehefrau ein Vormund zu bestellen, so darf vor jedem nach diesem Paragraphen Berufenen der Ehemann bestellt werden. [21])

14a) Natürlich immer vorausgesetzt, daß kein Grund der Unfähigkeit (§ 21. V. O.) vorliegt.

15) Vertragsmäßig. (§§ 666. 703. II. 2. A. L. R., § 42 Nr. 2. V. O.) Diese Vorschrift ist zunächst für das gemeine Recht bestimmt. (Dernburg S. 145.) Nach A. L. R. erlangt der Adoptivvater die väterliche Gewalt (§ 681. II. 2.); dem natürlichen Vater verbleibt aber die Verwaltung des Vermögens des Adoptivkindes im Falle der Minderjährigkeit (§ 696 a. a. O.), ohne den Nießbrauch daran zu haben. Stirbt demnächst der natürliche Vater, oder verliert diese Verwaltung, so ist für die Verwaltung ein Pfleger zu bestellen und dazu wird das Vormundschaftsgericht nach Dernburg (S. 146) und Löwenstein (S. 29) den Adoptivvater nach § 17 Nr. 1 V. O. als berufen anzusehen haben, nach Analogie der Bestimmung in §§ 699. 700. II. 2. A. L. R., welche an sich, als im Vormundschaftsrecht wurzelnd und nicht ausdrücklich aufrecht erhalten, nach § 102 V. O. als aufgehoben anzusehen sein wird.

16) Oder Adoptivvater. (§ 681. A. L. R. II. 2., Johow 5. S. 277.)

17) Auch substitutionsweise benannt. (Johow 5. S. 277.)

18) Gesetzliche. (§§ 12. 83. V. O.) War der Vater der Vormundschaft entlassen, so bietet auch seine Auswahl eines berufenen Vormundes keine Gewähr. (Motive.)

18a) Die Mutter eines unehelichen Kindes ist nicht ausgeschlossen. (Johow 5. S. 278.)

19) Zur Zeit der Einleitung. (Johow 5. S. 277.)

20) Gleichviel, ob das Urtheil bereits rechtskräftig ist oder nicht, und ob der Vater oder die Mutter oder keines von beiden für allein oder überwiegend schuldig darin befunden ist. Die momentane Thatsache der Ehetrennung durch Urtheil genügt, um die Mutter zu einer nichtgesetzlich berufenen zu machen. Sind keine gesetzlich berufenen Personen vorhanden und ist sie (§ 21. Abs. 2 V. O.) bei der Trennung der Ehe nicht für den schuldigen Theil erklärt, so kann sie vom Vormundschaftsgericht zum Vormund berufen und bestellt werden. (§§ 19. 21 Abs. 2. 24. V. O.) Es wird sogar eine besondere Berücksichtigung nach § 19 V. O. dabei obwalten dürfen. (Vergl. Johow 5. S. 277, Dernburg S. 148.)

21) Ein Recht darauf hat der Ehemann nicht. Der Richter darf ihn nur jeder der anderen, als gesetzlich berufen aufgeführten, Personen vorziehen. Die berufenen Personen sind übrigens nach den Motiven verpflichtet, die Vormundschaft zu übernehmen. Diese hier, unter bestimmten Voraussetzungen berufenen Personen können, wenn die Voraussetzungen auch nicht zutreffen, vom Vormundschaftsgericht stets besonders berücksichtigt uud berufen werden, sofern sie nicht nach § 21 V. O. zur Führung einer Vormundschaft unfähig sind.

Verheirathet sich eine bereits unter Vormundschaft stehende Pflegebefohlene, so hat der Ehemann nach § 95 V. O. ganz dieselben Rechte, wie seither: die Vormundschaft bleibt, der Ehemann hat den Nießbrauch am eingebrachten Vermögen und der Vormund verwaltet das vorbehaltene Vermögen und dessen Einkünfte, behält auch die Aufsicht über die dem Ehemanne der Regel nach gebührende Verwaltung von dem nicht vorbehaltenen Vermögen der Ehefrau, so daß eine Veränderung mit der Substanz von dem Ehemanne ohne Vormund nicht vorgenommen werden darf. (§ 229. II. 2., § 736 ff. II. 18. A. L. R., Johow 5. S. 280.)

§ 18.

Wegen Uebergehung der nach § 17 Berufenen ist die Beschwerde nur bis zum Ablauf von vier Wochen nach erhaltener Kenntniß von der Bestellung eines anderen Vormundes zulässig.

Sind Umstände eingetreten, welche die Bestellung des nach § 17 Berufenen als nachtheilig für den Mündel erscheinen lassen, so kann das Vormundschaftsgericht den Berufenen mit dessen Zustimmung übergehen. Bei dessen Widerspruch ist die Entscheidung des Beschwerdegerichts einzuholen.[22)]

22) Es darf und muß vorausgesetzt werden, daß dem Vormundschaftsgericht entweder die Existenz der im § 17 Nr. 1—9 V. O. als berufen bezeichneten Personen bekannt ist oder durch deren Meldung bekannt geworden ist. Sonst kann von einer „Uebergehung" derselben nicht die Rede sein. Hat nun das Vormundschaftsgericht wegen mangelnder Kenntniß solcher Personen nach § 19

V. O. einen Anderen zum Vormund bestellt, so fragt es sich: ob dieser dann zu entlassen ist, wenn ein nach § 17 V. O. Berufener Anspruch auf die Vormundschaft erhebt? Das Beschwerdegericht zunächst hat mit dieser Frage nach § 18 V. O. nichts zu thun. Der Andere ist ein nach der Lage der Sache zu Recht bestellter Vormund; widerspricht er seiner Entlassung oder findet das Vormundschaftsgericht darin keinen erheblichen Grund dazu trotz seiner Einwilligung, so ist obige Frage nach § 63 V. O. zu verneinen. (Johow 5. S. 279.) Anderer Meinung sind Dernburg (S. 150), der sie „zweifelhaft" nennt, Löwenstein (S. 31) und Gruchot 20. S. 16.

Die Beschwerde kann (§ 10) beim Vormundschaftsgericht oder Beschwerdegericht angebracht werden. Analoge Anwendung findet dieser § 18 übrigens nicht.

Bei dem Widerspruch des Berufenen wird man voraussetzen müssen, daß die inzwischen „eingetretenen Umstände, welche die Bestellung des nach § 17 Berufenen als nachtheilig für den Mündel erscheinen lassen" nicht schon zur Zeit der Berufung in der Schrift vorlagen und dem Berufenden bekannt waren. So Dernburg (S. 150) und Löwenstein (S. 32). Anderer Meinung sind Neumann (S. 26) und Koch Anm. zu § 18. Für letztere Ansicht spricht:

a) daß im Abs. 2 kein Wort darüber gesagt, vielmehr
b) gerade in das freie Ermessen des Vormundschaftsgerichts die Beurtheilung der Frage gestellt ist: ob Umstände eingetreten sind (allerdings nicht: ob Umstände vorhanden sind), welche die Bestellung des Berufenen nachtheilig erscheinen lassen und bei Verschiedenheit der Ansicht darüber zwischen dem früheren Berufenden und dem Vormundschaftsrichter zur Zeit der Einleitung der Vormundschaft, die des letzteren maßgebend sein soll, und
c) jedenfalls dem Vormundschaftsrichter keine Pflicht zur Prüfung obliegt, ob die „eingetretenen Umstände" bereits dem Berufenden bekannt sein konnten und bekannt waren, so daß deren Berücksichtigung von dem Berufenden zur Zeit der Berufung unzweifelhaft erfolgt ist.

§ 19.

Kann die Vormundschaft keinem der nach § 17 Berufenen übertragen werden[23]), so hat das Vormundschaftsgericht nach Anhörung des Waisenraths (§ 52)[24]) einen Vormund zu berufen und dabei geeignete Verwandte oder Verschwägerte des Mündels zunächst zu berücksichtigen.[25])

Bei der Auswahl des Vormundes ist auf das religiöse Bekenntniß des Mündels Rücksicht zu nehmen.[26])

Das Vormundschaftsgericht hat in der Regel für einen Mündel, sowie für mehrere Geschwister nur einen Vormund zu berufen.[27])

23) Weil dergleichen nicht vorhanden, oder die vorhandenen unfähig sind, die Genehmigung nicht erhalten, oder ablehnen (§§ 21. 22. 23 V. O.).

24) Der Waisenrath soll vor der Berufung gehört werden. Ist dies nicht

geschehen, so ist der durch das Vormundschaftsgericht berufene und bestellte Vormund, unter Verantwortlichkeit des Richters für die Folgen der Wahl eines ungeeigneten, oder treulosen, Vormundes, doch giltig bestellt, und ist das Nichthören des Waisenrathes weder ein Grund der Entlassung des Vormundes wider dessen Willen, noch ein Grund zur Beschwerde für den Waisenrath (Johow 5. S. 281, 7. S. 29). Vor Bestellung von Pflegern ist der Waisenrath auch zu hören (§ 91 V. O.), obwohl in der Praxis oft unnütze zeitraubende Weitläufigkeiten dadurch entstehen. Empfehlenswerth ist es für den Richter nicht, davon abzusehen, um etwaiger Verantwortlichkeit überhoben zu sein (Johow 7. S. 29). An den Vorschlag des Waisenrathes ist der Richter nicht gebunden. Hat der Vormundschaftsrichter selbst einen Vormund ins Auge gefaßt oder von anderer Seite vorgeschlagen erhalten, so wird es sich empfehlen, die „Anhörung" des Waisenrathes in der Weise zu erfordern, daß eine Aeußerung über die bestimmte, zu bezeichnende, Person verlangt wird. Hauptsache für den Richter bleibt es, mehrfache Hin- und Herschreibereien zu vermeiden und möglichst bald einen geeigneten Vormund zu bestellen (Johow 5. S. 281).

Der anzuhörende Waisenrath ist der des Bezirks, in welchem der Mündel sich befindet. Letzteres wird in großen Städten der Vormundschaftsrichter selten wissen. Er wird sich daher am zweckmäßigsten an den Waisenrath des Bezirks wenden, in welchem der Erblasser verstorben ist, oder in welchem der Mehrzahl nach die mehreren Mündel, denen ein Vormund zu bestellen ist, sich aufhalten, oder, im Mangel eines anderen Anhaltes, aus welchem der Richter nach seinem Ermessen am zweckmäßigsten einen Vormund sucht (Johow 5. S. 281). Das Gesetz hat deshalb offenbar absichtlich dem Ermessen des Vormundschaftsgerichts keine Schranke gezogen.

25) Also auch durch das Gesetz nicht berufene Mütter (§ 17. Abs. 2 V. O.). Die Verschwägerung dauert im Sinne der V. O., auch nach dem Tode oder der Ehetrennung dessen, durch welche sie hergestellt war, fort. (Dernburg S. 63, Löwenstein S. 33; Deutsche Civ. Proz. O. § 348[3], § 41[3]; Deutsche Strafproz. O. §§ 22[3], 51[3]). Die Ob. Trib. Entsch. in Striethorst 55. S. 198, Entsch. O. Tr. 53 S. 347, haben hieraufbezüglich keine Bedeutung.

26) Daraus folgt aber nicht, daß Vormund und Mündel ein und desselben religiösen Bekenntnisses sein müssen.

27) Mehrere Vormünder verwalten gemeinschaftlich. Bei Meinungsverschiedenheiten entscheidet die Mehrheit, oder, wenn eine solche nicht erzielt wird, das Vormundschaftsgericht.

Ist unter mehreren Vormündern die Verwaltung getheilt, so verwaltet jeder die ihm zugetheilten Geschäfte selbstständig.

Andere Bestimmungen über die Verwaltung mehrerer Vormünder können durch den zur Berufung Berechtigten getroffen werden (§§ 17 Nr. 2. 4, 30 V. O.).

Zur Bestellung mehrerer Vormünder, namentlich mit getheilter Verwaltung, können verschiedene Gründe vorliegen, z. B. zerstreut liegende Besitzungen der Mündel, Umfang der Vermögensverwaltung ꝛc. — Verwandtschaft oder Schwägerschaft des berufenen Vormundes mit dem, die betreffende Vormundschaft beim Gericht bearbeitenden, Richter ist kein Grund zur Ablehnung oder Nichtberufung. Ob aber vielleicht die Sache selbst dann unter die leitende Aufsicht eines anderen Richters zu stellen sein möchte, ist lediglich dem Vormundschaftsgericht zur Beurtheilung überlassen. (Vergl. Dernburg S. 152.)

§ 20.

Jeder Preuße,[28]) welcher nicht gesetzlich unfähig oder zur Ablehnung berechtigt ist,[28a]) muß die Vormundschaft, zu welcher er berufen ist, übernehmen.

Weigert sich der Berufene, so kann er von dem Vormundschaftsgerichte durch Ordnungsstrafen bis zum Betrage von je dreihundert Mark zur Uebernahme der Vormundschaft angehalten werden.

Mehrere Strafen sind nur in Zwischenräumen von mindestens einer Woche zu verhängen. Ist dreimal eine Strafe ohne Erfolg verhängt, so ist ein anderer Vormund zu bestellen.[29])

28) Nach dem A. L. R. (§§ 156. 157. II. 18) konnten auch Nichtpreußen zu Vormündern bestellt werden, obschon nur bedingungsweise. Diese Bestimmung ist ausdrücklich in der neuen V. O. nicht aufrecht erhalten (§ 102 V. O.), also aufgehoben. Da indeß im § 20 V. O. nur gesagt ist, daß ein Preuße Vormundschaften übernehmen muß und im § 17 Nr. 2 und 4 V. O. die vom Vater und der Mutter urkundlich Berufenen nicht auf „Preußen" beschränkt sind, wird man diese Berufung von Nichtpreußen nicht als unzuläſſig bezeichnen können. Zumal die Prüfung und Entscheidung darüber dem Vormundschafts- resp. Beschwerdegericht immer offen bleibt. (§ 18 V. O.). Dasselbe wird bei denjenigen urkundlich Berufenen gelten, welche zur Zeit der Urkundenerrichtung Preußen waren, im Moment der Einleitung der Vormundschaft aber nicht mehr Preußen sind.

Daß etwa zu Vormündern bestellte Nichtpreußen durch Annahme der Vormundschaft (§ 23 Nr. 5 V. O.) dem Preußischen Landesgesetz, insbesondere der Vormundschaftsordnung unterworfen sind, ist dann nicht zweifelhaft. (Dernburg S. 153, Löwenstein S. 34, Neumann S. 28.)

28a) Das sind nur Militärpersonen und die im § 23 V. O benannten.

29) Auf diese Art ist allerdings durch ein Opfer von 900 Mark der Berufene von Uebernahme dieser einen Vormundschaft frei, dagegen kann er zu jeder anderen Vormundschaft aufs Neue herangezogen werden. Die Strafe ist eine Exekutivstrafe, um den ohne Grund sich Weigernden zu zwingen.

Das Gesetz verlangt, daß die Strafe 3mal „verhängt" sei. Wie es werden soll, wenn ein berufener Vormund nicht zahlen kann, sagt das Gesetz nicht. Zweckmäßig ist es wohl, von dem Berufenen Abstand zu nehmen, wenn die erste verhängte Strafe nicht beizutreiben ist. Daß jeder zum Vormund Geeignete und Berufene auch fähig sein wird, 300 Mark zu zahlen, sei es auch erst im Exekutionswege, ist keineswegs ohne Weiteres anzunehmen und daraus, daß er es nicht kann, den Schluß zu ziehen, daß solch' ein Mann unwürdig und unfähig sei, überhaupt als Vormund, auch in unvermögenden Sachen, zu dienen, scheint doch immerhin sehr problematisch; eine solche Annahme würde nebenbei die Zahl der zu Berufenden in manchen Gegenden großer Städte, wie z. B. Berlin, für die sehr große Masse unvermögender Vormundschaften, ungebührlich verringern. Auch die nach § 17 V. O. Berufenen unterliegen dem Zwange aus § 20 V. O. soweit sie kein Ablehnungsrecht haben.

§ 21.

Unfähig zur Führung einer Vormundschaft sind:

1) Bevormundete oder Handlungsunfähige; 30)
2) wer das einundzwanzigste Lebensjahr noch nicht zurückgelegt hat; 31)
3) wer der bürgerlichen Ehrenrechte verlustig erklärt ist, nach Maßgabe des Strafgesetzbuchs; 32)
4) Gemeinschuldner während der Dauer des Konkursverfahrens; 32a)
5) wer offenkundig einen unsittlichen Lebenswandel führt; 33)
6) wer von dem Vater oder von der Mutter nach Maßgabe der in § 17 für die Berufung eines Vormundes gegebenen Vorschriften ausgeschlossen worden ist;
7) weibliche Personen. 34)

Nicht unfähig zur Führung einer Vormundschaft sind jedoch die Mutter über ihre ehelichen, unehelichen oder angenommenen Kinder und die Großmutter, sofern sie nicht bei etwaiger Trennung der Ehe für den schuldigen Theil erklärt sind, sowie diejenigen weiblichen Personen, welche nach § 17 Nr. 2 und 4 berufen sind.

Eine Frau, welche mit einem Andern, als dem Vater des Mündels verheirathet ist, darf nur mit Einwilligung des Ehemannes zum Vormund bestellt werden.

30) Wer ist „handlungsunfähig"? Derjenige, welchem das Vermögen, frei zu handeln, mangelt, so daß ihm die Folgen seiner Handlungen nicht zugerechnet werden. (§§ 3. 7. I. 3. A. L. R.) Also: Kinder und Geisteskranke. (§§ 25. 27. 28. 29. 30. I. 1, §§ 20. 21. 23. I. 4 A. L. R.) Für Verschwender Erklärte und andere in ihrer Handlungsfähigkeit Beschränkte gehören hierher nur, wenn sie „Bevormundete" sind. Es ist als Grundsatz der in dem aufgehobenen § 130. II. 18. A. L. R. ausgesprochene Satz festgehalten: Wer seiner eigenen Sache vorzustehen nicht fähig ist, der kann auch einem Anderen niemals zum Vormunde bestellt werden.

Großjährige, welche noch unter väterlicher Gewalt stehen, bedürfen zur Uebernahme einer Vormundschaft der Einwilligung des Vaters nicht mehr, wie dies im A. L. R. § 133 II. 18 vorgeschrieben war.

Die Personen, welche ein Klostergelübde abgelegt haben (Mönche und Nonnen) werden in Ansehung aller weltlichen Geschäfte als verstorben angesehen, kommen also gar nicht als existirend in Betracht. (§ 1199. II. 11. A. L. R., Dernburg S. 122—128.)

31) Also auch für großjährig Erklärte vor zurückgelegtem 21. Lebensjahre.

32) Diese Unfähigkeit dauert nur während der im Urtheile bestimmten Zeit und ist selbst in dieser Zeit ausnahmsweise nicht vorhanden, wenn es sich um Verwandte absteigender Linie handelt und das Vormundschaftsgericht oder der Familienrath die Genehmigung ertheilt. (§ 34. R. Str. G. B.)

32a) § 4 Konk. Ordn. vom 8. Mai 1855, § 5 Konk. Ordn. für das Deutsche Reich.

33) So daß das Vertrauen der Mitbürger, ihn zu Ehrenämtern zu wählen, fehlt. Insbesondere also: Trunkenbolde, Vagabonden, Bettler, Kuppler 2c. Mit einem Wort: Anrüchige.

34) Mit Ausnahme

a) der Mutter über ihre ehelichen, unehelichen oder angenommenen Kinder, sofern sie nicht bei etwaiger Trennung der Ehe für den schuldigen Theil erklärt ist, mag diese getrennte Ehe mit dem Vater ihrer Kinder oder mit einem Anderen geschlossen gewesen sein (Johow 5. S. 278); ist sie mit einem Anderen, als dem Vater des Mündels verheirathet, so darf sie nur mit Einwilligung des Ehemannes zum Vormund bestellt werden;

b) der Großmutter mit denselben Beschränkungen wie bei a. Da die unehelichen Kinder weder in die Familie des Vaters noch der Mutter treten (§ 639. II. 2. A. L. R.), so kann nur die eheliche Großmutter gemeint sein (Löwenstein S. 35, Neumann S. 30). Dernburg (S. 130) will dies auch ausdehnen auf die Kinder der unehelichen Tochter; uneheliche Enkel giebt es aber nur provinzialrechtlich in der Mark Brandenburg, wo uneheliche Kinder in die Familie der Mutter treten und Blutsverwandte der mütterlichen Verwandten sind; übrigens haben uneheliche Kinder keine Großmutter im rechtlichen Sinne;

c) der nach § 17 Nr. 2 und 4 (also urkundlich von dem Vater oder der Mutter) berufenen weiblichen Personen, bei denen aber, wenn sie mit einem Anderen, als dem Vater des Mündels verheirathet sind, die Einwilligung des Ehemannes, ebenso wie bei a und b, erforderlich ist*);

d) der Ehefrau über ihren großjährigen Ehemann. (§ 83 V. O.)

Bei a und b (Mutter und Großmutter betreffend) ist die Beschränkung: sofern sie nicht bei etwaiger Trennung der Ehe für den schuldigen Theil erklärt sind, verschiedener Auslegung fähig. In Johow 5. S. 277 Nr. 6 (Beschlüsse des Stadtgerichts zu Berlin, Abth. für Vorm. Sachen) ist folgendes ausgeführt: Ist (die Mutter oder Großmutter) zum zweiten Male verheirathet gewesen, die zweite Ehe aber inzwischen (vor der Zeit, in welcher es sich um die Bestellung zum Vormund handelt) getrennt, so treten folgende drei Fälle ein:

aa) sind beide Ehen durch den Tod getrennt, so ist sie als Vormund ihrer Kinder aus beiden Ehen berufen,

---

*) Note 34 a. b. c. beziehen sich auf Vormundschaften über Minderjährige allein.

bb) ist eine Ehe durch Urtheil getrennt, und sie für den schuldigen Theil erklärt, so ist sie unfähig, die Vormundschaft über die Kinder sowohl der einen als der anderen Ehe zu führen,

cc) ist sie bei Trennung einer Ehe durch Urtheil nicht für schuldig erklärt, so ist sie zwar fähig zur Führung der Vormundschaft, berufen jedoch nur zur Vormundschaft über die Kinder der durch den Tod getrennten Ehe.

Dernburg (S. 130) hält die Mutter dagegen nur für unfähig zur Führung der Vormundschaft über ihre Kinder, wenn sie von dem Vater derselben geschieden und bei der Trennung für den schuldigen Theil erklärt wurde; ebenso analog bei der Großmutter betreffs der Ehe mit dem Großvater des Mündels. Diese Ansicht hat dem natürlichen Rechtsgefühle nach viel für sich. Auch ist § 17 Abs. 2 V. O. der Wegfall der Berufung ausdrücklich daran geknüpft, daß die Ehe mit dem Vater des Mündels durch Urtheil getrennt ist. Diese Worte „mit dem Vater des Mündels" fehlen indeß im Abs. 2 des § 21; wie man annehmen muß, nicht weil sie sich von selbst verstehen, oder gar aus Versehen, sondern jedenfalls absichtlich, und aus diesem Fehlen der sonst nöthigen Worte wird man zu dem Schluß kommen müssen, wie er oben in Johow 5. S. 277 Nr. 6 festgestellt ist: daß die Mutter (Großmutter) überhaupt zur Führung einer Vormundschaft unfähig wird, sobald gegen sie überhaupt ein Scheidungsurtheil vorliegt, in welchem sie für den schuldigen Theil erklärt worden ist. Im § 748. II. 1. A. L. R. sind die Scheidungsgründe angegeben, welche eine Schuldigerklärung bedingen, und in den §§ 742. 783 ff. 823. II 1. (letzterer Paragraph antiquirt) hat das A. L. R. daran bestimmte nachtheilige Folgen, ja sogar Strafen als Folgen, geknüpft, sowie auch das R. Str. G. B. § 172 (beim Ehebruch als Scheidungsgrund) Strafe kennt. Man wird daher nicht fehl greifen, wenn man beim Abs. 2 des § 21 als Motiv unterlegt: weil die Mutter (Großmutter) dadurch, daß gegen sie ein auf schuldig lautendes Scheidungsurtheil ergangen ist, einen unsittlichen Lebenswandel bewiesen hat, analog der Bestimmung Nr. 5: wer einen unsittlichen Lebenswandel führt.

Zu c fragt es sich: ob ein Ehemann, welcher seine Einwilligung zur Bestellung seiner Ehefrau zum Vormund gegeben und bis zur Bestellung nicht zurückgenommen hat, so daß in Folge dessen die Ehefrau zum Vormund bestellt worden ist, demnächst mit Wirkung diese seine Einwilligung zur Uebernahme der Vormundschaft zurücknehmen kann? Gestellt und verneint ist diese Frage in Gruchot 20. S. 417. Als Grund der Verneinung ist angegeben: nach der Bestellung zum Vormund liege ein wirkliches Amt vor, welches nothwendigerweise jeder Privateinwirkung entzogen sei. Der Verneinung ist beizutreten, sowohl aus thatsächlichem als rechtlichem Grunde, der angeführten Begründung dagegen nicht. Die gegebene Einwilligung zur Bestellung hat mit der Bestellung ihr Ziel erreicht; diese Wirkung ist nicht mehr rückgängig zu machen, also eine Zurücknahme der Einwilligung nach geschehener Bestellung faktisch mit Wirkung nicht mehr möglich. Die gemeinte Frage würde daher wohl eigentlich dahin zu fassen sein: ob nach der Bestellung der Ehefrau zum Vormund, also während der Führung der Vormundschaft, die Erklärung des Ehemannes, er gebe seiner Ehefrau die Einwilligung zur Fortführung der Vormundschaft nicht ferner, sondern fordere deren Entlassung als Vormund, bewirkt, daß alsdann die Ehefrau als Vormund entlassen werden muß? Mit anderen Worten käme die

Frage darauf hinaus, angesichts der §§ 21 Abs. 3, 22 und 63 V. O.: stehen sich „die Einwilligung des Ehemannes, daß seine Ehefrau zum Vormunde bestellt werde" und „die Genehmigung der vorgesetzten Behörde, deren ein Beamter zur Führung einer von dem Vormundschaftsgericht eingeleiteten Vormundschaft bedarf" in der Wirkung gleich, so daß die Ehefrau und der Beamte, wenn jener die ehemännliche Einwilligung, diesem die Genehmigung der vorgesetzten Behörde entzogen wird, von dem Vormundschaftsgericht als Vormünder zu entlassen sind? Beide Fragen sind mit nein zu beantworten. Die V. O. verlangt in dessen Privatinteresse beim Ehemann, zur Bestellung der Frau zum Vormund, für deren vormundschaftliche Verwaltung er nach § 32 Abs. 3 V. O. als Bürge haftet wenn er nicht der Vater des Mündels ist, die Einwilligung (§§ 21. 64 V. O.), ebenso zur Beibehaltung einer zum Vormund bestellten, sich verheirathenden Frau. Mit ertheilter Einwilligung und erfolgter Bestellung oder Beibehaltung steht die Ehefrau als Vormund jedem anderen Vormunde gleich, welcher nicht rechtzeitig von dem ihm zugestandenen Ablehnungsrechte (§ 23 Abs. 3) Gebrauch gemacht hat. Treten, was sehr leicht der Fall sein kann, für den Ehemann, während der Vormundschaftsführung, erhebliche Gründe ein, welche es ihm wünschenswerth machen, seine Frau von der Vormundschaft entbunden zu sehen, so hat dieselbe ihre Entlassung als Vormund zu beantragen, das Vormundschaftsgericht prüft, ob erhebliche Gründe dafür sprechen und spricht im Bejahungsfalle die Entlassung aus (§ 63). Ganz anders liegt die Sache beim Beamten. Hier bedarf nicht das Vormundschaftsgericht der Einwilligung der dem Beamten vorgesetzten Behörde zur Bestellung desselben als Vormund, sondern im öffentlichen Interesse, welchem die Thätigkeit des Beamten berufsgemäß zugehört, bedarf der Beamte (§ 22) zur Führung einer von dem Vormundschaftsgericht eingeleiteten Vormundschaft der Genehmigung der zunächst vorgesetzten Behörde, welche vermöge des Subordinationsverhältnisses dem Beamten, der unter allen Umständen gehorchen muß, wieder entzogen werden kann. Mit Rücksicht hierauf ist für diesen besonderen Fall der Entziehung der für den Beamten erforderlichen und ertheilten Genehmigung (§ 63) die Entlassung des Beamten als Vormund vorgeschrieben. Eine analoge Anwendung dieser singulären Bestimmung auf andere Fälle ist unzuläſſig.

§ 22.

Wer ein Staatsamt[35]) oder ein besoldetes Amt in der Kommunal- oder Kirchenverwaltung bekleidet,[35a]) bedarf zur Führung einer von dem Vormundschaftsgericht eingeleiteten Vormundschaft der Genehmigung der zunächst vorgesetzten Behörde.[36])

35) In Preußen oder im Deutschen Reiche, im Zivil oder in der Armee, sowie Militärpersonen. (§§ 1. 19. Ges. v. 31. März 1873. R. G. B. S. 61, § 41 Ges. v. 2. Mai 1874. R. G. B. S. 45, Johow 5. S. 283.) Also jeder mit einem staatlichen Anstellungsdekret Versehene und mit dem Diensteid Belegte; ob besoldet oder unbesoldet, kommt nicht in Betracht; z. B. die Referendarien.

35a) Hierunter sind (Löwenstein S. 36) alle besoldeten Aemter in der Gemeinde-, Amts-, Kreis-, Bezirks-, Provinzial- und sonstigen Kommunalverwaltung begriffen.

36) Diese Genehmigung hat der Vormund beizubringen und dem Vormundschaftsgericht vorzulegen. Er, nicht der Vormundschaftsrichter, ist dafür verantwortlich, daß die Genehmigung von der zuständigen zunächst vorgesetzten Behörde ertheilt wird. Denn er (der Vormund) bedarf „zur Führung" der Vormundschaft, also nicht wie die Ehefrau zur „Bestellung" als Vormund der Einwilligung des Ehemannes, dieser Genehmigung. Wird diese Genehmigung dem (bereits zum Vormunde bestellten) Beamten nicht ertheilt oder zurückgezogen, so ist er als Vormund zu entlassen. (§ 63 Abs. 2 V. O.) Oeffentliche Lehrer und Geistliche*) bedürfen der Genehmigung. (Dernburg S. 157. 158.) Ebenso die zur Disposition gestellten Militärpersonen und Beamte auf Wartegeld. (R. v. 1. März 1822. Jahrb. 19. S. 306.) Beurlaubte (also nicht eingezogene) Reserve- und Landwehr-Offiziere dagegen nicht. (§ 61 Ges. v. 2. Mai 1874. R. G. Bl. S. 61.)

Da die Beamten (mit Ausnahme der Militärpersonen**) und der Zivilbeamten der Militärverwaltung, § 41 Ges. v. 2. Mai 1874, R. G. Bl. S. 56.) die Uebernahme einer Vormundschaft nicht ablehnen können (§ 23 V. O.), so ist deren Bestellung (§ 24), zumal wenn Gefahr im Verzuge vorliegt, ohne Weiteres zu veranlassen. Sie führen ihre Vormundschaft mit voller Giltigkeit fort, bis ihre Entlassung erfolgt, die, wie bereits erwähnt, erfolgen muß, sobald die Genehmigung zur Führung nicht ertheilt wird (§ 63 Abs. 2.). Ist keine Gefahr im Verzuge und die Ertheilung der Genehmigung voraussichtlich zweifelhaft, so wird es sich allerdings wohl empfehlen, vor der Bestellung die Genehmigung abzuwarten. Dies bildet aber immer Ausnahme von der Regel. Insbesondere wenn der Beamte gesetzlich (§ 17) berufen ist. Dernburg (S. 157) ist der Meinung, das Vormundschaftsgericht habe Beamte nicht zu Vormündern zu bestellen, ehe die Genehmigung beigebracht sei. Dem steht der Wortlaut der V. O. entgegen und könnte dadurch, wenn Gefahr im Verzuge lag, eine große Verantwortlichkeit entstehen, da unbestritten der Beamte bis zu seiner Entlassung, nach erfolgter Bestellung, auch ohne die Genehmigung, als wirksamer Vormund auftritt. Auch ist nach der Stellung, welche der Vormundschaftsrichter und der zum Vormunde berufene Beamte in der neuen V. O. einnehmen, das Reskr. v. 1. März 1822 (Jahrb. 19. S. 306), wornach das Vormundschaftsgericht die Genehmigung für den säumigen Beamten nachsuchen kann und soll, nicht mehr anwendbar. Entweder der Beamte wird vor Beibringung der Genehmigung nicht bestellt, wenn dies das Vormundschaftsgericht für angänglich und zweckmäßig befindet, oder es verhängt, wenn die Bestellung erfolgt ist, gegen ihn (nach § 51 V. O.) Ordnungsstrafen und zwingt ihn dadurch zu seiner Pflicht, die Genehmigung oder den ablehnenden Bescheid nachzusuchen und beizubringen. Für die Dernburgsche Ansicht läßt sich allerdings das bei Löwenstein (S. 36)

*) Nur die evangelischen und katholischen besoldeten Kirchenämter kommen in Betracht. (Art. 12. 14. 23. Preuß. Verf. Urk. v. 31. Januar 1850, Dernburg S. 158).

**) Hierzu gehören nach § 38 Ges. v. 2. Mai 1874 (R. G. Bl. S. 55) die dem aktiven Heere angehörenden

1. Offiziere, Aerzte und Militärbeamte des Friedensstandes,
2. Kapitulanten,
3. freiwillige und ausgehobene Soldaten.

mitgetheilte Material verwerthen. Darnach ist in der Kommission des Abgeordnetenhauses beantragt worden, statt „eingeleiteten“ zu setzen: „einzuleitenden“ Vormundschaft, um gegenüber dem § 25 Abs. 3 und § 63 klarzustellen, daß erst nach Beibringung der Genehmigung der vorgesetzten Behörde die Verpflichtung der Beamten als Vormünder erfolgen könne. Regierungsseitig ist dies als selbstverständlich bezeichnet und darauf hingewiesen worden, daß die angezogenen Paragraphen, wenn sie von der Entlassung sprechen, hauptsächlich (also keineswegs allein) den Fall der Uebernahme einer amtlichen Stellung von Seiten des schon verpflichteten Vormundes vor Augen hätten. Der Antrag ist darauf zurückgezogen.

Indeß darf (§§ 46. 57. Einl. zum A. L. R.) den Gesetzen kein anderer Sinn beigelegt werden, als welcher aus den Worten und dem Zusammenhange derselben, in Beziehung auf den Gegenstand, oder aus dem nächsten unzweifelhaften Grunde des Gesetzes deutlich erhellet und mit dem Hauptendzwecke des Staates (hier: Schutz der des Vormundes Bedürftigen) am nächsten übereinstimmt. Daher wird man, wie oben ausgeführt, wenn keine Gefahr im Verzuge liegt, mit Neumann (S. 30) es als „zweckmäßig“ höchstens hinstellen können, die Bestellung des Beamten erst nach Beibringung der Genehmigung der vorgesetzten Behörde vorzunehmen.

Früher konnten nach § 158 ff. II. 18. A. L. R. Beamte rc. ohne höhere Genehmigung zu Vormündern nicht bestellt werden; jetzt können sie ohne dieselbe bestellt werden, sie bedürfen aber der Genehmigung zur Führung der Vormundschaft. Ebenso hat das ihnen früher (§ 208. II. 18. A. L. R.) zugestandene Ablehnungsrecht aufgehört.

Die Genehmigung ist immer stempelfrei zu ertheilen. (J. M. B. 1877. S. 13, M. B. f. d. i. V. 1877 S. 98.) Nach Löwenstein (S. 37) ist (vom Appellationsgericht zu Hamm) angenommen, daß der Kreisgerichtsdirektor die Genehmigung allen Beamten des Kreisgerichtsbezirkes, einschließlich der Richter zu ertheilen habe. In anderen Bezirken wird mit Rücksicht darauf, daß der Justizminister unter „unmittelbar vorgesetzter Dienstbehörde“ des Richters im § 20 des Pens. Ges. v. 27. März 1872 das vorgesetzte Appellationsgericht gemeint wissen will, dieses als dasjenige bezeichnet, welches die Genehmigung zur Führung der Vormundschaft zu ertheilen habe. Die Hammer Ansicht dürfte das für sich haben, daß es sich um einen Akt der Dienstaufsicht handelt (§ 78 Ges. v. 24. April 1878. Ges. S. S. 245.) und der Kreisgerichtsdirektor eine „Behörde“ repräsentirt. Jedoch ist der Justizminister wohl anderer Meinung, da er (und nicht der Erste Präsident des Appellationsgerichts) den Appellationsgerichtsräthen die desfallsige nachgesuchte Genehmigung ertheilt.

Zur gesetzlichen Vormundschaft ist eine Genehmigung nicht erforderlich, wohl aber zur Führung einer Gegenvormundschaft und einer Pflegschaft. (§ 26 Abs. 5, 91. V. O., Dernburg S. 159.)

§ 23.

Die Uebernahme einer Vormundschaft können ablehnen:

1) **weibliche Personen;**[37])

2) **wer das sechszigste Lebensjahr überschritten hat;**

3) wer bereits mehr als eine Vormundschaft oder Pflegschaft führt; [38])

4) wer an einer die ordnungsmäßige Führung der Vormundschaft hindernden Krankheit leidet;

5) wer nicht in dem Bezirk des Vormundschaftsgerichts seinen Wohnsitz hat; [39])

6) wer nach Maßgabe des § 58 zur Stellung einer Sicherheit angehalten wird;

7) wer fünf oder mehr minderjährige eheliche Kinder hat. [40])

Die Führung einer Gegenvormundschaft steht im Sinne der Nr. 3 der Führung einer Vormundschaft oder Pflegschaft nicht gleich.

Das Ablehnungsrecht geht verloren, wenn es nicht bei dem Vormundschaftsgericht vor der Verpflichtung geltend gemacht wird. [41]) [42])

37) Ohne jede Beschränkung.

38) Wer also, da Gegenvormundschaften der Vormundschaft oder Pflegschaft nicht gleichgestellt sind, zwei Vormundschaften (ob mit oder ohne Vermögensverwaltung ist gleich), oder zwei Pflegschaften, oder eine Vormundschaft und eine Pflegschaft führt. (Löwenstein S. 37, Neumann S. 33, Johow 5. S. 282.) Da nur im Sinne der Nr. 3 § 23 V. O. die Führung einer Gegenvormundschaft der einer Vormundschaft oder Pflegschaft nicht gleich steht, im Uebrigen aber auf die Berufung und Bestellung des Gegenvormundes die für Vormünder geltenden Vorschriften nach § 26 Abs. 5 V. O. entsprechende Anwendung finden, wird man (Johow 6. S. 348) annehmen müssen, daß, wer zwei Vormundschaften führt, oder eine Vormundschaft und eine Pflegschaft oder zwei Pflegschaften, zur Ablehnung der Uebernahme einer ferneren Gegenvormundschaft berechtigt ist.

Dernburg (S. 154) hält dem Abs. 2 dieses § 23 entgegen dafür, daß auch die Führung einer Vormundschaft oder Pflegschaft und einer Gegenvormundschaft ein Ablehnungsrecht giebt. Bei der klaren Vorschrift dieses Abs. 2 ist indeß dieser Ansicht nicht beizutreten. (Johow 5. S. 282.)

39) Das Vormundschaftsgericht ist das nach § 2 ff. V. O. gemeinte zuständige. So weit dessen Bezirk reicht, nicht der des einzeln fungirenden Richters (§ 1), soweit geht die in Nr. 5 § 23 V. O. gezogene Grenze. Als Grund für diese Bestimmung in Nr. 5 ist angeführt (Dernburg S. 154), daß, wer nicht im Bezirk des Vormundschaftsgerichts seinen Wohnsitz habe, der Jurisdiktion dieses Gerichts nicht unterworfen sei und ihm die Führung der Vormundschaft besonders lästig werden könne.

In dem Bereich des Preußischen Staates, in welchem die Verordnung v. 2. Januar 1849 gilt, wird man der in Gruchot 20 S. 417 aufgestellten Ansicht aus Zweckmäßigkeitsgründen beitreten können: daß der ganze Bezirk der Stadt- oder Kreisgerichte, nicht der der Kommissionen oder Deputationen, maßgebend erscheint. Nach der neuen Gerichtsverfassung v. 1. Okt. 1879 ab werden die Bezirke der Amtsgerichte allein in Betracht kommen.

40) Hiermit ist der Kreis der Ablehnungsgründe geschlossen. Also sind die weiteren früheren Ablehnungsgründe des A. L. R. ausdrücklich nicht aufrecht erhalten und daher nach § 102 V. O. aufgehoben. Namentlich auch das Ablehnungsrecht der Beamten. Da indeß Reichsgesetz dem Landesgesetz vorgeht, hat das Militär sein Ablehnungsrecht behalten. (§ 41. R. G. B. 1874. S. 56.) Ebenso hat der in Preußen wohnende Nichtpreuße keine Verpflichtung, Vormund zu werden und bedarf daher eines Ablehnungsrechts nicht.

41) Bei Nr. 6 kann diese Bestimmung nur Anwendung finden, wenn vor der Verpflichtung die Forderung einer Sicherstellung gestellt wird. Tritt während der Führung der Vormundschaft (§ 58 V. O.) ein solcher Fall ein, so kann der Vormund nach § 63 Abs. 2 V. O. seine Entlassung beantragen.

42) Der § 214. II. 18. A. L. R. ließ das Ablehnungsrecht verloren gehen, wenn eine damit versehene Person sich zur Uebernahme einer Vormundschaft schriftlich verbunden hat. Diese Bestimmung ist aufgehoben. (§ 102 V. O.)

Anders entscheidet Dernburg (S. 156) die Frage: ob Verzicht auf die Ablehnungsgründe zulässig ist? Er bejaht, so weit sie nur im Interesse des Vormundes liegen, verneint aber, wenn die Ablehnungsgründe allein oder zugleich im Interesse des Mündels, (wie Nr. 4 § 23), vorgeschrieben sind. Namentlich hält er einen Vertrag (ohne schriftlichen Zwang) mit dem Vater oder der Mutter des Mündels für rechtskräftig, nach welchem der von diesen Berufene auf das Vorschützen der Excusation verzichtet.

§ 24.

Der Vormund wird von dem Vormundschaftsgericht durch Verpflichtung auf treue und gewissenhafte Führung der Vormundschaft bestellt.[43]) Die Verpflichtung erfolgt mittelst Handschlags an Eidesstatt.

Der Vormund erhält eine Bestallung, aus welcher die Namen und die Geburtszeiten der Mündel, die Namen des Vormundes, des Gegenvormundes und der Mitvormünder, sowie die Art der etwaigen Theilung der Verwaltung ersichtlich sein müssen. Ist ein Familienrath bestellt, so ist auch dies anzugeben.[44]) [44a])

Eine Bestellung des gesetzlichen Vormundes findet nicht statt.

43) Mit dem Moment dieser Verpflichtung ist die Bestellung erfolgt und beginnt das Amt des Vormundes (§ 32 Abs. 2 V. O.), abgesehen davon, ob ihm zugleich die Bestallung behändigt wird oder nicht; es dauert fort, bis der Vormund entsetzt oder entlassen ist. (§ 63 V. O.) Die dagegen ergangene Verfügung des Kammergerichts, (Johow 7. S. 31), welche es für zuläßig hält, einem verpflichteten Vormunde die Ertheilung der Bestallung zu versagen und einen anderen Vormund an seiner Statt zu bestellen, ohne ihn zu entsetzen oder ausdrücklich zu entlassen, dürfte nur den Werth einer singulären Entscheidung beanspruchen.

44) Die Bestallung muß (§ 47 Abs. 2 V. O.) auch genau die Punkte der Befreiung des Vormundes enthalten. Daß auch eine für den Vormund vom Erblasser des Mündels getroffene Verwaltungsinstruktion (§ 36 V. O.) in der Bestallung Aufnahme finden müsse, ist nirgend vorgeschrieben. Sie hat daher auch nicht zu erfolgen. Denn § 24 V. O., in Verbindung mit § 47 Abs. 2, bestimmen genau, daß nur aus der Bestallung ersichtlich sein müssen:

a) Namen } der Mündel,
b) Geburtszeiten } der Mündel,
c) Namen des Vormundes, des Gegenvormundes und der Mitvormünder,
d) die Bestellung eines Familienrathes (wenn dies der Fall ist),
e) die Befreiung des Vormundes,
f) die Art der etwaigen Theilung der Verwaltung unter die Mitvormünder.

Wenn nun auch nicht gesagt ist, daß die Bestallung etwas Anderes nicht enthalten dürfe, so gehört die etwaige Verwaltungsinstruktion doch nicht hinein. Eine solche, wie sie § 36 V. O. kennt, ist gar nicht für Dritte gegeben und wirksam, sondern einzig und allein für den Vormund. Dieser hat sie bei eigener Verantwortlichkeit zu befolgen, und, daß dies geschieht, hat das Vormundschaftsgericht, soweit es davon Kenntniß hat, vermöge des Aufsichtsrechts zu überwachen. Derselben Meinung ist auch Dernburg (S. 77); anderer Auffassung begegnet man scheinbar bei Gruchot 20 S. 19, aber eigentlich auch nicht. Denn dort ist nur gesagt, daß, wenn eine etwaige Beschränkung der gesetzlichen Befugnisse des Vormundes in der Bestallung stehe, der Gegenkontrahent sich mit Unkenntniß dieser Beschränkung dann nicht schützen könne.

In die Bestallung einzelne Bestimmungen der Vormundschaftsordnung aufzunehmen, empfiehlt sich nicht. Dagegen ist ein Abdruck der wichtigsten Vorschriften für Vormünder auf der Rückseite gewiß nicht zu verwerfen, da der Satz: jeder Vormund muß die Vorm. Ordn. kennen und wird wohl eine solche besitzen, weit hinter der Wirklichkeit zurückbleibt. Eine Irreleitung des Vormundes dadurch ist füglich nicht denkbar und daher auch nicht zu besorgen. Indeß ist dies eine weiter nicht zu erörternde Frage und bleibt deren Erledigung der Umsicht und Einsicht des Vormundschaftsgerichts lediglich überlassen.

Die Bestallung ist bei Beendigung der Vormundschaft jederzeit dem Vormundschaftsgericht zurückzugeben. (§§ 66. 80. V. O.)

44a) Der Vormund nimmt dem Mündel gegenüber eine ganz besondere Vertrauensstelle ein, welche auf Treue und Gewissenhaftigkeit seinerseits gegründet ist. Daher werden Sittlichkeitsverbrechen (§ 174 R. Str. G. B.) besonders hart bestraft, wenn sie von Vormündern mit ihren Pflegbefohlenen vorgenommen sind (mit Zuchthaus bis zu 5 Jahren); Untreue bildet ein besonderes Vergehen, wenn ein Vormund absichtlich zum Nachtheile der seiner Aufsicht anvertrauten Personen oder Sachen handelt; dagegen wird Diebstahl oder Unterschlagung, gegen Vormünder begangen, gegen den Pflegebefohlenen nur auf Antrag verfolgt und ist die Zurücknahme des Antrages zulässig. (§§ 266. 247. a. a. O.)

§ 25.

Wird ein Handlungsunfähiger[45]) zum Vormund bestellt, so ist die Bestellung nichtig.[46])

Ist der zum gesetzlichen Vormund Berufene bevormundet oder handlungsunfähig oder nicht im Besitz der bürgerlichen Ehrenrechte, so tritt die gesetzliche Vormundschaft nicht ein.

Stehen dem Vormund andere Unfähigkeitsgründe entgegen, oder fehlt es an der nach § 22 erforderlichen Genehmigung, so führt er sein Amt, bis er entlassen wird.[47])

45) S. Note 30 zu § 21 Nr. 1. Die Bestellung kann nur auf Irrthum, Versehen oder Unkenntniß beruhen.

46) Mit der Wirkung, daß angenommen wird, der Mündel sei gar nicht bevormundet gewesen, (§§ 535. 536. 595. I. 9. A. L. R., Entsch. 14. S. 209, 15. S. 119), so daß eine Verjährungsfrist gegen den Mündel nicht anfängt und nicht läuft und weder für einen solchen (Richt- oder Schein-) Vormund eine Verantwortlichkeit, noch das gesetzliche Vorrecht des Mündels (§ 80 Preuß. Konk. O., § 54 deutsche Konk. O.) in dessen Vermögen eintritt. (Dernburg S. 123, Löwenstein S. 40, Neumann S. 34.)

Eine solche Vormundschaft erlischt daher auch ganz von selbst. (§ 62 Abs. 1. V. O.) Und jeder von einem solchen Vormunde vorgenommene Rechtsakt ist nichtig.

47) Ein solcher Vormund führt das Amt bis zur Entlassung mit voller Wirkung. (Neumann S. 35, Märcker S. 26, Wachler S. 87.)

§ 26.

Neben dem Vormund kann ein Gegenvormund bestellt werden.[48])

Ein Gegenvormund muß bestellt werden, wenn mit der Vormundschaft eine Vermögensverwaltung verbunden ist und nicht mehrere Vormünder zu ungetrennter Verwaltung bestellt sind.[49])

Führen mehrere Vormünder die Verwaltung nach Geschäftszweigen getrennt, so kann der eine zum Gegenvormund des andern bestellt werden.[50])

Neben dem gesetzlichen Vormund ist ein Gegenvormund nur zu bestellen, wenn dessen Anhörung nach Maßgabe des § 55 erforderlich wird[51]); die Bestellung erfolgt nur zum Zwecke der Prüfung der von dem Vormundschaftsgerichte zu genehmigenden Handlung.[52])

Auf die Berufung und Bestellung des Gegenvormundes finden die für die Berufung und Bestellung des Vormundes geltenden Vorschriften entsprechende Anwendung.[53])

Der Vater oder die Mutter können nach Maßgabe der in § 17 für die Berufung eines Vormundes gegebenen Vorschriften die Bestellung eines Gegenvormundes untersagen.[54])

48) Ueber die Pflicht des Gegenvormundes verbreitet sich § 31 V. O. Der Gegenvormund bildet ein die Vermögens-Verwaltungs-Thätigkeit des Vormundes kontrollirendes Aufsichtsorgan, welches „die Sicherheit des Pflegebefohlenen beträchtlich erhöhen" soll, und seither in den Appellationsgerichtsbezirken Cöln und Greifswald auf bewährte Weise bekannt war. Aus der Stellung des Gegenvormundes zum Vormund ergiebt sich für letzteren die Pflicht, ersterem jederzeit auf Verlangen über die Verwaltung des Mündelvermögens Auskunft zu geben.

Das Ermessen des Vormundschaftsgerichts entscheidet ganz allein, ob ein Gegenvormund bestellt werden soll, da er in allen Fällen, welche nicht im Gesetz ausdrücklich ausgenommen worden sind, bestellt werden **kann**, selbst bei Pflegschaften. (§ 91 V. O.) Vergl. **Johow** 6. S. 42. 347.

Ein nach Allg. Landr. befreiter Vormund braucht sich die Bestellung eines Gegenvormundes nicht gefallen zu lassen. (§ 94 V. O., **Johow** 5. S. 294, 7. S. 35. 36, **Dernburg** S. 30, **Löwenstein** S. 120, **Neumann** S. 178, **Märcker** S. 74, **Gruchot** 20. S. 18. Nr. 3.)

49) Was ist **Vermögensverwaltung**? Darüber schweigt die V. O. absichtlich und stellt die Beantwortung für jeden einzelnen Fall dem Ermessen des Vormundschaftsgerichts anheim. Die bloße Aufbewahrung von Mobilien oder die fortdauernde Anlage einer geringen Summe in einer Sparkasse bilden unbedenklich (wie die Erläuterungen zur V. O., abgedruckt in **Löwenstein**, Note 100 zu § 26 S. 42, ergeben) keine Vermögensverwaltung. Nach der im Just. Min. Bl. 1875 S. 266 befindlichen Abhandlung und **Dernburg** S. 92 muß, wenn namentlich die drei Fälle des § 41 V. O. vorliegen, stets ein Gegenvormund bestellt werden, mag es sich auch um ganz kleine oder einzelne Summen handeln, die zinsbar belegt sind, und mag auch nach dem Ermessen des Vormundschaftsgerichts eigentlich eine „Vermögensverwaltung" nicht vorliegen. Dagegen sind zu vergl. **Gruchot** 20. S. 17. 395, 21. S. 277, **Neumann** S. 37. Lit. b.

Vorausgesetzt wird aber stets: daß die Vermögensverwaltung in der Hand des **Vormundes** ist. Sonst ist von einem **Gegenvormunde** keine Rede. Z. B. bei fortgesetzter Gütergemeinschaft, bei beleibzüchtigender Mutter als Vormund. (**Johow** 6. S. 41. 43, **Löwenstein** S. 43. Abs. 3, **Neumann** S. 37. Lit. d.)

Verwalten mehrere Vormünder gemeinschaftlich, kontrolliren sich mithin gegenseitig, so **kann**, muß aber nicht, ein Gegenvormund bestellt werden, der alsdann selbstverständlich bei den Akten des § 41 V. O. die Genehmigung zu ertheilen hat. (J. M. B. 1875. S. 265.)

50) Sind mehrere Gegenvormünder bei einer Vormundschaft zulässig? **Dernburg** verneint dies (S. 93), weil die Gegenvormundschaft nicht kollegialisch ausgeübt werden könne und das Gesetz stets nur von **einem** Gegenvormunde spreche. Nur, wenn die Vormundschaft getheilt sei, könne jedem der Vormünder ein besonderer Gegenvormund ernannt werden. Würden gleichwohl, von diesem Fall abgesehen, letztwillig mehrere Gegenvormünder ernannt, so wäre der zuerst bezeichnete als zunächst berufen, die späteren als substituirt anzusehen. In einem Falle erkennt also auch **Dernburg** die Zulässigkeit an. Es bejahen: **Löwenstein** S. 42, **Neumann** S. 36, **Maassen** S. 43, **Gruchot** 20. S. 19. Motivirt wird diese Bejahung damit, daß nach § 19 Abs. 3 V. O. in **der**

Regel ein Vormund berufen und bestellt werden soll und nach § 26 Abs. 5 diese Bestimmung auf Gegenvormünder entsprechende Anwendung finden soll. Selten genug wird der Fall, dessen Unzulässigkeit die V. O. allerdings ausdrücklich nirgends ergiebt, in der Praxis vorkommen. Wohl nur bei letztwilliger Anordnung (§ 17 V. O.) allenfalls.

51) Vergl. §§ 55 Abs. 2, 42. 44. V. O., Johow 5. S. 288.

52) Dies ist eine Ausnahme von der Regel, daß die Thätigkeit eines Vormundes als eine dauernde und umfassende, die eines Pflegers als eine vorübergehende und einzelne oder auf einen bestimmten Kreis von Angelegenheiten beschränkte gedacht wird. (§§ 27. 86—91. V. O., §§ 3. 4. II. 18. A. L. R., Dernburg S. 17.)

Hier ist nur an die in den §§ 42. 44 bezeichneten Handlungen gedacht, wogegen der gesetzliche Vormund in den Fällen des § 41 der Genehmigung eines Gegenvormundes nicht bedarf. Bei einem Vormund ohne Vermögensverwaltung, dem also ein Gegenvormund in der Regel nicht bestellt sein wird, bedarf es in den Fällen des § 42 Nr. 1 und 2 der Anhörung eines Gegenvormundes, sofern ein solcher nicht bereits vorhanden, nicht. (Johow 5. S. 288, Löwenstein S. 43.)

53) Kann der zum Gegenvormunde bestellt werden, dessen Ausschließung von der Führung einer „Vormundschaft" nach § 21 Nr. 6 V. O ausgesprochen ist? Verneint ist diese Frage bei Johow 6. S. 37; bejaht, wenn nicht die Ausschließung auch auf die Gegenvormundschaft ausgedehnt ist, ebenda S. 38. Letzterer Meinung ist Löwenstein S. 44. Die Verneinung dürfte dem Sinne der V. O. und der letztwillig Verfügenden am meisten entsprechen. Verwandtschaft mit dem Vormunde oder dem Vormundschaftsrichter hindert die Bestellung zum Gegenvormunde nicht. (Dernburg S. 93, Wachler S. 92.)

54) Vorausgesetzt, daß sie eine bestimmte Person als Vormund benannt haben; dann ist die Untersagung eines Gegenvormundes, dieser Person gegenüber, zulässig und wirksam. (J. M. B. 1875. S. 266.) Dernburg hält eine allgemeine Untersagung der Bestellung eines Gegenvormundes für zulässig (S. 83.) nach der Fassung des Gesetzes, und weil der Grund der Untersagung sehr wohl in der objektiven Lage des Vermögens beruhen könne.

Hat das Gericht einen Gegenvormund bestellt, so ist die Untersagung nicht anerkannt. (J. M. Bl. 1875. S. 266.) Im Falle des § 41 bedarf es daher auch in diesem Falle der Genehmigung des Gegenvormundes. Ist, wegen Untersagung, kein Gegenvormund vorhanden, so hat das Vormundschaftsgericht in den Fällen der §§ 42. 44. nach den Angaben und Thatsachen, welche der Vormund vorträgt, zu urtheilen, vorbehaltlich des Rechts, vor der Genehmigung noch anderweite Ermittelungen zu treffen. (Löwenstein S. 44.)

II. Führung der Vormundschaft.

§ 27.

Dem Vormund liegt die Sorge für die Person [55]) und die Vermögensangelegenheiten [55a]) des Mündels, sowie die erforderliche Vertretung [56]) desselben ob, soweit nicht für gewisse Angelegenheiten ein Pfleger bestellt ist. [57])

55) Dazu gehört auch die Pflicht des Vormundes, die Vaterschaft bei unehelichen Kindern festzustellen (Neumann S. 39), was von Amtswegen das Vormundschaftsgericht nicht ferner zu veranlassen hat, das Kind impfen (Gesetz vom 8. April 1874. R. G. Bl. S. 31; die Entnahme von Impfstoff brauchen Eltern, Pflegeeltern und Vormünder der in den öffentlichen Terminen anwesenden Impflinge nicht zu gestatten, O. Tr. Entsch. 79. S. 249), und einschulen (Privatunterricht absorbirt den Schulzwang, O. Tr. Entsch. 79. S. 370) zu lassen, sowie für Gestellung zur Militairpflicht zu sorgen und, wo es nöthig ist, wegen Beschädigung des Mündels die nöthigen Strafanträge zu stellen. Stets bleibt er aber der Aufsicht des unter Umständen thätig eingreifenden Vormundschaftsgerichts unterworfen. (Johow 7. S. 71.) Die Strafanträge (§ 65 R. Str. G. B.) hat der Vormund allein zu stellen, beziehungsweise zurückzunehmen, ohne Mitwirkung des Vormundschaftsgerichts. (R. O. Tr. 18. S. 46.) Diese Anträge müssen nach der Strafproz. Ordn. für das Deutsche Reich bei einem Gerichte oder der Staatsanwaltschaft, schriftlich oder zu Protokoll, bei einer anderen Behörde schriftlich, angebracht werden. (§ 156. Abs. 2.) Der Vormund eines minderjährigen Angeklagten ist als dessen Beistand in der Hauptverhandlung auf sein Verlangen zu hören, auch, nach richterlichem Ermessen, im Verfahren als Beistand zuzulassen. (§ 149 R. Str. Pr. O.) Zustellungen erfolgen sowohl in Zivil- als in Strafsachen (nach § 37 Str. Pr. O. und § 157 Civ. Pr. O.) an die gesetzlichen Vertreter, doch sind Anklageschriften und Gerichtsbeschlüsse dem Angeschuldigten mitzutheilen (§§ 199. 202 Str. Pr. O.), ebenso Ladungen zum Hauptverfahren (§ 215). Rechtsmittel kann der Vormund selbstständig einlegen (§ 340) und die Privatklage wegen Beleidigungen und Körperverletzung erheben (§ 414), sowie zurücknehmen. Vor Gericht vertritt der Vormund den nicht prozeßfähigen Mündel (§ 50 Deutsche Civil Pr. O.), und kann den Antrag auf Entmündigung desselben sowie auf Wiederaufhebung der Entmündigung stellen. (§§ 595. 605. 616 a. a. O.)

Der Vormund soll den Vater ersetzen, und hat in Folge dessen das Recht, wenn dies zur Erziehung erforderlich und die Mutter, falls sie die Erziehung (§ 28) hat, damit einverstanden ist, dem Mündel eine genau zu bemessende (damit sie nicht etwa in Mishandlung, strafbar nach § 223 R. Str. G. B., ausartet) Züchtigung zu ertheilen (Gruchot 20. S. 767), und andere sachgemäße Zwangsmittel zu gebrauchen, die früher (wie Dernburg S. 168 meint, noch) bis zur Einsperrung in eine Besserungsanstalt ausgedehnt werden konnten (J. M. Bl. 1875. S. 22. 26). Ueber des Vormundes Zuchtrecht ist in die V. O. eine besondere Bestimmung nicht aufgenommen, weil man eine solche (Löwenstein S. 45, Philler S. 55) für entbehrlich hielt.

Jetzt gelten in dieser Beziehung nur

a) § 55 R. Str. G. B. und vom 1. Oktober 1878 ab

b) das Ges. v. 13. März 1878 (Ges.-S. S. 132.)

Zu a. (Johow 6. S. 61). Danach hat der Vormundschaftsrichter unmittelbar über einen Erziehungsakt zu beschließen, ohne verpflichtet zu sein, den Vormund und den Waisenrath vorher zu hören. Daß er dies thun kann, wenn es ihm zweckmäßig erscheint, ist wohl nicht zweifelhaft. Seine Entschließung bleibt aber davon ganz unabhängig. Im öffentlichen Interesse bildet dieser § 55 Abs. 2 eine Ausnahme von § 27 der Vorm.-Ordn., wonach dem Vormund die Sorge für die Person des Mündels obliegt, und von § 52 daselbst, wonach der Waisenrath die Aufsicht über das persönliche Wohl des Mündels und über dessen Erziehung zu führen hat.

Zu b. Anders stellt es sich nach diesem Gesetz. Darnach hat das Vormundschaftsgericht (§ 3) den Vormund vor der Beschlußfassung zu hören, und von dem Schlußverhandlungstermine zu benachrichtigen.

Auch nicht bevormundete Kinder können auf Beschluß der Vormundschaftsbehörde, vorbehaltlich der Beschwerde, in einer Erziehungs- oder Besserungsanstalt untergebracht werden. (O. Tr. Entsch. 80. S. 183.)

Nach dem, vom 1. Oktober 1878 ab giltigen, den § 55 Str. G. B. ergänzenden Gesetz v. 13. März 1878 (Ges.-S. S. 132), stellt sich die Sache, wie folgt:

Die Staatsanwaltschaft hat dem Vormundschaftsgericht Mittheilung zu machen, wenn ihr zur Kenntniß kommt, daß ein 6 Jahr altes Kind vor Vollendung des zwölften Lebensjahres eine strafbare Handlung begangen hat. Nach Anhörung der Eltern, oder, sofern diese nicht leben, der Großeltern, des Vormundes, des Pflegers, des Gemeindevorstandes, falls deren Anhörung ohne erhebliche Schwierigkeiten erfolgen kann, und in allen Fällen der Ortspolizeibehörde oder eines anderen, durch den Minister des Innern zu bestimmenden Vertreters der Staatsregierung, erfolgter Zeugenvernehmung und Schlußverhandlung, von welcher, außer den gedachten Personen und Behörden, auch noch der Schulvorstand und der Waisenrath zu benachrichtigen sind, welchen insgesammt das Recht zusteht, über den Gegenstand der Verhandlung ihre Erklärung in diesem Termine oder vorher schriftlich abzugeben, beschließt von Amtswegen oder auf Antrag, unter Verkündung dieses Beschlusses in der Schlußverhandlung, das Vormundschaftsgericht, nachdem es die strafbare Handlung unter Bezeichnung der für erwiesen erachteten Thatsachen festgestellt hat, sowie: daß die Unterbringung mit Rücksicht auf die Beschaffenheit der strafbaren Handlung auf die Persönlichkeit der Eltern, oder sonstigen Erzieher des Kindes und auf dessen übrige Lebensverhältnisse zur Verhütung weiterer sittlicher Verwahrlosung erforderlich ist, daß die Unterbringung von Obrigkeitswegen in eine geeignete Familie, oder in eine Erziehungs- oder Besserungs-Anstalt erforderlich sei.

Gegen diesen Beschluß steht den gedachten Personen das Recht der Beschwerde zu, den Eltern und Großeltern aber nur, wenn der Beschluß auf Unterbringung lautet, und zwar mit aufschiebender Wirkung, wenn sie (die Beschwerde) innerhalb einer Woche, von Verkündung des Beschlusses an gerechnet, bei dem Vormundschaftsgericht eingereicht wird. Die Beschwerde wird in dem für Vormundschaftssachen bestehenden Instanzenzuge erledigt.

Hat die Anhörung der Eltern resp. Großeltern, des Vormundes oder Pflegers nicht stattfinden können, so sind dieselben jederzeit berechtigt, die Wiederaufnahme des Verfahrens zu verlangen.

Den auf Unterbringung gerichteten Beschluß übersendet das Vormundschaftsgericht dem verpflichteten Kommunalverbande (§ 7), in dessen Gebiete das beschließende Vormundschaftsgericht seinen Sitz hat, durch Vermittelung des Landrathes, resp. durch Vermittelung des Gemeindevorstandes in Stadtkreisen und in solchen Städten, welche weder in Kommunal- noch in Polizeiangelegenheiten der Aufsicht des Landraths unterworfen sind, zur Herbeiführung der Unterbringung, welche nie in Anstalten erfolgen darf, die zur Detention der im § 362 des Strf. G. B. bezeichneten Personen oder zur Unterbringung von Kranken, Idioten, Landarmen und Gebrechlichen bestimmt sind.

Die Kommunalverbände haben von der Unterbringung und von jedem Wechsel des Aufenthalts eines Zöglings dem Waisenrathe des Aufenthaltsortes Kenntniß zu geben, welcher in Betreff der untergebrachten nicht bevormundeten Kinder eine gleiche Aufsicht übt, wie in Betreff der Mündel nach §§ 53. 54 der V. O., und außerdem dem Vormundschaftsgerichte von der Unterbringung und Entlassung eines Zöglings Mittheilung zu machen.

Das Recht der Zwangserziehung hört auf:

a) mit dem vollendeten 16. Lebensjahre des Zöglings, falls es nicht ausnahmsweise auf Antrag des verpflichteten Kommunalverbandes durch Beschluß des Vormundschaftsgerichts bis zum vollendeten 18. Lebensjahre ausgedehnt worden ist,

b) mit dem Beschlusse der Entlassung aus der Zwangserziehung Seitens des verpflichteten Kommunalverbandes, sobald die Erreichung des Zweckes der Zwangserziehung anderweit sichergestellt oder erfüllt ist. Ist letzteres zweifelhaft, so kann von dem Verbande eine widerrufliche Entlassung verfügt werden, welche das Recht zur Zwangserziehung nicht berührt.

Wird von den Eltern resp. Großeltern, dem Vormund oder Pfleger die Entlassung aus der Zwangserziehung beantragt, weil der Zweck dieser Erziehung anderweit sicher gestellt sei, so entscheidet über den Antrag beim Widerspruch des Kommunalverbandes auf Anrufen des Antragstellers das Vormundschaftsgericht. Gegen den abweisenden Beschluß des Gerichts steht dem Antragsteller, gegen den auf Entlassung lautenden dem Verbande das Recht der Beschwerde zu, die innerhalb einer Woche beim Vormundschaftsgericht eingereicht werden muß und aufschiebende Wirkung hat.

Ein abgewiesener Antrag darf nicht vor Ablauf von 6 Monaten erneuert werden.

Die gerichtlichen Verhandlungen sind gebühren- und stempelfrei. Die baaren Auslagen fallen der Staatskasse zur Last.

Die Kosten der Unterbringung, betreffs Hin- und Rückreise, sowie der ersten nöthigen Ausstattung des Zöglings fallen dem Ortsarmenverbande, in welchem der Zögling seinen Unterstützungswohnsitz hat, alle übrigen Kosten den zur Unterbringung verpflichteten Kommunalverbänden zur Last, vorbehaltlich der Einziehung aus dem eigenen Vermögen des Zöglings oder von den aus privatrechtlichen Titeln zur Alimentation Verpflichteten.

Die gesetzlichen Bestimmungen, wonach die zwangsweise Unterbringung von Kindern in eine geeignete Familie oder in eine Erziehungs- oder Besserungsanstalt auch ohne die Voraussetzung einer verübten strafbaren Handlung zugelassen ist, werden durch dieses Gesetz vom 13. März 1878 nicht berührt. (J. M. Bl. 1875. S. 22 ff.)

Zur Ausführung dieses Gesetzes ist eine Zirkularverfügung vom 14. Juni 1878 erlassen. (Min. Bl. f. d. i. V. S. 120.)

Den Beruf des Mündels bestimmt der Vormund mit der Mutter, sonst allein. Dabei muß er mit besonderer Vorsicht und Sorgfalt zu Werke gehen. Obschon er dabei frei dasteht und nur der Aufsicht des Waisenrathes resp. des Vormundschaftsgerichts (§ 53 V. O.) unterworfen ist (Johow 7. S. 68), wird er doch die etwa ausgedrückten Wünsche und Anordnungen der Eltern, sowie den Rath verwandter oder den Mündeln nahe stehender Personen (§§ 330. 332. 333. 334. II. 18. §§ 62—64. II. 12. A. L. R.) zu beachten haben, namentlich auch die Anlagen und Fähigkeiten des Mündels, damit derselbe nicht etwa seiner Neigung und seinen Fähigkeiten entgegen, z. B. zum Studiren u. s. w. gedrängt wird. Hauptzweck bleibt (§ 311. II. 18. A. L. R.): den Mündel durch eine seinem Stande, Vermögen und Fähigkeiten angemessene Erziehung zu einem tugendhaften und brauchbaren Bürger auszubilden. (§ 55. V. O.) Die angezogenen §§ II. 18. A. L. R. haben allerdings keine Giltigkeit mehr, so daß sie den Vormund nicht binden. Ihr Inhalt bleibt aber immer anwendbar, da er dem Sinn eines guten Hausvaters entspricht.

Löwenstein (S. 46) nimmt an, daß die Wahl des Lebensberufes nicht mehr unter das Erziehungsrecht der Mutter falle, sondern nach Beendigung des Schulunterrichts dem Vormund allein zustehe.

Entstehen zwischen Vormund und Mutter bei der Erziehung Differenzen, oder beschwert sich der Mündel über den Vormund, z. B. wegen Berufszwang, so tritt auf Anzeige des Waisenrathes das Vormundschaftsgericht (der Familienrath) entscheidend ein. (Johow 6. S. 338. 339, 7. S. 71, Dernburg S. 168. 169, §§ 51. 53. 55. 75. V. O.) Anderer Meinung sind Eccius, Löwenstein S. 46. 47, Gruchot 20. S. 764—766.

55a) Wegen der Aufnahme in das große Militär-Waisenhaus in Potsdam ist einzusehen V. v. 2. Juli 1859 (J. M. Bl. S. 214), wegen katholischer Militär-Waisenmädchen Kab. O. v. 25. April 1850 (J. M. Bl. S. 220); die Seemannsordnung findet sich im R. G. Bl. 1872. S. 409. 410, dazu s. wegen des Eintritts 4jähriger Freiwilliger bei den Matrosen-Divisionen Min. Bl. f. d. i. Verw. 1878. S. 66; wegen der Unteroffizierschulen s. Min. Bl. f. d. i. V. 1878. S. 42 44; betreffs der Militärkontrolle R. G. Bl. 1875. S. 65; des Unterstützungswohnsitzes B. G. Bl. 1870. S. 360; der Unzulässigkeit von Doppelbesteuerung B. G. Bl. 1870. S. 119; Schadensersatz für Tödtungen und Körperverletzungen beim Betriebe von Bergwerken ꝛc. B. G. Bl. 1871. S. 207.

Der Vormund erhält das Mündelvermögen zu seiner Verwaltung ausgeantwortet. Haften Arreste auf diesem Vermögen, so sind Vormund und Gegenvormund davon in Kenntniß zu setzen. (Johow 5. S. 284.)

56) Und zwar die volle und nur durch die positiven Bestimmungen der V. O. beschränkte. (Gruchot 20. S. 19, Johow 7. S. 62. 63, Löwenstein S. 44, Neumann S. 43.)

57) Dies ist der Fall bei der Verhinderung des Vormundes oder bei Kollision der Interessen mehrerer Mündel. (§ 86. V. O.)

§ 28.

Der Mutter des Mündels steht dessen Erziehung unter der Aufsicht des Vormundes zu.[58] Dieselbe kann ihr aus erheblichen Gründen nach Anhörung des Vormundes sowie des Waisenrathes durch das Vormundschaftsgericht entzogen werden.[59]

Die bestehenden Vorschriften über die religiöse Erziehung der Kinder bleiben in Kraft.[60]

58) Sowohl der ehelichen, als auch der unehelichen Adoptivmutter. (Dernburg S. 164, Förster III. S. 584, Neumann S. 45.) Unberührt ist die landrechtliche Bestimmung noch geltend, wornach der außereheliche Vater (§ 622. II. 2. A. L. R.) nach zurückgelegtem 4. Lebensjahre die Verpflegung und Erziehung seines (unehelichen) Kindes selbst besorgen kann, weil diese Bestimmung nur die Alimentationspflicht im Auge hat. Ebenso bleibt nach wie vor der (unehelichen) Mutter das Recht, auf ihre alleinigen Kosten die Erziehung und Verpflegung des Kindes zu behalten oder wiederzufordern. (Johow 6. S. 38, 7. S. 34. 35.) Löwenstein (S. 47) empfiehlt mit Recht, bei dieser Ueberlassungsfrage den Waisenrath vorher zu hören.

Nach Gruchot 20. S. 763 hat (§§ 64 ff. II. 2. A. L. R.) die erziehende Mutter aus ihrem eigenen Vermögen die Kosten des standesmäßigen Unterhaltes und der Erziehung zu bestreiten, und nur, wenn jenes unzureichend ist, kann auch das Vermögen des Kindes dazu in Anspruch genommen werden. Daran hat § 37. V. O. nichts geändert. Der Vormund hat aber stets die Höhe der aus dem Mündelvermögen zu gewährenden Erziehungskosten zu bestimmen. Bei einem Streit zwischen Mutter und Vormund sind, gemäß § 91. II. 2. A. L. R., vorbehaltlich des Rechtsweges, vom Vormundschaftsgericht die Alimente der Höhe nach festzusetzen. Löwenstein (S. 46) nimmt mit Eccius (S. 19. 20) hier ein Eingreifen des Vormundschaftsgerichts (s. Note 55 Abs. 19 zu § 27) durch Gebote bezw. Ordnungsstrafen, als durch das Bedürfniß geboten, an.

Ein Hauskind, auch wenn der Vater todt ist, muß im elterlichen Hause, der Mutter gegenüber, die Dienste unentgeltlich thun. (Striethorst 94. S. 183.)

Betreffs der Art und Dauer des Schulunterrichts wird bei Gruchot 20. S. 764 die Entscheidung der Mutter, so lange sie die Erziehung hat, zugesprochen und bei einem Streite darüber mit dem Vormunde, dem Vormundschaftsgericht eine Entscheidung nicht zugebilligt, bis die Erziehung der Mutter entzogen ist.

Bei allen diesen Erziehungsstreitigkeiten wird es darauf ankommen, daß schließlich das Vormundschaftsgericht, nach Anhörung der Mutter, des Vormundes und des Waisenrathes, eine Verständigung zu erzielen versteht. Eine Entsetzung eines Vormundes nach § 63. V. O. wegen „Pflichtwidrigkeit", weil er nach bestem Wissen und Gewissen eine abweichende Meinung festhält, dürfte unangänglich sein, wie treffend in Johow 6. S. 339 ausgeführt ist.

59) Die „erheblichen Gründe" können sehr verschiedener Art sein, z. B. anrüchiger Lebenswandel, thörichte Erziehungsmethode, unter Umständen wohl auch eine Wiederverheirathung. Jedenfalls gebührt der Mutter ein desfallsiger begründeter Bescheid. (Märcker S. 28.)

60) Dasselbe bestimmt § 17 Gesetz v. 13. März 1878 (Ges.-S. S. 136) bei der Zwangserziehung verwahrloster Kinder. Darnach sind eheliche Kinder bis zum zurückgelegten 14. Lebensjahre, wo sie sich selbst zu entscheiden haben, in der Religion des Vaters zu unterrichten, es sei denn, daß der Vater seine entgegengesetzte Absicht durch Handlungen kundgegeben hat, namentlich z. B. dadurch, daß er sein Kind wenigstens 1 Jahr lang vor seinem Tode in einem von dem seinigen abweichenden Glaubensbekenntniß hat unterrichten lassen. Zu Abweichungen von dieser gesetzlichen Vorschrift kann keiner der Eltern den Anderen, auch nicht durch Verträge, verpflichten. (Dekl. v. 21. Nov. 1803, Kab. O. v. 17. Aug. 1825, §§ 77. 82. 84. II. 2. A. L. R.) Uneheliche Kinder werden stets

im Glaubensbekenntnisse der Mutter bis zum beendeten 14. Jahre erzogen (§ 642. II. 2. A. L. R., Ges. v. 14. März 1871. Ges.=S. S. 157, § 28. V. O.). Der Taufzwang ist durch § 56. Ges. v. 9. März 1874 (Ges.=S. S. 95) aufgehoben.

§ 29.

Der Mündel wird durch solche Rechtsgeschäfte berechtigt und verpflichtet, welche der Vormund ausdrücklich im Namen des Mündels oder unter Umständen abgeschlossen hat, welche ergeben, daß das Geschäft nach dem Willen der Betheiligten für den Mündel geschlossen werden sollte.[61])

61) Hier ist nur das Verhältniß des Mündels aus Rechtsgeschäften unter Lebenden, dritten Personen gegenüber, in's Auge gefaßt, nicht das dem Vormund gegenüber.

In diesen beiden angegebenen Fällen des § 29 wird der Mündel allein berechtigt und verpflichtet, der Vormund erlangt aus dem Geschäfte weder Rechte noch Verbindlichkeiten. Die Fragen der Redlichkeit, des wesentlichen Irrthums und des Dolus sind dabei aus der Person des Vormundes zu beurtheilen. (Dernburg S. 175, Wachler S. 97.)

Schließt der Vormund im eigenen Namen Geschäfte ab, aber für Rechnung des Mündels, so wird er nach außen hin allein berechtigt und verpflichtet. Dem Mündel gegenüber kommt es darauf an, ob das Geschäft im Interesse des Mündels lag und vom Vormund als ordentlichem Hausvater abgeschlossen ist; dann kommen dem Mündel die Vortheile des Geschäfts zu Gute und der Vormund erhält Ersatz seiner Auslagen. (Dernburg S. 176.)

Daß ein Vormund sich zu einzelnen Akten der Vermögensverwaltung Bevollmächtigte bestellen kann, ist nicht zweifelhaft. Dagegen kann er die ihm als Vormund persönlich zustehenden Rechte nicht auf Andere zur Ausübung übertragen, da die Vormundschaft ein persönliches Amt ist. (Dernburg S. 176.)

Ganz unberührt bleiben (s. die bei Löwenstein S. 48 abgedruckten Erläuterungen zur V. O.) die durch das Gesetz oder aus unerlaubten Handlungen für den Pflegebefohlenen entstehenden Verbindlichkeiten, so wie die allgemeinen Vorschriften über die aus Verträgen Dritter entspringenden Verpflichtungen und Berechtigungen.

Bei Besitzstörungen kann (Dernburg S. 176) der Beschädigte nicht gegen den Mündel, sondern nur gegen den besitzstörenden Vormund klagen, und sich an den Mündel nur auf den Betrag der Bereicherung halten.

§ 30.

Mehrere Vormünder verwalten gemeinschaftlich.[62])

Bei Meinungsverschiedenheiten entscheidet die Mehrheit oder, wenn eine solche nicht erzielt wird, das Vormundschaftsgericht.[63])

Ist unter mehreren Vormündern die Verwaltung getheilt, so verwaltet jeder die ihm zugetheilten Geschäfte selbstständig.

Andere Bestimmungen über die Verwaltung mehrerer Vormünder können durch den zur Berufung Berechtigten getroffen werden. [64])

62) Wenn nichts anderes von den zur Berufung Berechtigten bestimmt ist. Vom Gericht (§ 19. V. O.) soll in der Regel nur ein Vormund, auch für mehrere Geschwister, berufen werden. Nach den Motiven nimmt man an, daß bei verzweigter Geschäftsführung z. B. bei kaufmännischen Handlungen, Fabriken, landwirthschaftlichen Gütern, ausnahmsweise mehrere Vormünder erforderlich erscheinen können. Die Rechnungslegung muß stets gemeinschaftlich erfolgen, auch wenn ein Mitvormund frei davon sein sollte. (Johow 6. S. 67. 68, § 56. V. O.)

63) Hier ist der, gewiß durchaus nöthige, Grundsatz (Johow 6. S. 338) anerkannt und ausgesprochen, daß, wenn unter den zur Vermögensverwaltung Berufenen eine Uebereinstimmung, oder bei den mehreren Vormündern eine Mehrheit nicht erzielt wird, die Aufsichtsbehörde, d. i. das Vormundschaftsgericht, entscheidet. Darin liegt aber zugleich die Richtigkeit der Eccius'schen Ansicht S. 8), daß die Entscheidung zu Gunsten der einen der aufgestellten Meinungen erfolgen muß, und prinzipgemäß die freie Anordnung irgend einer anderen Verwaltungsmaßregel dem Vormundschaftsgericht an sich nicht zusteht. Damit ist nicht ausgeschlossen, daß eine etwa abweichende Anschauung des Vormundschaftsgerichts durch zweckmäßige und taktvolle Verhandlung mit den Vormündern nicht doch zur Geltung kommen könnte; nur nicht im Entscheidungswege. Beim Heirathskonsens entscheidet nie die Mehrheit, sondern stets das Vormundschaftsgericht, dessen Konsens auch erforderlich ist. (§ 72. II. 1. A. L. R.) Da (§ 10. V. O.) gegen alle Anordnungen des Vormundschaftsgerichts, welche sich auf die gesammte Thätigkeit desselben beziehen, Beschwerde zulässig ist, so gilt dies auch in Betreff derartiger Entscheidungen. (Löwenstein S. 17. 49.)

64) Hierbei fragt sich:

a) wer ist der „zur Berufung Berechtigte“?

b) in welcher Form sind die „anderen Bestimmungen“ zu „treffen“?

Daß zu a vor Allem Vater und Mutter (§ 17 Nr. 2. 4. V. O.) gemeint sind, erscheint unzweifelhaft. Haben diese Anordnungen getroffen, so müssen dieselben zuvörderst maßgebend bleiben. (Löwenstein S. 49, Neumann S. 51, Wachler S. 99.) Nach den Verhandlungen im Landtage (Dernburg S. 81, Löwenstein S. 49) ist aber auch anzunehmen, daß das Vormundschaftsgericht zu den „zur Berufung Berechtigten“ gerechnet werden soll, obwohl eigentlich das Vormundschaftsgericht nach §§ 11. 19. 81. 86 ff. V. O. im Gegensatz zu den Berechtigten als dazu verpflichtet und demgemäß allerdings auch dazu berechtigt genannt werden müßte, daher eigentlich zu den im Abs. 4. § 30. V. O. gemeinten nicht zu zählen sein würde, zumal das Vormundschaftsgericht mehrere Vormünder, unter Theilung der Verwaltung, zu bestellen überhaupt befugt ist. (§§ 19. 24. V. O.) Da nun aber die gesetzgeberischen Faktoren das Vormundschaftsgericht unter die im Abs. 4 des § 30 V. O. gemeinten „Berechtigten“ mitgerechnet wissen wollen und der Regierungsentwurf (Löwenstein S. 49), „dem Richter“ ein solches Bestimmungsrecht zusprach, wird man mit Dernburg S. 81. 82) annehmen müssen, daß das Vormundschaftsgericht auch berechtigt ist, wenn sich die Bestimmungen des Vaters oder der Mutter auf die Dauer nicht bewähren, „andere Bestimmungen" zu treffen. Analog der Bestimmung im § 36. V. O. Daß von diesem Recht ein möglichst seltener Gebrauch gemacht wird darf vorausgesetzt werden. Anderer Meinung sind Löwenstein (S. 49), Neumann (S. 52), Wachler (S. 99), Maassen (S. 47), welche die Anordnungen des Vaters resp. der Mutter für maßgebend halten und diesen gegenüber das Vormundschaftsgericht nicht als auch zur Berufung berechtigt bezeichnet wissen wollen.

Zu b ist als Form die im § 17. Nr. 2 V. O. vorgeschriebene und für das Vormundschaftsgericht das Verpflichtungsprotokoll sowie die Bestallung anzunehmen.

§ 31.

Der Gegenvormund[65]) hat darauf zu achten, daß die Vermögensverwaltung des Vormundes oder des bei Verhinderung desselben eintretenden Pflegers ordnungsmäßig geführt wird. Er hat in den in diesem Gesetze bestimmten Fällen bei Führung der Vormundschaft mitzuwirken.

Er hat von etwaigen Pflichtwidrigkeiten oder der eintretenden Unfähigkeit des Vormundes dem Vormundschaftsgericht Anzeige zu machen.

65) Hier ist bestimmt, welche Aufgabe dem Gegenvormund zufällt. Der Vormund hat nach § 27 V. O. selbstständig

a) die Sorge für die Person
b) „ „ „ „ Vermögensangelegenheiten
c) die Vertretung, soweit kein Pfleger bestellt ist,
} des Mündels.

Ihm kann nach § 26 jederzeit und in allen Fällen ein Gegenvormund bestellt werden; dies muß geschehen, wenn mit der Vormundschaft eine Vermögensverwaltung verbunden ist und nicht mehrere Vormünder zu ungetrennter Verwaltung bestellt sind, so daß einer den anderen kontrollirt. Der Gegenvormund hat dreierlei Aufgaben:

a) er hat darauf zu achten, daß des Vormundes oder Pflegers Vermögensverwaltung ordnungsmäßig geführt wird,
b) er hat in den in diesem Gesetze bestimmten Fällen (§§ 34. 35. 39. 41. 55. 56. 57. 67. 77. V. O.) bei Führung der Vormundschaft mitzuwirken,
c) er hat von der etwaigen Pflichtwidrigkeit, nicht bloß in Vermögensangelegenheiten, (wenn auch in erster Reihe über das persönliche Wohl des Mündels der Waisenrath die Aufsicht hat), oder der eintretenden Unfähigkeit des Vormundes dem Vormundschaftsgericht Anzeige zu machen, welches sodann einzuschreiten hat. (§§ 51. 55. 60. 62. 63. V. O.) Löwenstein (S. 49) will die Thätigkeit des Gegenvormundes streng auf das Mündelvermögen beschränkt wissen.

Seine Mitwirkung (Lit. b) findet statt:

a) bei Honorarbewilligung an den Vormund,
b) bei Aufnahme des Mündelvermögens-Verzeichnisses,

c) bei zinsbarer Anlegung von Mündelgeldern,
d) bei Veräußerung von Werthpapieren,
e) bei Einziehung, Abtretung oder Verpfändung von (auch der kleinsten J. M. Bl. 1875. S. 265 ff.) Kapitalien, sofern dieselben nicht bei Sparkassen belegt sind,
f) bei Aufgabe oder Minderung der für eine Forderung bestellten Sicherheit,
g) bei Einreichung der Rechnung bezw. der Uebersicht des Vermögensbestandes und Schlußrechnung,
h) bei Einberufung des Familienraths.

Auch, wenn der Gegenvormund findet, daß der Vormund unzweckmäßig verwaltet, hat er davon Anzeige zu leisten und das Vormundschaftsgericht auf angemessene Art einzuschreiten. (Eccius S. 9.) Der Regierungsentwurf wollte, analog dem § 30 Abs. 2 V. O., Meinungsverschiedenheiten zwischen Vormund und Gegenvormund entschieden wissen. Diese Bestimmung ist aber durch das Herrenhaus beseitigt worden. (Löwenstein S. 50.)

Die Erziehungskosten (§ 37 V. O.) hat der Vormund zu bemessen und ist darüber der Gegenvormund nicht zu hören. Bei der Rechnungslegung hat der Gegenvormund (§ 56. Abs. 4 V. O.) seine desfallsigen Bemerkungen zu machen, wenn die Bemessung der Höhe nicht zu einer Pflichtwidrigkeit ausartet, in welchem Falle der Gegenvormund sofort Anzeige zu leisten hat. (Johow 6. S. 53.)

§ 32.

Der Vormund sowie der Gegenvormund haftet für die Sorgfalt, welche ein ordentlicher Hausvater auf seine eigenen Angelegenheiten verwendet.[66)]

Die Verantwortlichkeit des bestellten Vormundes beginnt mit dem Zeitpunkt der Bestellung.[67)] [68)]

Der Ehemann einer zum Vormund bestellten Frau haftet, wenn er nicht der Vater des Mündels ist, für die vormundschaftliche Verwaltung als Bürge.[69)]

Die Einrede der Theilung unter mehreren Verhafteten ist ausgeschlossen.[70)]

Die bestehenden Vorschriften, nach welchen dem Mündel ein persönliches Vorzugsrecht vor anderen Gläubigern des Vormundes zusteht, bleiben in Kraft.[71)]

Ein Pfandrecht oder ein Titel zum Pfandrecht an dem Vermögen des Vormundes entsteht durch die Vormundschaft nicht.[72)]

66) Dieser Grundsatz galt als Regel bereits im A. L. R. (II. 18. §§ 275 ff.) nd im französischen Recht. (code civ. art. 450.) Der mittlere Grad der culpa muß daher vertreten werden, also ein mäßiges Versehen, § 20. I. 3. A. L. R. (Dernburg S. 98.) Dolus oder böse Absicht ahndet das Strafgesetz (§ 266 Nr. 1. R. Str. G. B.) mit Gefängniß bis zu 5 Jahren und daneben

unter Umständen noch mit Geldstrafe bis zu 3000 Mark sowie mit Verlust der bürgerlichen Ehrenrechte als Untreue.

Der durch Mehrheit (§ 30. Abs. 2 V. O.) überstimmte Mitvormund haftet nicht für die gegen seinen Willen getroffenen Maßregeln (Löwenstein S. 77, Neumann S. 55); ebensowenig der Vormund, wenn er zu einer Maßregel oder Unterlassung vom Gericht, insbesondere durch Androhung von Ordnungsstrafen, genöthigt worden (Dernburg S. 99, Löwenstein S. 77.)

67) Die Verantwortlichkeit des gesetzlichen Vormundes beginnt mit dem Zeitpunkt der erlangten Kenntniß vom Eintritt der gesetzlichen Vormundschaft (§§ 12. 81 Abs. 1 V. O.), und im Falle des § 13. V. O. mit der Aufnahme in die Verpflegungsanstalt. (Dernburg S. 161, Löwenstein S. 51, Neumann S. 54.)

68) Ueber die Haftbarkeit der Erben der Vormünder enthält die V. O. nichts. Die betreffenden Bestimmungen in II. 18. A. L. R. §§ 293. 294 sind demnach aufgehoben und sie haften fortan wie ihr Erblasser (Neumann S. 55) nach allgemeinen Grundsätzen.

69) Vergl. §§ 283 ff. I. 14. A. L. R. — Haftet der Ehemann als Bürge auch für die Zeit der vormundschaftlichen Verwaltung seiner Frau, welche der Ehe vorausgeht? Nein. (Gruchot 20. S. 416.) Erst mit dem Augenblick, in welchem der weibliche Vormund die (Ehe-) Frau geworden, und mit welchem von dem „Ehemann" die Rede sein kann, tritt die Bürgschaftshaft ein. Das hier als Vorbild dienende französische Recht spricht ebenso dafür, wie der Zweck der V. O. (code civil art. 396, Dernburg S. 131). Gleichwohl bejaht Dernburg (S. 131) obige Frage, weil a. der Wortlaut des § 32 V. O. die Zeit vor und nach der Ehe nicht unterscheide und b. praktisch eine Unterscheidung zwischen Begehungen vor oder nach der Ehe oft schwierig und deswegen unzweckmäßig sei.

Wegen dieser Bürgschaft schon ist die Einwilligung des Ehemannes zur Bestellung (§ 21) oder Beibehaltung (§ 64 V. O.) einer Ehefrau als Vormund als erforderlich vorgeschrieben.

70) Es ist vorausgesetzt, daß von den „mehreren Verhafteten" jeder eigene Verschuldung trägt. Daher wird bei getheilter Verwaltung (§ 30 Abs. 3) jeder der mehreren Vormünder nur aus den ihm zugetheilten Geschäften verhaftet. Nur wenn bei einer gemeinschaftlichen Verwaltung mehrere durch Verschuldung eines jeden haften, fällt dem Mündel gegenüber die Einrede der Theilung weg und jeder haftet für das Ganze, bei gleicher Verschuldung solidarisch. (Dernburg S. 245, Löwenstein S. 51, Neumann S. 56, Maassen S. 49.)

Nach Dernburg (S. 246) haften dem Mündel in folgender Reihe:

a) der Vormund zuerst,
b) dann dessen Bürgen, für die Ehefrau also der Ehemann,
c) der Gegenvormund wegen ungenügender Aufsicht,
d) in letzter Linie der Vormundschaftsrichter, wenn Ersatz von anderer Seite nicht zu erlangen ist,

und unterliegt die Klage der kurzen Verjährung außerkontraktlicher Schadensansprüche.

71) Vergl. Konk. Ordn. v. 8. Mai 1855 §§ 80. 81., Deutsche Konk. Ordn. § 54 Nr. 5. — Dieses Vorrecht geht auf des Mündels Erben über. (Dernburg S. 247.)

72) Das A. L. R. kannte (§§ 296—298. II. 18.) einen Titel zum Pfandrecht an dem Vermögen des Vormundes. Derselbe dauert für die bis zum

1. Januar 1876 geführte Verwaltung bis zur Befriedigung des Mündels auch für die Folge fort. (Johow 6. S. 70, Dernburg S. 30. 31. 270—274.)

§ 33.

Die Vormundschaft wird in der Regel unentgeltlich geführt.[73]

Auslagen müssen dem Vormund und dem Gegenvormund aus dem Vermögen des Mündels erstattet werden.[74]

Hat der Vormund oder der Gegenvormund Dienste geleistet, welche seinem Gewerbe oder Beruf angehören, so kann er die Bezahlung dieser Dienste aus dem Vermögen des Mündels fordern.[75]

73) Als Ehrenamt in Erfüllung einer allgemeinen Staatsbürgerpflicht. Ist einer letztwillig zum Vormund bestellten Person ein Vermächtniß hinterlassen, so wird vermuthet, daß ihr dasselbe als Vergütung für die Mühwaltung der Vormundschaft ausgesetzt wurde. Lehnt sie die Vormundschaft ab, so verliert sie die ihr letztwillig zugedachten Vortheile (Dernburg S. 156). Kann ein solcher Legatar sich der Vormundschaft nicht unterziehen, so verliert er ebenfalls das Vermächtniß. (§§ 218. 219. II. 18. A. L. R., welche, als dem Erbrecht angehörend, noch fortgelten.)

74) Auslagen natürlich, welche ein ordentlicher Hausvater (§ 32 V. O.) vertreten kann, übrigens aber jeder Art. Bei der Rechnungslegung werden zweifelhafte Auslagen monirt (§ 56 Abs. 5. V. O.) Ebenso Dernburg (S. 247), welcher annimmt, daß von ausgelegten Vorschüssen der Vormund landesübliche Zinsen bis zum Ersatz aus dem Mündelvermögen berechnen, also fordern kann; ebenso Befreiung von Verpflichtungen, welche er für Rechnung des Mündels persönlich übernahm.

Der Ersatz erfolgt aus des Mündels Vermögen; nie aus der Gerichts- oder einer anderen Staatskasse. (Löwenstein S. 52.)

Warum die baaren Auslagen eines Vormundes für nothwendige persönliche Wahrnehmung von gerichtlichen und anderen Terminen nicht sollen ersetzt verlangt werden, wie in Koch's A. L. R. Anm. zu § 33 V. O. angenommen wird, ist bei genügendem Mündelvermögen nicht einzusehen. Eine Ausnahme an sich nicht ersetzbarer Auslagen, die ein ordentlicher Hausvater vertreten kann, kennt die V. O. nicht. (Philler S. 60, Johow 6. S. 65.)

75) Z. B. als Rechtsanwalt bei Prozessen. Und zwar erfolgt die Bezahlung nach voller Gebührentaxe oder angemessener (herkömmlicher) Höhe (Dernburg S. 202, Wachler S. 105, Löwenstein S. 52.), aber nie aus der Staatskasse, sondern aus dem Vermögen des Mündels. Für Gelderhebungen, Anschaffung und Ablieferung von Werthpapieren kann ein Rechtsanwalt liquidiren, weil dies Berufsdienste sind, für Wahrnehmung des Verpflichtungs- (Bestellungs-) Termins nicht (Johow 7. S. 38).

§ 34.

Ein Honorar steht dem Vormund nur zu, soweit ihm ein solches von dem Erblasser des Mündels oder von dem Vormundschaftsgericht zugebilligt worden ist.[76]

Das Vormundschaftsgericht darf dem Vormund ein Honorar nach Anhörung des Gegenvormundes und nur dann zubilligen, wenn die Vermögensverwaltung der Vormundschaft besonders umfangreich ist.[77] [78])

Dem Gegenvormund darf das Vormundschaftsgericht ein Honorar nicht zubilligen.[79])

76) Eine Maximalgrenze nach Prozentsatz vom Mündelvermögen, wie sie das A. L. R. (II. 18. §§ 272—274) kannte, für Zubilligung von Honorar, ist nicht gezogen. Das freie Ermessen des Vormundschaftsgerichts auf Grund der Billigkeit bestimmt die Höhe.

Ist dem Vormund einmal ein Honorar zugebilligt, so fragt es sich: ob dasselbe ihm ganz oder theilweise vom Vormundschaftsgericht wieder entzogen werden kann? Ja. Die Zubilligung des Honorars ist davon abhängig, daß die Vermögensverwaltung der Vormundschaft besonders umfangreich ist. Diese thatsächliche Vorbedingung kann sich leicht ändern und dann kann nicht nur, sondern muß das Vormundschaftsgericht den bestehenden Vorschriften gemäß eine Aenderung beschließen. Eine Beschwerde steht dagegen dem Vormunde zu. (Löwenstein S. 53, Neumann S. 58, Wachler S. 106, Koch Anm. zu § 34, Maassen S. 51.) Anderer Meinung sind Dernburg (S. 203) und Eccius (S. 44), welche die Zubilligung des Honorars für ein nun für immer erworbenes vertragsmäßiges Recht des Vormundes erklären.

77) Bei nicht umfangreicher Vermögensverwaltung kann nur in den Fällen der §§ 83 Abs. 4 und 89 Abs. 3 V. O. ebenfalls ein Honorar zugebilligt werden. Das ist: bei Vormundschaften über Abwesende oder Verschwender und bei Nachlaßpflegschaften (Löwenstein S. 53). Dernburg will §§ 83 und 89 V. O. analog angewendet wissen. (S. 262. 269.)

78) Ist dem Vormund vom Erblasser des Mündels ein Honorar zugebilligt, so bleibt es dabei und kann der Vormund nicht darauf verzichten, um vom Vormundschaftsgericht sich ein Honorar zubilligen zu lassen. (Neumann S. 58.)

Im Falle eines Legates an den Vormund (s. Note 73 zu § 33) kann (wie bei Neumann S. 58 angenommen wird) daneben vom Vormundschaftsgericht noch ein Honorar zugebilligt werden. Dagegen könnte man anführen, daß nur ein Honorar nach § 34 V. O., entweder vom Erblasser oder vom Vormundschaftsgericht zugebilligt werden soll. Es kommt also darauf an: ob das Legat als Honorarbewilligung angesehen werden muß? Die noch geltenden §§ 218. 219. II. 18. A. L. R. scheinen dafür zu sprechen. Da indeß billiges Ermessen je nach dem Umfange der Vermögensverwaltung das Vormundschaftsgericht leiten soll, so ist sehr wohl der Fall denkbar, daß, nach dem Tode des Vermächtnißgebers, das bewilligte Legat in gar keinem Verhältniß zu der gestiegenen Vermögensverwaltung steht und das Vormundschaftsgericht sich veranlaßt findet, neben dem Legate, wenn es nicht ausdrücklich als Honorar bezeichnet ist, dem Vormunde ein Honorar zuzubilligen. Und dieser Ansicht wird der Wortlaut des Gesetzes nicht entgegengestellt werden können.

79) In der Vormundschaftssache nämlich, in welcher er als Gegenvormund thätig ist. Ist er zugleich Mitvormund, so kann ihm in dieser Eigenschaft ein Honorar zugebilligt werden (§ 26 Abs. 3 V. O.); der Erblasser kann dem

Gegenvormund ein Honorar aussetzen, nur das Vormundschaftsgericht nicht. (Koch Anm. zu § 34, Maassen S. 51, Löwenstein S. 54.)

§ 35.

Von dem bei Einleitung der Vormundschaft vorhandenen oder später dem Mündel zugefallenen Vermögen hat der Vormund unter Zuziehung des etwa vorhandenen Gegenvormundes ein genaues und vollständiges Verzeichniß aufzunehmen und dem Vormundschaftsgericht mit der von ihm und dem Gegenvormund abzugebenden pflichtmäßigen Versicherung der Richtigkeit und Vollständigkeit einzureichen. [80])

Der Vater des Mündels ist als gesetzlicher Vormund von dieser Verpflichtung frei. [81])

Hat ein Erblasser des Mündels in der § 17 Nr. 2 bestimmten Form die Offenlegung des Verzeichnisses seines Nachlasses verboten, so ist dasselbe von dem Vormund nach Vorschrift des ersten Absatzes einzureichen und von dem Vormundschaftsgericht einzusiegeln, auf Verlangen des Vormundes in dessen Gegenwart. [82]) Das Vormundschaftsgericht darf nur aus besonderen Gründen, über welche der Vormund zu hören ist, von dem Inhalte dieses Verzeichnisses Kenntniß nehmen. [83])

80) Dies Verzeichniß bildet die Unterlage für die Verwaltung des Vormundes und beweist gegen ihn, was er überkommen und zu vertreten hat. Als weitere Akte knüpfen sich daran die Rechnungslegung (§ 56), die Vermögensübersicht (§ 57) und die Schlußrechnung (§ 67). Das erste Verzeichniß (Inventar) wird bei Einleitung der Vormundschaft aufgenommen. Fällt später dem Mündel Vermögen zu, so sind darüber weitere (Nachtrags-) Verzeichnisse aufzunehmen und einzureichen. S. im Anhang ein Vermögensverzeichniß-Formular.

Dem Vormund bleibt es lediglich überlassen, auf welche Art er das Verzeichniß, welches genau und vollständig sein muß, anfertigt oder anfertigen läßt, ob durch Einforderung von den Erben (§ 7. I. 49. A. G. O.), vielleicht sogar unter Erforderung des Manifestationseides von denselben, ob durch einen Notar, ob durch das Gericht als Akt der freiwilligen Gerichtsbarkeit, u. s. w. Dabei hat er nur in Acht zu nehmen, daß er nicht mehr Kosten dafür verursacht, als unbedingt nöthigerweise aufgewendet werden mußten, denn, wie überall, so muß er auch hierbei als ordentlicher Hausvater handeln. Eine Form für das Verzeichniß ist nicht vorgeschrieben. (Johow 7. S. 39.) Doch wird die für die Erben vorgeschriebene Form der Inventarien (§§ 36 ff. II. 5. A. G. O., § 435. I. 9. A. L. R., Johow 5. S. 285, Wachler S. 107) auch vom Vormunde zweckmäßigerweise seinem Vermögensverzeichnisse um so mehr zu Grunde zu legen sein, als er in Vertretung des Mündels als eines Erben diese Form beobachten muß, z. B. bei Niederlegung eines Inventarii behufs Erhaltung der Beneficialerbenqualität beim (Nachlaß-) Gericht (§§ 422—442. I. 9. A. L. R., § 10. I. 49. A. G. O.), oder behufs Ausmittelung: ob ein Erbe etwa im Pflichttheil verletzt worden? Im Interesse des Mündels als Miterben hat allein der Vormund diese Frage zu prüfen und zu diesem Behufe sich das nöthige Material zu verschaffen, nicht das Vormundschaftsgericht. (§ 432. II. 2. A. L. R.) Letzteres hat nur bei Genehmigung der Erbauseinandersetzung (§ 42 Nr. 4) diesen Punkt mit in's Auge zu fassen. Ist die Mutter zugleich Miterbin und Vormund, so kann zum Zweck der Prüfung der etwaigen Pflichttheilsverletzungen ein Pfleger nöthig werden. (Johow 6. S. 48.) Der Vormund bezw. Pfleger kann von den Miterben den Manifestationseid fordern, ebenso wie er von ihm (§§ 28. 29 Nr. 3. I. 22. A. G. O.) gefordert werden kann, wenn er im Besitz einer Erbschaft ist. Der Eid ist vor dem Nachlaßgericht zu leisten. Es fragt sich: ob eine Wittwe, welche zugleich Miterbin ist, das von ihr gelegte Nachlaßinventar, wenn sie sich wieder verheirathen will, noch vor Vollziehung der Ehe, wenn es überhaupt gefordert wird, eidlich manifestiren muß? Mit anderen Worten: ist § 392. II. 18. A. L. R. noch in Geltung geblieben? Ja. Denn diese Bestimmung gehört dem Erbrecht an und der Manifestationseid würde, wenn der Vormund oder bezw. der Pfleger als Vertreter des miterbenden Mündels ihn für erforderlich hält und deshalb verlangt, vom Nachlaßrichter abzunehmen sein. (So auch Möbius S. 16; Johow 5. S. 285, obwohl hier § 392 II. 18. A. L. R. als beseitigt erachtet wird.) Eine Wittwe, welche als Mutter ihrer Kinder zum Vormund bestellt worden, hat auch immer nur, als Vormund, ein Verzeichniß vom Mündelvermögen, also selten ein ganzes Nachlaßverzeichniß, einzureichen. Jene Bestimmung bezieht sich aber nur auf Nachlaßinventarien und wird durch § 35 V. O. nicht berührt. Das Vormundschaftsgericht kann solchen Eid allerdings nicht fordern. (Dernburg S. 211. 214.)

Ist ein Gegenvormund noch nicht vorhanden, so hat der Vormund allein das Verzeichniß des Vermögens aufzunehmen und als richtig und vollständig zu versichern. (Johow 5. S. 285., Löwenstein S. 55, Dernburg S. 210.) Der Vormund ist, bei eigener Verantwortlichkeit, für verpflichtet anzusehen, dem Vormundschaftsgericht Anzeige zu leisten, sobald er erfährt, daß eine Vermögensverwaltung mit der Vormundschaft verbunden ist, ein Gegenvormund also (nach § 26) bestellt werden muß, wenn ein solcher noch nicht bestellt ist. Ebenso sind die im § 16. V. O. bezeichneten, zur Anzeige verpflichteten, Personen verpflichtet, soweit ihre Kenntniß reicht, die Einleitung einer Vormundschaft und Gegenvormundschaft zu beantragen. Sollte sich der Gegenvormund weigern, zugezogen zu werden, so müßte gegen ihn, auf Anzeige, mit Ordnungsstrafen, event. mit Entsetzung (§§ 51. 63.) vorgegangen werden und träfen ihn die Folgen der etwaigen Verzögerung. Bei dieser Mitwirkung auf seine Kosten vertreten zu werden, gestattet Dernburg (S. 210), wohl mit Recht, dem Gegenvormund. Jedenfalls muß er aber die Versicherung der Richtigkeit und Vollständigkeit selbst abgeben.

Ein neu eintretender Vormund, an Stelle des vorhergehenden, hat auf Grund des alten Verzeichnisses entweder ein neues oder ein ergänzendes Verzeichniß ebenfalls einzureichen. (Dernburg S. 210.) Hat der Vormund aus Arglist oder in grobfahrlässiger Weise die Errichtung des Inventars verabsäumt, so steht dem Mündel zu, den Betrag seines dadurch erlittenen Schadens durch das juramentum in litem zu bestimmen. (Dernburg S. 214.)

Festzuhalten bleibt, daß es sich hier, im § 35, nur um Beschaffung einer sicheren Unterlage für das Vormundschaftsgericht behufs Beaufsichtigung des Vormundes bei der Verwaltung des Mündelvermögens handelt. Um etwas Weiteres nicht. Hält man dies fest, so beantworten sich etwaige Zweifelsfragen ganz von selbst. So z. B. wie die Form für die pflichtmäßige Versicherung der Richtigkeit und Vollständigkeit sein muß? Die schriftliche genügt. (Gruchot 20. S. 708.) Vormund und Gegenvormund haften für die Einreichung des Verzeichnisses mit der Versicherung versehen; gegen sie gilt also die eingereichte Schrift. Aber unbenommen bleibt es, zumal bei Analphabeten, bei denen es sich sogar empfehlen dürfte, dem Vorm. Gericht, die Versicherung vor sich abgeben zu lassen, oder irgend einige Beglaubigung zu erfordern. Dernburg (S. 211) verlangt, daß Vormund und Gegenvormund bei der Einreichung des Verzeichnisses dem Gerichte persönlich und mündlich dessen Richtigkeit und Vollständigkeit pflichtmäßig versichern. Eine Wittwe, als Vormund über ihre Kinder, welche auf Grund des Gesetzes die Gütergemeinschaft fortsetzt (Ges. v. 16. April 1860 für Westfalen, Ges.-S. S. 168, Löwenstein S. 134), oder wenn ihr das Leibzuchtsrecht zusteht, ist, da sie kein Mündelvermögen zur Verwaltung überkommt, von Einreichung des Vermögensverzeichnisses als Vormund befreit. (Johow 6. S. 43. 44. 47. 48.)

Daß sofort nach Einleitung der Vormundschaft der Vormund das Verzeichniß aufzustellen hat, d. h., sobald er das Material beisammen hat, ergiebt die Natur der Sache und der Wortlaut des § 35 Abs. 1. Ist der Vormund darin säumig, so ist vom Vormundschaftsgericht nöthigenfalls gegen ihn (§ 51) mit Ordnungsstrafen vorzugehen. Die nothwendige Frist ergiebt sich aus den Umständen des einzelnen Falles.

Das eingereichte Verzeichniß bleibt bis zur Schlußrechnung des letzten Mündels bei den Vormundschaftsgerichts-Akten. Dort wird es auch bis zur Kassation der Akten bleiben müssen, um die Verantwortlichkeit des Richters bei der Rechnungsprüfung decken zu können. (Dernburg S. 211.)

Die Aktenkassation (V. v. 24. Juni 1848. J. M. B. S. 224) erfolgt a. bei Vermögensverwaltung in 10 Jahren vom Tage der Großjährigkeit oder Großjährigkeitserklärung des jüngsten Pflegebefohlenen ab gerechnet, b. wenn keine Vermögensverwaltung stattgefunden, in 5 Jahren.

81) Die anderen beiden gesetzlichen Vormünder: Vater der unehelichen Mutter und Vorstand einer Verpflegungsanstalt (§§ 12. 13) also nicht. (Löwenstein S. 56.)

82) Das Vormundschaftsgericht hat nachzusehen, ob das Verzeichniß genau und vollständig erscheint und mit der nöthigen Versicherung versehen ist, sowohl vom Vormund als Gegenvormund, wenn des letzteren Bestellung nicht untersagt ist. (§ 26.) Der Gegenvormund hat kein Recht, seine Gegenwart bei Einsiegelung des Verzeichnisses zu verlangen. Anderer Meinung sind Dernburg (S. 213.) und Neumann (S. 60). Märcker (Nachl. Reg. S. 156) hält den § 401 II. 18. A. L. R. noch für giltig, wonach der Vormund selbst das Verzeichniß in Gegenwart des Vormundschaftsgerichts oder eines Justizcommissarii und Notarii einsiegeln durfte. Nach § 102 V. O. ist indeß diese Bestimmung als nicht ausdrücklich aufrecht erhalten, sondern sogar im § 35 Abs. 3 abgeändert, anzusehen. (Dernburg S. 213.)

83) Derartige besondere Gründe sind absichtlich nicht spezifizirt und lediglich in das Ermessen des Vormundschaftsgerichts gestellt. Um Willkühr

vorzubeugen, ist das Hören des Vormundes darüber vorgeschrieben. Die §§ 405—408. II. 18. A. L. R. sind nicht aufrecht erhalten. Festzuhalten ist auch hierbei der Unterschied eines Nachlaßinventars und des hier in Rede stehenden Verzeichnisses.

Einreichung des Verzeichnisses ganz zu untersagen, ist ebensowenig gestattet, als Befreiung von Legung der Schlußrechnung. (§ 68.)

Das versiegelt aufbewahrte Vermögensverzeichniß bleibt bis zur Beendigung der Vormundschaft über den letzten Mündel bei den Akten und ist diesem alsdann herauszugeben, da von einer Rechnungslegung (§ 57) bei Gericht nicht die Rede ist und der Mündel zur Prüfung der Schlußrechnung das Verzeichniß braucht.

§ 36.

Hat ein Erblasser des Mündels über die Verwaltung oder die Veräußerung der zu seinem Nachlasse gehörigen Gegenstände Bestimmungen für den Vormund getroffen, so sind diese zu befolgen. Eine Abweichung von diesen Bestimmungen ist mit Genehmigung des Vormundschaftsgerichts gestattet, wenn Umstände eingetreten sind, welche die Befolgung als nachtheilig für den Mündel erscheinen lassen. [84] [85]

84) Dieser Gesetzesparagraph gestattet einem Erblasser des Mündels, (ob mit ihm verwandt oder nicht, ist gleich), für den Vormund (mag er von ihm, durch Gesetz oder vom Gericht berufen sein,) Bestimmungen (eine Instruktion) zu erlassen über

a) die Verwaltung }
b) die Veräußerung } der zu seinem Nachlaß gehörigen Gegenstände,*)

die der Vormund zu befolgen hat. Daß dies geschieht, dafür bürgt seine Haftpflicht dem Mündel gegenüber, die Kontrolle durch den Gegenvormund und die Aufsicht des Gerichts bei der Rechnungslegung, soweit es Kenntniß von der dem Vormund ertheilten Instruktion hat.

Die Art der Veräußerung einer unbeweglichen Sache solchen Nachlasses bleibt (§ 44) trotzdem dem Vormundschaftsgericht zur Bestimmung vorbehalten, da davon nur eine befreite Vormundschaft (§ 47) entbindet. Doch wird auf Antrag des Vormundes dem Willen des Erblassers die nöthige Rücksicht zu Theil werden. Dasselbe gilt von der Vorschrift im § 60. Denn das Ermessen und die Thätigkeit des Gerichts wird von dieser Instruktion nicht berührt. (Löwenstein S. 57, Philler S. 63, Neumann S. 62.)

Diese Bestimmungen sind etwas Internes für den Vormund und Gegenvormund, event. das Vorm. Gericht und berühren Dritte, welche sich lediglich an die gesetzlichen Vorschriften (§§ 41. 42. 44.) zu halten haben, nicht. Daher ge-

---

*) Ueber das Vermögen, welches dem Mündel von anderen Personen zukommt, ist selbst der Vater nicht befugt, solche Bestimmungen zu treffen. Dasselbe gilt in Bezug auf das gemeinsame Vermögen der Eltern, welche in Gütergemeinschaft gelebt haben, da dasselbe dem Vater nicht allein gehört. (Philler S. 63, Löwenstein S. 56.)

hören sie nicht in die Legitimationsurkunde des Vormundes, in die Bestallung (§ 24). Sollte es doch vorkommen, daß bei einem Geschäft mit dem Vormund von diesem eine Abweichung vom Gesetz verlangt würde, so ist es Sache des Kontrahenten, vom Vormund sich das begründende Material vorlegen zu lassen und zu prüfen. Festzuhalten bleibt: daß dem Dritten gegenüber, soweit nicht das Gesetz ihn einschränkt, der Vormund allein frei verwaltet und daß seine Legitimation sowie die etwaige Befreiung von den gesetzlichen Beschränkungen aus der Bestallung ersichtlich sein muß. Seine etwaige Verwaltungsinstruktion gehört nicht in die Bestallung. (S. Dernburg S. 77, Löwenstein S. 57, Gruchot 20 S. 19 mit ihren abweichenden Meinungen.) Die Instruktion kann sich und wird sich oft in unbedeutende Einzelheiten verlieren und für garnicht vorherzusehende Fälle speziell wandelbar erscheinen. Da nun leicht nach erlassener Instruktion Umstände eintreten können, welche die Befolgung vom Erblasser getroffener Verwaltungsbestimmungen für den Mündel nachtheilig erscheinen lassen, so ist dem Vormund für diesen Fall eine Abweichung davon gestattet, jedoch nur mit Genehmigung des Gerichts.

85) Zweifel sind entstanden darüber:

in welcher Form der Erblasser solche Bestimmungen treffen kann?

Die V. O. bestimmt der Regel nach die Form für Anordnungen, wo sie dies für nöthig erachtet. (So: § 10 Abs. 3, 17, 21, 26, 35, 47, 57, 59, 60, 71, 72.) Hier ist ebensowenig etwas bestimmt, als im § 34 bei Zubilligung eines Honorars für den Vormund durch den Erblasser. Es kommen daher die gesetzlichen Vorschriften über Willenserklärungen, resp. letztwillige, zur Anwendung, da es nur darauf ankommt, auf bestimmte unzweideutige Art den Willen des Erblassers zu erfahren. Eine letztwillige Verordnung im engern Sinne: Erbeinsetzung oder Vermächtniß (§§ 3—6. I. 12. A. L. R.) liegt hier nicht vor, obwohl sie Voraussetzung ist. Die Form der Testamente und Kodizille (§§ 66 ff. I. 12. A. L. R.) greift daher hier nicht Platz. Jedenfalls genügt ein eigenhändig ge- und unterschriebener Aufsatz. (§§ 161. 169. I. 12. A. L. R.) Denn „das Vermögen" selbst wird nicht betroffen, sondern nur die Verwaltung oder die Veräußerung der einzelnen Nachlaßgegenstände. Da aber sogar Vermächtnisse dem Erben vom Erblasser (§ 172 a. a. O.) mündlich bis zu einer gewissen Höhe mit Wirkung aufgetragen werden können, dürfte die bei Johow 5. S. 285 vertretene Ansicht, daß nach § 94. I. 4. A. L. R. auch die mündliche Form genüge, den zweifellosen Nachweis der Willenserklärung, z. B. durch zwei Zeugen, vorausgesetzt, um so mehr anzuerkennen sein, als es sich hier nicht um Verfügungen zu Gunsten Dritter, sondern um eine Regulirung der vormundschaftlichen Verwaltung zu Gunsten des letztwillig bedachten Mündels handelt, die für den Vormund, soweit sie für ihn irgendwie nachweisbar ist, so lange maßgebend bleibt, bis sie, als im Widerspruch mit dem Interesse des Mündels, beseitigt ist. Eine allgemeine analoge Anwendung der im § 17 Nr. 2 und 4 für Vater und Mutter gegebenen vorgeschriebenen Form erscheint nicht statthaft, zumal diese Form nur Fälle betrifft, in denen von vornherein eine vormundschaftsgerichtliche Prüfung über die Giltigkeit und Anwendbarkeit des Inhaltes der schriftlichen Urkunde eintritt, was hier nicht zutrifft.

Die Ansichten über diese Formfrage sind sehr verschieden. Die mündliche Form wird, außer bei Johow 5. S. 285 und hier, von den Kommentatoren, soweit bekannt, nicht als genügend angesehen.

Eccius (S. 17. 18), Löwenstein (S. 57. 126) und Maassen (S. 52) verlangen die Form, welche für die speziell geschehene letztwillige Zuwendung erforderlich war, gestatten aber dem Vater und der Mutter in den Fällen des § 17. Nr. 2 und 4 die dort vorgeschriebene Form. Dernburg (S. 89) verlangt analog die Form des § 17 V. O. in allen Fällen. Der Ersteren Ansicht dürfte in der Praxis die Majorität erlangt haben. Etwas Aehnliches in Betreff der Formfrage findet sich bei § 87 V. O. Darin ist bestimmt, daß der „bei der Zuwendung" Benannte zum Pfleger berufen sein soll und „bei der Zuwendung" von gesetzlichen Beschränkungen befreit werden kann, woraus die Form der geschehenen Zuwendung als maßgebend und genügend folgt. Hier, im § 36, fehlt es an einem solchen Anhalt. Jedenfalls wird in's Auge zu fassen bleiben: ob etwa in derlei „Bestimmungen über Verwaltung oder Veräußerung von Nachlaßgegenständen" eine Befreiung des Vormundes von den gesetzlichen Beschränkungen liegt und liegen soll? Für den Bejahungsfall ist die Legitimation des Erblassers zu solchen Befreiungen und die für dieselben vorgeschriebene Form vom Vormundschaftsgericht zu prüfen, und ist beides als ordnungsmäßig anerkannt, sodann die Befreiung in der Bestallung des Vormundes auszusprechen.

§ 37.

Die Kosten der Erziehung des Mündels hat der Vormund aus den Einkünften desselben zu bestreiten. Reichen die Einkünfte nicht aus, so kann das Stammvermögen angegriffen werden. [86])

86) Nach den Motiven zur V. O. hat der Vormund als ordentlicher Hausvater, nach der Sitte und den Lebensverhältnissen, aber auch mit Rücksicht auf die Ausbildung vorhandener Anlagen und Fähigkeiten des Pflegebefohlenen selbstständig zu beurtheilen, wie viel er auf die Erziehung und den Unterhalt zu verwenden hat. Und da die Sorge für die Person der für das Vermögen vorgeht, ist das Angreifen des Kapitals, wenn die Revenüen nicht ausreichen, nöthigenfalls zu gestatten Selbst gegen die Bestimmung des Erblassers. (Philler S. 64.) In diesem Falle aber nach § 36 V. O. nur mit Genehmigung des Vormundschaftsgerichts. Dernburg hält es auch (S. 167) für gerechtfertigt, den Mündel zur Vollendung seiner Erziehung mit Schulden zu belasten. Gewiß, aber der Vormund wird, über des Mündels Vermögen hinaus, haftbar bleiben.

Der Vormund hat sein Ermessen walten zu lassen. Der Gegenvormund und das Gericht haben dabei zunächst nicht mitzusprechen (Johow 6. S. 53.), sondern finden bei der Rechnungslegung Gelegenheit, ihre etwaigen Bedenken geltend zu machen. Doch kann zwischen einer Mutter, welcher nach § 28 die Erziehung des Mündels zusteht, und dessen Vormund, dem die Aufsicht über die Erziehung (§ 28) und die Bestreitung der Erziehungskosten (§ 37) obliegt, leicht über der letzteren Höhe eine Meinungsverschiedenheit eintreten, die für die Berufswahl, also für die ganze Zukunft des Mündels, von höchster Bedeutung sein kann. Für diesen Fall kann eine Beschwerde des Mündels oder der Mutter, oder auch des Vormundes, bei dem, über die gesammte Thätigkeit des Vormundes (§ 51) die Aufsicht führenden, Vormundschaftsgericht (Johow 7. S. 64.) und dessen sachgemäßes taktvolles Einschreiten, nicht unzulässig sein, zumal der

Staat ein lebhaftes Interesse daran hat, daß die Mündel zu brauchbaren nützlichen Staatsbürgern erzogen werden*). Auch Eccius (S. 20) nimmt hier an, daß die obervormundschaftliche Aufsicht gegen den Vormund, welcher der Mutter die nöthigen Mittel verweigert, durch Gebote einzugreifen und darüber zu bestimmen hat, wie hoch das Bedürfniß anzuerkennen ist. Der Rechtsweg bleibt natürlich außerdem vorbehalten. Eine andere Meinung ist vertreten in Gruchot 20. S. 763. Dort wird angenommen, das Gericht dürfe weiter nichts thun, als den Vormund entsetzen oder in Ordnungsstrafe nehmen.

Zu berücksichtigen bleibt, daß gesetzliche Bestimmungen über die Verpflegungspflicht der Eltern bestehen, welche unverändert fortgelten. (§§ 64 ff. II. 2. A. L. R.) Ebenso die Verordnungen über Unterstützungs-Bedürftigkeit und Verbindlichkeit

a) der Verwandten (§§ 14—21. II. 3, §§ 251—254. 681. 712, §§ 22—24. 29. 64. 65. 107. II. 2. A. L. R.),

b) der Armenverbände. (§§ 9 ff., 16. II. 19. A. L. R., Ges. vom 6. Juni 1870, B. G. Bl. S. 360, Ges. v. 8. März 1871, Ges. S. S. 130, Ges. v. 13. März 1878, Ges. S. S. 134.)

Bei unehelichen Kindern hat der Vormund dafür zu sorgen, daß der natürliche Vater ermittelt und zu seiner Alimentationspflicht angehalten wird. (Ges. vom 24. April 1854, Ges. S. 193.)

Die Kosten, welche durch Einlieferung verwahrloster Kinder und die dabei nöthige Ausstattung des Zöglings sowie Rückreise der Entlassenen erwachsen, fallen dem Ortsarmenverbande, alle übrigen Kosten des Unterhalts und der Erziehung, sowie der Fürsorge bei der Beendigung der Zwangserziehung den Kommunalverbänden zur Last, soweit sie nicht aus dem eigenen Vermögen des Zöglings getragen oder von den aus privatrechtlichen Titeln zur Alimentation Verpflichteten eingezogen werden können. (§ 12. Ges. v. 13. März 1878. Ges. S. S. 134. 135.)

§ 38.

Der Vormund kann Schenkungen[87]) für den Mündel nicht vornehmen. Jedoch sind Geschenke zulässig, welche üblich sind oder durch die Vermögensverwaltung begründet werden.[88])

87) Schenkungen im weiteren Sinne. Daher auch Verzichtleistungen, soweit sie den Charakter der Liberalität haben, hierher gehören. (Löwenstein S. 58, Dernburg S. 177.) Die verbotene Schenkung ist nichtig. Der Mündel kann daher die verschenkten Sachen direkt in Anspruch nehmen oder sich an den Vormund halten. (Dernburg S. 178.)

88) Unter die „üblichen" Geschenke werden Weihnachts-, Hochzeitsgeschenke ꝛc. zu rechnen sein; unter diejenigen, welche „durch die Vermögensverwaltung begründet" sind, Remunerationen für Arbeiter, um sie zu angestrengteren Diensten anzuspornen und dergleichen. Derartige „Geschenke" mögen sachlich durch die

*) Wenn auch die Motive anerkennen, daß von vornherein der Richter weniger geeignet sein möchte, über die Erziehungsfrage zu urtheilen, als der Vormund.

Verwaltung, oder durch die persönlichen Verhältnisse des Mündels begründet sein. (Wachler S. 111.)

§ 39.[89]

Gelder, welche zu laufenden oder zu anderen durch die Vermögensverwaltung begründeten Ausgaben nicht erforderlich sind,[90] hat der Vormund im Einverständnisse[91] mit dem Gegenvormund in Schuldverschreibungen, welche von dem Deutschen Reiche oder von einem Deutschen Bundesstaate mit gesetzlicher Ermächtigung ausgestellt sind, oder in Schuldverschreibungen, deren Verzinsung[92] von dem Deutschen Reiche oder von einem Deutschen Bundesstaate gesetzlich garantirt ist, oder in Rentenbriefen der zur Vermittelung der Ablösung von Renten in Preußen bestehenden Rentenbanken, oder in Schuldverschreibungen, welche von Deutschen kommunalen Korporationen[93] (Provinzen, Kreisen, Gemeinden ꝛc.), oder von deren Kreditanstalten[94] ausgestellt und entweder Seitens der Inhaber kündbar sind, oder einer regelmäßigen Amortisation unterliegen,[95] oder auf sichere Hypotheken oder Grundschulden, zinsbar anzulegen.[96]

Gelder, welche in dieser Weise nach den obwaltenden Umständen nicht angelegt werden können, sind bei der Reichsbank[97] oder bei öffentlichen, obrigkeitlich bestätigten Sparkassen zinsbar zu belegen.[98]

Eine Hypothek oder Grundschuld ist für sicher zu erachten, wenn sie bei ländlichen Grundstücken innerhalb der ersten zwei Drittheile des durch ritterschaftliche, landschaftliche, gerichtliche oder Steuertaxe, bei städtischen innerhalb der ersten Hälfte des durch Taxe einer öffentlichen Feuerversicherungs-Gesellschaft oder durch gerichtliche Taxe zu ermittelnden Werthes, oder wenn sie innerhalb des fünfzehnfachen Betrages des Grundsteuerreinertrages der Liegenschaft zu stehen kommt.[99]

Sicheren Hypotheken stehen im Sinne dieser Vorschriften die mit staatlicher Genehmigung ausgegebenen Pfandbriefe und gleichartigen Schuldverschreibungen solcher Kreditinstitute gleich, welche durch Vereinigung von Grundbesitzern gebildet, mit Korporationsrechten versehen sind und nach ihren Statuten die Beleihung von Grundstücken auf die im dritten Absatz angegebenen Theile des Werthes derselben zu beschränken haben.[100]

Versäumt oder verzögert der Vormund die Anlegung von Geldern, so muß er die anzulegende Summe mit sechs vom Hundert jährlich verzinsen.[101)] [102)]

89) Dieser Paragraph bezieht sich nur auf baare Gelder, mögen dieselben bei Einleitung der Vormundschaft vorhanden sein oder im Laufe der Vormundschaft dem Mündel zufallen. Nicht also auf Werthpapiere oder Hypotheken, welche bereits bei Einleitung der Vormundschaft oder bei dem Inkrafttreten der V. O., d. i. am 1. Januar 1876, zum Vermögen des Mündels gehörten oder etwa bei der Auseinandersetzung über einen dem Mündel angefallenen Nachlaß dem Mündel überwiesen werden. Bei letzteren hat der Vormund als ordentlicher Hausvater die Sicherheit zu prüfen und darnach die weitere Entschließung, ob etwa gekündigt werden soll, zu treffen. Ebensowenig greift § 39 Platz, wenn es sich darum handelt, ob dem Käufer eines Mündelgrundstückes ein Theil des Kaufgeldes gegen hypothekarische Sicherstellung belassen werden soll, oder um Sicherstellung des bei einem der Miterben stehen bleibenden Erbtheils der Mündel. In letzterer Beziehung sind die den Eltern und Geschwistern nach A. L. R. II. 18. §§ 483. 484 zugestandenen Prärogative jetzt aufgehoben. (Philler S. 64, Löwenstein S. 60, Johow 6. S. 49. 51. 55, Gruchot 21. S. 357.)

Der § 39 spricht nur

a) von Anlegung (d. i. von bleibender zinsbarer Anlegung) und

b) von Belegung (d. i. von vorübergehender Nutzbarmachung)

baarer Mündelgelder. (Dernburg S. 195. 196.)

90) Solche erforderliche Gelder können, nach dem Bericht der Herrenhauskommission, im Kontokurrent bei einem sicheren Bankier belegt werden. (Dernburg S. 199. 200.)

91) Dessen sich der Vormund, der allein die Anlegung auszuführen hat, vergewissern soll, ohne an eine Form gebunden zu sein; daß das Einverständniß auch leicht erzielt werden wird, ist anzunehmen. Ist es nicht der Fall, so muß, will der Vormund nicht auf eigene Verantwortung vorgehen, eine Belegung nach Abs. 2 erfolgen. (Dernburg S. 199, Löwenstein S. 60.)

92) Dauernde Verzinsung muß garantirt sein. Zu solchen Schuldverschreibungen gehören Eisenbahn-Prioritäts-Obligationen; nicht aber Stamm- oder Prioritäts-Aktien von Eisenbahnen, denn diese sind Antheilscheine und keine Schuldverschreibungen. (Dernburg S. 196.)

Ueber die rechtliche Natur der Zinscoupons und Talons von zinstragenden Inhaberpapieren s. Entsch. d. Reichsoberhandelsg. 10. S. 213 ff., 313 ff.

93) Als deutsche Korporationen sind alle diejenigen zu betrachten, welche dem Bundesgebiete angehören, also auch die im Gebiete des Reichslandes Elsaß-Lothringen belegenen. (Dernburg S. 197, Ges. vom 25. Juni 1873. R. G. Bl. S. 161.)

94) Namentlich ist in der Abg. Komm. auf die Landeskreditkassen der Provinz Hessen-Nassau und Hannover hingewiesen worden. (Löwenstein S. 61.)

95) In anderen Werthpapieren darf die Anlage nicht erfolgen. Es müßte denn eine (§ 36) Bestimmung des Erblassers für den Vormund vorliegen, welche

die Anlage nicht als nachtheilig für den Mündel in anderen Papieren erscheinen läßt. (Dernburg S. 88, Löwenstein S. 61.)

96) Bei Prüfung der Sicherheit wird der Vormund vorsichtig sein müssen, namentlich auch bei Prüfung der etwa vorgelegten Taxen.

97) Sowohl bei der Hauptbank als auch bei sämmtlichen Reichsbankhauptstellen findet die Annahme solcher Gelder gegen Ertheilung von Quittungsbüchern statt. (Löwenstein S. 204—212.) Die Einlagen (die erste nicht unter 500 Mark, die späteren durch 10 theilbar) werden mit 3 % verzinst, alle 6 Monat; 3monatliche Kündigung steht beiden Theilen jederzeit frei; die Rückzahlung erfolgt an den Vormund oder Pfleger gegen Vorlegung seiner Bestallung und des Quittungsbuches. Auskunft und Formulare ertheilt jede Reichsbankstelle.

98) Hierzu gehören nicht die Sparkassen der gewerblichen Genossenschaften (Vorschußvereine ꝛc.) Bei diesen Belegungen ist das Einverständniß mit dem Gegenvormunde nicht vorgeschrieben.

99) Auch andere als erste Hypotheken sind als sicher anzusehen, wenn sonst die Erfordernisse vorhanden sind. Als gerichtliche Taxen gelten auch die nach dem Ges. v. 4. Mai 1857 (Ges. S. S. 445) aufgenommenen. (Möbius S. 20.) Zu den öffentlichen Feuerversicherungsgesellschaften gehören namentlich die Stadt-, Land- und Provinzial-Feuersocietäten. (Löwenstein S. 62.) Die sog. „Steuertaxe" findet sich in Schleswig-Holstein. (Dernburg S. 197.) Bei Feststellung der Sicherheit nach dem Grundsteuer-Reinertrage sind die auf der Liegenschaft kraft privatrechtlichen Titels haftenden Abgaben, Leistungen und Dienstbarkeiten zu berücksichtigen. (Ges. v. 6. März 1868. Ges. S. S. 206, Löwenstein S. 62.)

Ueber den Begriff der Grundschuld s. Kühnast, Untersuchung des Grundschuldbegriffs, 2. Ausgabe, Berlin 1878. Danach ist die Grundschuld in allen Stücken eine Konsequenz des Grundgedankens der Reallast.

100) Nach den Motiven sind die in neuerer Zeit errichteten und die in der Provinz Hannover bestehenden gleichen Vereinigungen ländlicher und städtischer Grundbesitzer, mit der gegebenen Beschränkung, auch hierher zu rechnen. (Löwenstein S. 62.)

101) Auf die Belegung (Abs. 2) findet dieser Abs. 5 keine Ausdehnung. (Johow 5. S. 286.)

Von Festsetzung bestimmter Fristen, nach deren Ablauf eine Verzögerung anzunehmen wäre, ist Abstand genommen, und bedarf die Säumniß oder Verzögerung des Vormundes derspeziellen thatsächlichen Feststellung. (Märcker S. 37, Löwenstein S. 62, Neumann S. 70.)

Die Zinsenpflicht läuft von der festgesetzten Zögerung an bis zur Anlegung der Gelder oder der Ablieferung des Mündelvermögens an den Mündel, also auch über die Beendigung der Vormundschaft hinaus. (Dernburg S. 200.)

102) Das Vormundschaftsgericht hat, sobald es davon (z. B. bei der Rechnungslegung) Kenntniß erhält, den säumigen Vormund anzuhalten, eine Anlegung und Belegung vorzunehmen, und ist eine solche gegen die Vorschrift des § 39 erfolgt, Remedur zu schaffen. (Johow 7. S. 64, Eccius S. 20, Löwenstein S. 62, Neumann S. 70.) Nebenbei bleibt der Vormund dem Mündel für etwaige Nachtheile regreßpflichtig.

Dernburg (S. 200) will dem Mündel, bei Anlegung seines Vermögens in anderen als gesetzlich gestatteten Werthen, das Recht zusprechen, die Gelder mit

6 % vom Vormunde, gegen Ueberlassung der Werthpapiere, zu fordern, wenn er sie nicht behalten will. S. dagegen Eccius S. 21.

§ 40.

Der Vormund darf Vermögensgegenstände des Mündels nicht in seinem Nutzen verwenden.[103]) Er hat das trotzdem in seinem Nutzen verwendete Geld von der Verwendung an zu verzinsen. Den Zinsfuß bestimmt das Vormundschaftsgericht nach seinem Ermessen auf acht bis zwanzig vom Hundert.[104])

Eine Hypothek oder Grundschuld, welche auf einem Grundstücke des Vormundes haftet, darf derselbe für den Mündel nicht erwerben.[105])

103) Der vorübergehende, nicht dauernde, Gebrauch von Mündelsachen, soweit damit nicht eine Verwendung in dem Nutzen des Vormundes verbunden ist, ist an sich nicht verboten. (Dernburg S. 206, Löwenstein S. 63, Neumann S. 71, Märcker S. 38.) Ist derselbe zugleich im Interesse des Mündels geschehen, muß er für zulässig erachtet werden, wenn nicht der Nutzen des Vormundes überwiegt. Hat der Vormund Gegenstände des Mündels trotz des Verbotes in seinem Nutzen verwendet, so ist er zum Ersatz des Schadens verpflichtet, kann in Ordnungsstrafe genommen und seines Vormundamtes entsetzt werden.

104) Diese Zinsen haben zwar dem Vormund gegenüber einen Strafcharakter; sie bilden aber eigentlich eine Entschädigung für den Mündel. Daher wird (Dernburg S. 208) bei ihrer Bemessung die Höhe des vom Vormund gemachten Gewinnes und das für den Mündel erwachsene Risiko in Betracht zu ziehen sein.

Diese Zinsen können auch von den Erben des Vormundes gefordert werden und haben mit den übrigen Ansprüchen des Mündels im Konkurse das gleiche Vorrecht. (§§ 80. 81. Konk. Ordn. v. 8. Mai 1855, § 54 Nr. 5 deutsche Konk. Ordn., Dernburg S. 208.)

Nach Dernburg (S. 208) und Eccius (S. 22) hat über diese Zinsen das Vormundschaftsgericht nicht bloß während der Vormundschaft zu befinden, sondern auch dann, wenn sich nach Beendigung der Vormundschaft ein Prozeß wegen solcher Mündelgelder erhebt. Denn, sagt Eccius, dies ist keine Maßregel der obervormundschaftlichen Aufsicht. Dieser Ansicht dürfte die Praxis kaum beipflichten. Nach Beendigung der Vormundschaft hört jede fernere Thätigkeit des Vormundschaftsgerichts auf. Nur eine Ausnahme giebt es: die Annahme der Schlußrechnung, Vorlegung derselben, Herbeiführung der Entlastung und Herausgabe der Sicherheit. (§§ 67. 69. 70. V. O.) Jede Thätigkeit des Vormundschaftsgerichts ist (§ 51 V. O.) Ausfluß des Aufsichtsrechts

Außerdem wird in derlei Fällen zu prüfen sein, ob den pflichtwidrigen Vormund nicht die Strafe für Unterschlagung (§ 246. R. Str. G. B.) oder Untreue (§ 266) treffen muß *).

---

*) Als Beispiel von den vielen seit 1. Jan. 1876 vorgekommenen Fällen nur eins vom Stadtgericht zu Berlin: Wegen Untreue verhandelte die neunte

Leider kommt eine derartige Verwendung von Geld im Nutzen des Vormundes, zum Theil allerdings aus völliger Unkenntniß ländlicher Vormünder, nicht selten vor. Namentlich ist es auch eine beliebte Praxis der Vormünder, bei Ausleihung von Mündelgeld auf Hypothek sich vom Hypothekenschuldner ein Prozenticum versprechen und zahlen zu lassen. Wird der Mündel dadurch nicht geschädigt und liegt thatsächlich nicht etwa darin zugleich eine Verwendung des Geldes Seitens des Vormundes im eigenen Nutzen, so wird, abgesehen von der Anstandsfrage, kaum mit gesetzlichen Vorschriften dagegen anzugehen sein. Anders liegt die Sache, wenn der Vormund erwiesenermaßen dafür einen niedrigeren Zinssatz oder Unkündbarkeit zubilligt, mit einem Wort: **eigennützig** dabei handelt.

105) Eine wichtige Frage ist es: ob und in wie weit Vormund und Gegenvormund mit dem Mündel kontrahiren und Vermögensrechte desselben erwerben können. Zunächst müßte für einen solchen Fall ein besonderer Vertreter in der Person eines Pflegers (§ 86 Abs. 1) bestellt werden, und mit diesem würde der Vormund jedes Rechtsgeschäft abschließen dürfen, soweit das Gesetz kein ausdrückliches Verbot enthält. Ein solches Verbot liegt im § 40 Abs. 2 dahin vor:

daß der Vormund für den Mündel, weder direkt noch indirekt, eine auf einem Grundstücke des Vormundes haftende, also bereits eingetragene, nicht

---

Kriminal-Deputation gegen einen gewissenlosen Vormund, den Strumpfwirkermeister J. A. R., der bereits wegen Körperverletzung und Unterschlagung kleinere Strafen erlitten hat. Der Angeklagte erhielt in seiner Eigenschaft als Vormund des Kuranden S. Ende September 1876 von dem Pupillen-Depositorium des Stadtgerichts ein Staatspapier im Werthe von 4800 Mark und eine Baarsumme von 773 Mark ausgehändigt. Das Werthpapier lieferte er dem Gegenvormund auf dessen wiederholtes Verlangen aus, während er die Baarsumme an sich behielt, angeblich um damit die Kosten der Erziehung und der Pflege des Mündels zu bestreiten. Bei einer unvermutheten Abrechnung stellte sich jedoch heraus, daß zu diesem Zwecke nur 223 Mark verwendet waren und daß den überschießenden Betrag von 550 Mark R. in seinem eigenen Nutzen verwendet hatte. Der Gegenvormund strengte zunächst die Zivilklage an, die Exekution fiel aber fruchtlos aus, und nun meldete er die Sache dem Gericht, welches die Verfolgung des R. wegen Untreue beantragte. Außerdem hatte sich der Angeklagte noch einer Unterschlagung dadurch schuldig gemacht, daß er von einem ihm anvertrauten Betrage von 4 Mark zur Bezahlung von Gewerbesteuer die Hälfte für sich verbrauchte. Er war in beiden Fällen geständig und bat nur um mildernde Umstände. Der Staatsanwalt vermißte in seinem Plaidoyer zwar das Kriterium des § 266 des Strafgesetzes, welches die Bestrafung des Vormundes von dem Nachweis der Absicht seinen Mündel zu schädigen, abhängig macht, glaubte aber aus dem Erfolge der Handlung auf die Absicht schließen zu dürfen und beantragte deshalb das Schuldig im vollen Sinne der Anklage und eine Strafe von 6 Monaten Gefängniß. Der Gerichtshof entschied jedoch wegen der Untreue auf Freisprechung, weil eben nicht die Absicht nachgewiesen sei, verurtheilte aber den Angeklagten wegen wiederholter Unterschlagung zu vier Monaten und einer Woche Gefängniß, wovon eine Woche auf die Untersuchungshaft in Anrechnung kam, und sprach den Verlust der Ehrenrechte auf ein Jahr aus.

neu kontrahirte und neu einzutragende, Hypothek oder Grundschuld nicht erwerben darf,

weil (Dernburg S. 205) dadurch eine dauernde Kollision der Interessen hervorgerufen werde. Unberührt bleibt der Fall, wenn dem Mündel durch Erbgang oder sonst, ohne Erwerb durch den Vormund, eine solche Hypothek oder Grundschuld zufällt.

Dernburg, welcher dem Vormund gestattet, Mündelgüter für sich sub hasta zu erstehen (S. 204), bezieht das Verbot (S. 205) auch auf die Neubegründung einer Hypothek des Mündels an Grundstücken des Vormundes. Und in Gruchot 21. S. 353 wird dem beigetreten. Wenn auch dies Verhältniß an sich nicht empfehlenswerth sein mag, so liegt dies doch a. nicht im Wortlaute des § 40 Abs. 2, und wird b. um deshalb nicht unzulässig erscheinen, weil darin ein Kontraktsverhältniß liegt, bei welchem ein besonderer Pfleger den Mündel vertreten muß, so daß bei dieser Sachlage der Vormund als solcher aus thatsächlichem Grunde nicht thätig sein kann, also für dieses Geschäft als fremde Person dem Mündel gegenübersteht, (§ 86. V. O., Löwenstein S. 63), auch ist c. Existenz eines Schuldverhältnisses kein Unfähigkeitsgrund. (§ 21 V. O.)

Richtig ist, trotz des Verbotes im § 40 Abs. 2, übrigens ein solches Geschäft nicht. Seine Vornahme enthält eine Pflichtwidrigkeit des Vormundes. Das Vormundschaftsgericht hat daher das Recht, den Vormund zur Weiterbegebung der Hypothek des Mündels anzuhalten, sofern sie ohne Benachtheiligung des Mündels geschehen kann. (Dernburg S. 205.)

Als erlaubt muß nach § 40 Abs. 2 die hypothekarische Eintragung der bei der Theilung des väterlichen Nachlasses für die Kinder ermittelten Erbtheile auf dem Grundstücke der sie bevormundenden Mutter angesehen werden. (Johow 7. S. 42, Gruchot 21. S. 352.)

Uebrigens ist die Bestimmung § 40 Abs. 2 um so weniger auszudehnen, als die Regierung sie für unzweckmäßig erklärte und sie von der Herrenhauskommission dem § 40 hinzugefügt worden ist, so daß sie nicht als leitender Grundsatz, sondern als ganz spezielle Bestimmung anzusehen ist. (Löwenstein S. 63.)

Der Gegenvormund steht hier dem Vormunde nicht gleich. (§ 31 V. O., Neumann S. 72, Löwenstein S. 63.)

§ 41.[106])

Der Genehmigung des Gegenvormundes bedarf es:[107])

1) **zur Veräußerung**[108]) **von Werthpapieren;**
2) **zur Einziehung, Abtretung oder Verpfändung von Kapitalien,**[108a]) **sofern dieselben nicht bei Sparkassen belegt sind;**[109])
3) **zur Aufgabe oder Minderung der für eine Forderung bestellten Sicherheit.**[110])

Die Genehmigung des Gegenvormundes kann durch die Genehmigung des Vormundschaftsgerichts ersetzt werden.[111])

106) Dieser Paragraph kann als dem § 39 korrespondirend bezeichnet werden. Im letzteren stehen die Anordnungen über Anlage baarer Mündelgelder durch den Vormund im Einverständnisse mit dem Gegenvormunde. Hier ist vorgeschrieben, wann das Einverständniß des Gegenvormundes einen Ausdruck Dritten gegenüber anzunehmen hat; mit anderen Worten, wann der Vormund der (durch Wort oder That) ausdrücklichen Genehmigung des Gegenvormundes bedarf. Das ist: bei gänzlicher oder theilweiser Aufgabe der Anlage, mag die Anlage vom Vormunde gemacht oder sonst auf den Mündel überkommen sein. Nach dem Bericht der Herrenhauskommission: „zu jeder Verfügung über das angelegte Kapital". (Gruchot 21. S. 355.) Ohne diese nothwendige Genehmigung ist das abgeschlossene Rechtsgeschäft unwirksam. (§ 46. V. O., §§ 2—4 Ges. v. 12. Juli 1875, Ges. S. S. 518.)

Neben befreiten Vormündern nach A. L. R. sind Gegenvormünder überhaupt nicht zulässig (Johow 7. S. 35), soweit es sich um das väterliche Vermögen handelt. (Johow 7. S. 36, 5. S. 287. 294, Neumann S. 179.)

Beim Pfleger ist die Bestellung eines Gegenvormundes nicht vorgeschrieben, sondern in des Vormundschaftsgerichtes Ermessen gestellt. (§ 91 V. O., Johow 7. S. 45.)

107) Im J. M. B. 1875 S. 265—268 ist ausgeführt:

1) Die Nothwendigkeit der Genehmigung enthält eine Einschränkung der Befugnisse des Vormundes.

2) Muß nach Lage der Vormundschaft ein Gegenvormund bestellt werden (§ 26 Abs. 2. V. O.), so kann der Vormund allein nicht wirksam handeln, sofern nicht eine nach § 47 wirksame Befreiung stattgefunden hat. Ersteres ist bei den § 49 gedachten Rechtsgeschäften immer der Fall, denn sie sind nothwendig Akte einer Vermögensverwaltung. (Gegen diesen Satz vergl. Gruchot 20. S. 395, Neumann S. 72. 73.)

Ausnahmsfälle, in denen eine Gegenvormundschaft nicht einzuleiten ist, sind:

a) Bestellung mehrerer Vormünder zu ungetrennter Verwaltung (§ 26); ist trotzdem ein Gegenvormund bestellt, so bedarf es doch dessen Genehmigung in den Fällen des § 41;

b) gesetzliche Vormundschaft (§§ 12. 13); selbst wenn gegen das Gesetz ein Gegenvormund bestellt sein sollte, bedarf es dessen Genehmigung in den Fällen des § 41 nicht;

c) Untersagung durch den Vater oder die Mutter des Mündels (§ 26. Abs. 6) in Bezug auf den von ihnen benannten Vormund; ist in diesem Falle doch ein Gegenvormund bestellt, so bedarf es in den Fällen des § 41 auch dessen Genehmigung, da alsdann angenommen werden muß, das Gericht habe die elterliche Verfügung nicht anerkannt.

Ist daher vorher angenommen worden, es liege eine Vermögensverwaltung nicht vor, und ist in Folge dessen ein Gegenvormund nicht bestellt, es kommt aber ein Akt Nr. 1 bis 3 aus § 41 V. O. vor, so muß rechtzeitig eine Gegenvormundschaft eingeleitet werden, damit die Genehmigung des Gegenvormundes zu dem Akte beschafft werden kann. Denn die Genehmigung des (noch gar nicht bestellten) Gegenvormundes kann in keinem Falle durch das Vormundschaftsgericht ersetzt werden. (Johow 6. S. 52.)

Die Genehmigung des Gerichts kann (nicht soll) eintreten als Ersatz nur:

a) bei unbegründeter Weigerung des Gegenvormundes,

b) wenn die Zuziehung des Gegenvormundes nach Lage der Sache unthunlich erscheint.

In diesen zwei Fällen ersetzt die Genehmigung des Vormundschaftsgerichts die des Gegenvormundes. (J. M. B. 1875 S. 265—268, Johow 5. S. 286, 6. S. 52.) Zu b. würde z. B. bei einer Kollision der Interessen des Mündels und des Gegenvormundes vorliegen; doch würde auch ein Pfleger ad hoc bestellt werden können, wie Möbius (S. 15) annimmt. Bei Gruchot 20. S. 704 wird ausgeführt, daß auch, wenn kein Gegenvormund existirt, dessen Genehmigung durch die Genehmigung des Vormundschaftsgerichts ersetzt werden könne, nach dem Wortlaut des § 41 Abs. 2. — Der § 55 V. O. findet natürlich hier keine analoge Anwendung.

108) Wozu auch die Verpfändung der Werthpapiere gehört. (Löwenstein S. 64.) Ob und wie Mobilien des Mündels aufzubewahren oder zu veräußern sind, ist, nach den Motiven, dem Ermessen des Vormundes überlassen.

108a) Unter „Kapital" ist hier, im Gegensatz zu den laufenden Einnahmen, die Forderung auf die angelegte Geldsumme zu verstehen. (Dernburg S. 185, Gruchot 21. S. 277.) An sich sind Kapitalien Gelder, welche bestimmt sind, Gewinn zu bringen. (Neumann S. 75.) Ueber die Hypothek des Eigenthümers s. Anm. 118 Abs. 5. S. 119.

109) Was ist Einziehung? Kündigung und demnächst Annahme der Zahlung, oder, erfolgt Zahlung nicht: Klage. Daher ist zu beiden Akten die Genehmigung des Gegenvormundes erforderlich. Dies ist umsomehr anzunehmen, als zur Anlage des Geldes das Einverständniß des Gegenvormundes vorausgesetzt wird (§ 39). Wie wichtig und schwer zu entscheiden die Frage ist: ob gekündigt werden soll, liegt auf der Hand. Die V. O. setzt noch dazu voraus, daß die einmal getroffene Anlage von Mündelgeld der Regel nach dauernd ist. Auch spricht der Wortlaut „Einziehung" dafür; sonst hätte „Empfangnahme" genügt. Nach A. L. R. (§§ 455 ff. 745. II. 18) war „zur Aufkündigung und Einziehung von Kapitalien" die Genehmigung des Vormundschaftsamtes (Gerichts) erforderlich. An dessen Stelle ist im Interesse der Mündel jetzt die Genehmigung des Gegenvormundes getreten.

Die Genehmigung des Gegenvormundes fordern:

a) zur Kündigung und Klage: Wachler (S. 115), Löwenstein (S. 65), Johow 7. S. 53, Gruchot 22. S. 660 Anm. 11, Neumann S. 76), Maassen (S. 57.),

b) zur Kündigung, nicht aber zur Klage: Wundsch (Gruchot 21. S. 356.),

c) zur Kündigung nicht, wohl aber zur Klage: Brettner (Gruchot 20. S. 20. 705.),

d) weder zur Klage noch zur Kündigung: Dernburg (S. 185).

(S. auch Anm. 106 zu § 41. S. 115.)

Wo keine Einziehung, sondern eine einfache Zahlung vorliegt, z. B. wenn Mündelgelder bei Konkursen, bei Subhastation zur Hebung gelangen, wo die Annahme des Geldes also erfolgen muß, hat der Gegenvormund nicht mitzuwirken, wie bei Gruchot 20 S. 705 angenommen ist. (Vgl. Gruchot 21. S. 269.)

Abtretungen von Nachlaßforderungen an einzelne Miterben Seitens der übrigen Erben sind Akte der, vom Vormundschaftsgericht zu genehmigenden (§ 42 Nr. 4) Erbauseinandersetzung, wenngleich sie als einseitige Erklärungen und getrennt instrumentirt sind. (Johow 6. S. 55.)

Die Reichsbank giebt die Mündelgelder nur an Vormund und Gegenvormund heraus, wenn die Bestallung einen Gegenvormund ergiebt. (Gruchot 22. S. 661. 663.)

110) Hierbei ist besonders an Exnexuationsbewilligungen gedacht. (Löwenstein S. 65.)

111) S. Anm. 107 zu § 41 am Schluß. S. 116.

§ 42.

Der Genehmigung des Vormundschaftsgerichts 112) bedarf es: 113)

1) zur Entlassung des Mündels aus der Preußischen Staatsangehörigkeit; 114)
2) zur Annahme des Mündels an Kindesstatt; 115)
3) zum Eintritt des Mündels in eine Einkindschaft; 116)
4) zur Erbauseinandersetzung, sofern dieselbe nicht durch Erkenntniß festgesetzt wird; 117)
5) zur Veräußerung oder Belastung unbeweglicher Sachen, soweit dieselbe nicht im Zwangsverfahren gegen den Mündel erfolgt; 118)
6) zum Erwerb von unbeweglichen Sachen durch lästigen Vertrag; 119)
7) zur Verpachtung oder Vermiethung unbeweglicher Sachen, wenn der Vertrag über das Alter der Großjährigkeit hinaus gelten soll, sowie zur Verpachtung von Grundstücken, die zu einem Grundsteuerreinertrag von dreitausend Mark oder mehr eingeschätzt sind; 120)
8) zur Abschließung von Vergleichen, wenn deren Gegenstand unschätzbar ist oder die Summe von dreihundert Mark übersteigt; 121)
9) zur Veränderung oder Auflösung, sowie zur Neubegründung oder Uebernahme eines Erwerbsgeschäfts; 122)
10) zur Eingehung wechselmäßiger Verbindlichkeiten; 123)
11) zur Ertheilung einer Prokura; 124)
12) zur Aufnahme von Darlehen; 125)
13) zur Uebernahme fremder Verbindlichkeiten; 126)
14) zur Entsagung einer Erbschaft oder eines Vermächtnisses. 127)

112) **Welche auch an Bedingungen geknüpft werden kann. Z. B. es wird die Genehmigung der Veräußerung eines Mündelgrundstückes daran gebunden, daß ein gewisser Preis erzielt wird.** (Dernburg S. 53.) Die später (auch still-schweigend Neumann S. 78) ertheilte Genehmigung hat rückwirkende Kraft. Wegen der Wirkung der Rechtsgeschäfte ohne Genehmigung des V. G. s. § 46 V. O., und wegen der Befreiung von der Genehmigung § 47 V. O.

113) Ohne Genehmigung bleibt das Geschäft unwirksam. (§ 46 V. O.)

114) Die Entlassung wird durch eine von der höheren Verwaltungsbehörde des Heimathsstaates ausgefertigte Entlassungsurkunde ertheilt. (§ 14 Ges. vom 1. Juni 1870. B. G. Bl. S. 357.). Es soll in allen denjenigen Fällen, in denen für Personen, die noch unter Vormundschaft stehen, eine Entlassung aus dem preußischen Unterthanenverbande nachgesucht wird, der bezügliche Antrag nicht eher an die Regierungsbehörde gerichtet werden, als bis die nach Vorschrift des § 42. Nr. 1 der V. O. vom 5. Juli 1875 vorgeschriebene Zustimmung des königlichen Vormundschaftsgerichts zu der Auswanderung eingeholt und ertheilt worden ist.

115) Die gerichtliche Bestätigung eines Adoptionsvertrages wird durch die obervormundschaftliche Genehmigung nicht ersetzt; erstere ist keine Funktion des Vormundschaftsgerichts. (§ 667. II. 2. A. L. R.; Johow 6. S. 59.)

Die Annahme eines anderen Namens seitens des Mündels bedarf der Genehmigung des Vormundschaftsgerichts nicht. (Johow 6. S. 61.)

116) § 717 ff. II. 2. A. L. R., Gruchot 20. S. 475 ff., J. M. Bl. 1874. S. 149.

117) Cessionen, durch welche einzelnen Miterben seitens der übrigen Erben Nachlaßforderungen zum Alleineigenthum abgetreten werden, stellen sich, wenn sie gleich als einseitige Erklärungen und getrennt instrumentirt sind, als Akte der Erbauseinandersetzung dar, und ist zu solchen Cessionen, falls ein Bevormundeter als Cedent konkurrirt, der Vormund ohne Genehmigung des Vormundschaftsgerichts nicht legitimirt, es sei denn, daß eine bereits vor Einleitung der Vormundschaft in verbindlicher Weise geschehene Auseinandersetzung nachgewiesen würde. (Johow 6. S. 55. 56. 57, 7. S. 240.)

Bei gerichtlichen Erbtheilungen reicht der Nachlaßrichter auf Antrag des Vormundes die Akten zur Genehmigung dem Vormundschaftsrichter ein, oder ertheilt diese gleich selbst, wenn er zugleich Vormundschaftsrichter ist. (Motive, Löwenstein S. 67.) Bei außergerichtlichen Theilungen dagegen hat der Vormund die aufgenommene Theilungsurkunde dem Vormundschaftsrichter zur Genehmigung einzureichen. (Ebenda; J. M. Bl. 1875. S. 248 ff.)

118) Eine Taxe, welche an sich nicht erforderlich ist, kann das Vormundschaftsgericht, wenn es dieselbe zur Prüfung für nöthig hält, erfordern. (Johow 6. S. 58; vergl. Gruchot 20. S. 479.) Die Ansicht, die Genehmigung könne immer erst erfolgen, wenn ein geschlossener Vertrag vorgelegt wird, nicht aber dazu: unter welchen Bedingungen der Vormund einen Vertrag abschließen will (Johow 7. S. 55), dürfte im Wortlaut des § 42. Nr. 5 nicht Begründung finden. (Johow 7. S. 56. Anm.)

Der Verkauf des Nachlaßgrundstücks seitens der mit den Kindern in fortgesetzter Gütergemeinschaft lebenden Wittwe an eines der Kinder ist nicht als Akt der Erbtheilung anzusehen, und kann, sofern der Wittwe nach dem Rechte der fortgesetzten Gütergemeinschaft die Berechtigung zur Veräußerung der Nachlaßgrundstücke zusteht, auch außerhalb der Erbtheilung und ohne daß es Namens der konkurrirenden minderjährigen Kinder der obervormundschaftlichen Genehmigung bedarf, erfolgen. (Johow 7. S. 57, Anm. 117. S. 118.)

Die Einwilligung der Vormünder und Väter minderjähriger Agnaten eines Lehngutes zu dessen Belastung durch Eintragung eines Pfandbriefdarlehns erfordert die Genehmigung des Vormundschaftsgerichts. (Johow 7. S. 59.)

Durch die obervormundschaftliche Genehmigung eines die Veräußerung des Nachlaßgrundstückes enthaltenden Erbtheilungsrezesses wird der Vormund der betheiligten minorennen Miterben zur Auflassung des Nachlaßgrundstücks ermächtigt, ohne daß es einer besonderen Ermächtigung dazu durch den Vormundschaftsrichter bedarf. (Johow 7. S. 143.) Einer besonderen Autorisation zur Auflassung für den Vormund bedarf es überhaupt nicht, wenn nach § 42. Nr. 5 zur Veräußerung, und nach § 44 V. O. über die Art der Veräußerung die Genehmigung des Vormundschaftsgerichts vorliegt. (Vergl. auch Dernburg S. 182.)

Bei einer Verfügung über eine auf dem Mündelgrundstücke haftende Hypothek (oder Grundschuld) des Eigenthümers zu Gunsten eines Dritten ist nach § 42. Nr. 5 die Genehmigung des Vormundschaftsgerichts erforderlich, soweit darin eine Belastung des Grundstückes zu finden ist; sonst genügt die Genehmigung des Gegenvormundes nach § 41. Nr. 2. (Löwenstein S. 67.)

Zwangsverfahren gegen den Mündel erfolgt beim Exekutions-, Expropriations- oder Zwangstheilungsverfahren und beim Antrage eines Mitbenefizialerben auf nothwendige Subhastation. (Konk. O. § 359, V. O. vom 28. März 1840, Ges. v. 11. Juni 1874. G. S. S. 221, Philler S. 68. Subh. Ordn. v. 15. März 1869, Dernburg S. 181. 182.)

Das zum eingebrachten Vermögen der Ehefrau gehörige Grundstück kann, wenn deren Ehemann unter Vormundschaft steht, mit Einwilligung des Vormundes desselben giltig verkauft werden, ohne Genehmigung des Vormundschaftsgerichts. (Erk. d. O. Tr. v. 9. Juli 1858, Entsch. 39. S. 300.) Eine Belastung tritt, außer mit Schulden, bei Bestellung von Servituten, Reallasten, ein. (Wachler S. 118, Dernburg S. 181.)

Bewegliches Vermögen darf der Vormund veräußern, ohne beschränkt zu sein. Wegen Kostbarkeiten s. § 60 V. O.

119) Auch in der Subhastation, und vermöge eines Vorkaufsrechts. (Löwenstein S. 67, Neumann S. 84, Philler S. 70, Gruchot 20, S. 417.) Die Ausübung des Vorkaufsrechts bildet nach Dernburg (S. 193. Anm. 8) keinen Vertrag und bedarf es dazu (Striethorst Archiv 9. S. 369 ff.) nach seiner Ansicht der Genehmigung des Vormundschaftsgerichts nicht.

120) Wie wirkt ein ohne Genehmigung des V. G. über das Alter der Großjährigkeit hinaus abgeschlossener derartiger Vertrag?

a) In Gruchot 20. S. 419 wird ein derartiges Geschäft für unwirksam erklärt (§ 44);
b) Dernburg (S. 183) läßt ihn gelten bis zum 22. Lebensjahre des Mündels, später nicht; mag übrigens, nach Vertragsabschluß, der Mündel für volljährig erklärt werden oder vor erreichter Großjährigkeit sterben;
c) Eccius (S. 38) verlangt Beurtheilung im Einzelfalle nach der Absicht der Kontrahenten: ob der Vertrag bis zum Alter der Großjährigkeit

perfekt oder wegen Mangels einer Willenseinigung gänzlich ungiltig sein soll. Diese Ansicht steht der zu b nicht entgegen. Denn, wenn eine gegentheilige Absicht der Kontrahenten erweislich ist, kommt es auf die Ansicht b überhaupt nicht weiter an.

121) Keine Art des Vergleiches ist ausgenommen, wenn der Gegenstand unschätzbar ist oder 300 M. übersteigt. Also auch Vergleiche über Vaterschaft und Alimentation des unehelichen Mündels, selbst wenn sie vom Vater der unehelichen Mutter als gesetzlichem Vormunde geschlossen sind, gehören hierher. (Löwenstein S. 68.) Ein Kompromiß steht hier dem Vergleiche gleich. (Dernburg S. 180, Gruchot 20. S. 20.)

Zu Klagen bedarf es für den Vormund keiner Genehmigung des V. G. (S. § 41. Nr. 2, Anm. 109 S. 116); zur Abgabe von Anerkenntnissen im Prozeß auch nicht. (Entsch. O. Tr. 11. S. 383. Dernburg S. 191.)

Gelten §§ 285. 292. Nr. 2. I. 10. A. G. O. (Erlaß und Zurückschiebung eines Eides) noch, soweit sie für die Vormünder eine „Genehmigung der vorgesetzten Behörde" verlangen? Nein; jetzt steht der Vormund auch in dieser Beziehung selbstständig da. (Dernburg S. 191.) Vergl. Civilprozeßordn. für das Deutsche Reich § 52.

122) Nicht auch zur Fortsetzung, außer wenn sie durch den Mündel selbst erfolgen soll. (§ 5. Ges. v. 12. Juli 1875. G. S. S. 518.)

Ein Erwerbsgeschäft begreift jede regelmäßige Thätigkeit in sich, durch welche Jemand in selbstständiger Weise Erwerb sucht, also Landwirthschaft, Handwerk, Fabrikation, Handel. Im Gegensatz steht Erwerb durch ein Dienstverhältniß. (Dernburg S. 115.)

123) Vergl. § 45 V. O.; die Genehmigung des V. G. muß nicht auf dem Wechsel selbst ertheilt werden. (Löwenstein S. 69, Neumann S. 87). Kaufmännische Anweisungen sind mit inbegriffen. (Dernburg S. 187.)

124) Vergl. Art 21 Einf. Ges. zum Handelsges. Buch, sowie Art. 41. 47 desselben über Prokuristen und Handlungsbevollmächtigte.

Zur Bestellung eines Handlungsbevollmächtigten, welcher aber zu den einzelnen Handlungen des § 42 V. O. der Genehmigung des Vormundschaftsgerichts bedürfen würde, hat der Vormund die Genehmigung des V. G. an sich nicht einzuholen. (Löwenstein S. 69.)

Sowohl des Prokuristen als des Handelsbevollmächtigten Vollmacht überdauert das Amt des Bestellers (Vormundes). (Dernburg S. 176.) Selbst, wenn die Genehmigung nachfolgt, läßt Dernburg das Recht des Prokuristen von der Ertheilung der Prokura an gelten.

125) Hierdurch ist, nach dem Herrenhausbericht, die Möglichkeit gewahrt, daß der Vormund Gelder im Kontokurrent beim Bankier bis zu einer bestimmten Höhe entnehmen kann.

Kann der Vormund dem Mündel mit Genehmigung des V. G., welches einen Pfleger zu bestellen haben wird, Darlehne geben? Es verneint Dernburg (S. 187) und läßt nur, zu ersetzende, Vorschüsse, auch verzinsliche, zu. Es bejahen: Löwenstein (S. 69), Möbius (S. 15), gewiß mit Recht. (Vergl. Anm. 105 zu § 40. S. 114.)

126) Also zu jeder Intercession, sei sie, wie Bürgschaft, Pfandbestellung, eine kumulative, oder, wie Expromission, eine privative. (Dernburg S. 187.)

127) Auch für den Vater gilt dies, wenn er einer zum freien Vermögen des Kindes gehörigen Erbschaft oder einem solchen Vermächtniß entsagt. (J. M. Bl. 1874. S. 178.)

Erbschaftsantritt ist Sache des Vormundes. (§ 50 V. O. Dernburg S. 188.)

§ 43.

Ob die Auseinandersetzung über einen dem Mündel angefallenen Nachlaß mit dessen Miterben von dem Vormund herbeizuführen sei, hat dieser zu ermessen. [128]

Die Erbauseinandersetzung kann vor Gericht, vor einem Notar oder mittelst Privatschrift erfolgen. [129]

Im Bezirk des Appellationsgerichtshofes zu Cöln erhält die Erbauseinandersetzung durch die Genehmigung des Vormundschaftsgerichts dieselbe Gültigkeit, als wäre sie nur von großjährigen Personen vorgenommen worden.

Der Erbauseinandersetzung steht die Theilung gütergemeinschaftlichen Vermögens zwischen dem Ehegatten und den Erben des Verstorbenen gleich. [130]

Die in Artikel 2109 des Rheinischen Civilgesetzbuchs bestimmte Frist beginnt von dem Tage der richterlichen Genehmigung der Erbauseinandersetzung. [131]

128) Das Vormundschaftsgericht hat sich von Amtswegen nicht mehr damit zu befassen. (Johow 5. S. 287, 6. S. 63, 7. S. 39. 57, Gruchot 20. S. 260, Neumann S. 89.) Wird dem Vormundschaftsrichter auch die Bearbeitung von Nachlaßsachen (Regulirungen) aufgetragen, so fungirt er dabei als Nachlaßrichter. (J. M. Bl. 1875. S. 248.) Für diesen Fall ist es empfehlenswerth, wo dies angeht, ihm die Bearbeitung der Nachlaßregulirungen nicht aus seinem Vormundschaftsbezirke zu übertragen. (Johow 5. S. 287.) Denn zweckmäßig wird die nach § 42. Nr. 4 zu ertheilende Genehmigung nicht von dem Vormundschaftsrichter zu ertheilen sein, welcher die Erbauseinandersetzung als Nachlaßrichter selbst geleitet hat. In dieser Beziehung bietet das Preußische Ausführungsgesetz zum Deutschen Gerichtsverfassungsgesetz v. 24. April 1878 (G. S. S. 230) §§ 23. 26 genügende Gelegenheit zur Remedur.

Die Rechte anderer Miterben, auf Theilung zu dringen, sind selbstverständlich unberührt. (§ 117. I. 17. A. L. R.)

129) Es soll Gelegenheit geboten werden, unnütze Kosten zu sparen. (Löwenstein S. 71.) Privatschrift genügt auch bei der Auseinandersetzung des Wittwers mit seinen Kindern. (Neumann S. 92.)

Ist der Vormund selbst Miterbe oder Miteigenthümer, so ist ein Pfleger für die Frage: ob die Auseinandersetzung herbeizuführen sei, zu bestellen, wenn dies das Vormundschaftsgericht für zweckmäßig oder geboten findet (Dernburg S. 190), oder ein Antrag darauf vorliegt.

Die Ausführung des o. v. genehmigten Rezesses ist Sache des Vormundes und Gegenvormundes, unter der gesetzlichen Aufsicht des Vormundschaftsgerichts. Dadurch wird nicht ausgeschlossen, daß vom Vormundschaftsgericht auf Antrag direkt der genehmigte Rezeß, z. B. an das Grundbuchamt, zur Erledigung der gestellten Anträge, weitergegeben wird. (Neumann S. 93 empfiehlt dies.) Anträge zu den Grundakten zu stellen ist das Vormundschaftsgericht nicht befugt (Löwenstein S. 71), sie dahin abzugeben, dagegen wohl. (Johow 7. S. 117.) Ob das Eigenthum der Mündel an ererbten Grundstücken im Grundbuche einzutragen ist, hat der Vormund zu ermessen. (Möbius S. 23.)

130) Die richterliche Genehmigung ist auch zur Theilung von Immobilien, welche eine Veräußerung bildet, nach § 42. Nr. 5 erforderlich, dagegen zur Theilung gemeinsamer Mobilien nicht. (Löwenstein S. 72.) Ueber die fortgesetzte Gütergemeinschaft s. Neumann S. 90—92. (§§ 634—661. II. 1. A. L. R.)

131) Die Erbschaftssteuer ist nicht von der Auseinandersetzung der Erben abhängig, sondern sofort zu entrichten. (Ges. v. 30. Mai 1873, G. S. S. 329.)

§ 44.

Die Art der Veräußerung einer unbeweglichen Sache wird unbeschadet der Rechte der Miteigenthümer von dem Vormundschaftsgericht bestimmt. Die Veräußerung kann durch gerichtliche und notarielle Versteigerung oder aus freier Hand erfolgen.

Erfolgt die Veräußerung durch notarielle Versteigerung, so finden in dem Geltungsbereiche des Gesetzes vom 18. April 1855 (Gesetz-Samml. S. 521) die Vorschriften desselben über die Versteigerung durch einen Notar mit der Maßgabe Anwendung, daß die der Rathskammer oder dem Präsidenten des Landgerichts zugewiesene Thätigkeit von dem Vormundschaftsgericht auszuüben ist. Das Vormundschaftsgericht bestimmt nach freiem Ermessen, in welcher Art die Versteigerung bekannt zu machen ist.[132])

132) Vorher hat das Vormundschaftsgericht jedoch den Vormund mit seinem Vorschlage über die Art, resp. Bekanntmachung der Veräußerung zu hören, ebenso den Gegenvormund und unter Umständen Verwandte oder Verschwägerte und den 18 Jahre alten Mündel selbst. (§ 55 V. O.) Die in dieser Richtung getroffenen Bestimmungen des Erblassers (§ 36) sind zu befolgen resp. zu berücksichtigen.

§ 45.

Zur Eingehung von wechselmäßigen Verbindlichkeiten darf eine allgemeine Genehmigung ertheilt werden, wenn sie durch die vormundschaftliche Vermögensverwaltung erforderlich wird.[133])

133) Dies ist die einzige zulässige Ertheilung einer allgemeinen Genehmigung. Nur das Vormundschaftsgericht hat zu prüfen, ob eine solche allgemeine Ermächtigung durch die Vermögensverwaltung erforderlich wird, und im Bejahungsfalle sie zu ertheilen. Dem Mündel gegenüber bleibt eine Verantwortung deshalb bestehen. Für einen Dritten gilt die ertheilte Genehmigung bedingungslos. (Dernburg S. 51, Löwenstein S. 73, Neumann S. 94, Eccius S. 16.)

Ob eine solche allgemeine Genehmigung (analog § 47. Abs. 2) zweckmäßig in die Bestallung aufzunehmen sein wird, kommt sehr auf den vorliegenden Fall an. Als Regel wird dies kaum hinzustellen sein.

§ 46.

Ein ohne die nach §§ 41, 42 erforderliche Genehmigung abgeschlossenes Rechtsgeschäft hat nur dieselbe Wirksamkeit, wie ein von einem Mündel, welcher sich mit Genehmigung des Vormundes verpflichten kann, ohne Genehmigung des Vormundes abgeschlossenes Rechtsgeschäft. [134])

134) In dieser Beziehung bestimmt das Gesetz v. 12. Juli 1875, betreffend die Geschäftsfähigkeit Minderjähriger:

§ 2. Minderjährige, welche das siebente Lebensjahr vollendet haben, sind ohne Genehmigung des Vaters, Vormundes oder Pflegers nicht fähig, durch Rechtsgeschäfte Verbindlichkeiten zu übernehmen oder Rechte aufzugeben, jedoch fähig, durch Rechtsgeschäfte, bei welchen von ihnen keine Gegenleistung übernommen wird, Rechte zu erwerben oder von Verbindlichkeiten sich zu befreien.

§ 3. Die wegen fehlender Genehmigung unwirksamen Geschäfte werden wirksam, wenn der Minderjährige nach erlangter Selbstständigkeit sie anerkennt. Durch Zeitablauf werden sie nicht wirksam.

§ 4. Derjenige, mit welchem der Minderjährige ein wegen fehlender Genehmigung unwirksames Rechtsgeschäft abgeschlossen hat, ist an dasselbe gebunden; er wird jedoch von seiner Verbindlichkeit frei, wenn der Vater, Vormund oder Pfleger die Genehmigung zu dem abgeschlossenen Rechtsgeschäft verweigert.

Der Verweigerung steht es gleich, wenn auf ergangene Aufforderung der Vater, Vormund oder Pfleger oder der Minderjährige nach erlangter Selbstständigkeit die Genehmigung innerhalb einer Frist von zwei Wochen nicht ertheilt.

Zu vergleichen bleibt über die seitherige Rechtsanschauung hierüber Präj. des O. Tr. Nr. 1758 (Entsch. 13. S. 3) und Striethorst Archiv 96. S. 190.

Die Bestimmung des Vormundschaftsgerichts über die Art der Veräußerung (§ 44) kommt hier nicht mit in Betracht. Sie berührt den Dritten nicht, sondern nur den Vormund, resp. Gegenvormund. Nur die Genehmigung zur Veräußerung oder Belastung unbeweglicher Mündelsachen (§ 42 Nr. 5) macht, wenn sie fehlt, das Geschäft unwirksam. Anderer Meinung ist Löwenstein (S. 74).

Der Regierungsentwurf erwähnte (Löwenstein S. 74) nur den § 42 und erklärte die Genehmigung des Gegenvormundes (§ 41) Dritten gegenüber für unwesentlich. Durch die Herrenhauskommission ist § 41 mit hineingezogen, weil „das Interesse des Verkehrs gegen das Interesse des Mündels zurücktreten müsse.“ Darnach wird die Genehmigung des Gegenvormundes in den Fällen des § 41 stets verlangt werden müssen (J. M. Bl. 1878. S. 9), um den Mündel zu verpflichten. Dies hat für den Dritten auch keine Härte und Schwierigkeit, wenn ein Gegenvormund (§ 26) bestellt und dies (§ 24) demgemäß in der Bestallung, der Legitimationsurkunde des Vormundes, vermerkt ist. Daher giebt auch die Reichsbank nur an Vormund und Gegenvormund heraus, wenn die Bestallung einen Gegenvormund ergiebt. Da nun aber kein Dritter im Stande ist, zu prüfen: ob das Vormundschaftsgericht nach § 26 V. O. einen Gegenvormund hätte bestellen müssen, noch viel weniger aber es dazu zwingen kann, zumal ihm (dem Dritten) eine desfallsige Beschwerde nach § 10 V. O. nicht zusteht, insofern für ihn darin eine Rechtsverletzung nicht zu finden ist, so liegt in dieser Bestimmung des § 46 eine von der gesetzgebenden Regierung nicht beabsichtigte Geschäftserschwerniß. Denn (J. M. Bl. 1875. S. 265) der Dritte muß, wenn er mit einem Vormunde in den Fällen des § 41 in geschäftlichen Verkehr tritt und nicht die Ausnahmefälle § 26 Abs. 2, 4 u. 6 vorliegen, von diesem verlangen, daß er einen Gegenvormund bestellen läßt und dessen Genehmigung beibringt, oder von dem Geschäft absehen. Sollte der Vormund ihm wider die Wahrheit mittheilen, das Vormundschaftsgericht verweigere die Bestellung eines Gegenvormundes als nicht erforderlich, und der Dritte schließt in gutem Glauben das Geschäft mit dem Vormunde, so wird ihm dieser haftbar, nicht aber der Mündel. Anders beim Pfleger. Bei ihm ist die Bestellung (§ 91) eines Gegenvormundes nicht erforderlich. Ergiebt die Bestallung des Pflegers nicht die Bestellung eines Gegenvormundes, so kann sich der Dritte mit ihm wirksam in Rechtsgeschäfte des § 41 einlassen. Ist aber auch hier ein Gegenvormund bestellt, was nach § 91 zulässig ist, so bedarf es auch hier der Genehmigung desselben. (Johow 6. S. 202, Gruchot 20. S. 419.)

§ 47.

Der Vater des Mündels ist berechtigt in der § 17 Nr. 2 bestimmten Form den von ihm benannten Vormund von der Nothwendigkeit der Genehmigung des Gegenvormundes oder des Vormundschaftsgerichts zu den § 41, § 42 Nr. 4—14 und § 44 bezeichneten Handlungen zu befreien.[135)]

Im Falle solcher Befreiung ist in der Bestallung die allgemeine Ermächtigung zur Vornahme der bezeichneten Handlungen zu ertheilen. Die Befreiung wird erst durch diese Ermächtigung wirksam.[136)]

135) Diese Befreiung kann auch durch eine allgemeine Klausel geschehen (Gruchot 20. S. 22, Dernburg S. 84), und erstreckt sich, sofern nichts Anderes bestimmt ist, auf alles Vermögen, welches in die vormundschaftliche Verwaltung bis zu ihrer Beendigung tritt (Johow 5. S. 287, Dernburg S. 83), sowie auf den benannten Substituten, wenn sie auf diesen ausgedehnt ist. (Löwenstein S. 75.)

Die Befreiung ist darnach zulässig I. von der Genehmigung des Gegenvormundes

1) zur Veräußerung von Werthpapieren,
2) zur Einziehung, Abtretung oder Verpfändung von Kapitalien,
3) zur Aufgabe oder Minderung der für eine Forderung bestellten Sicherheit;

sowie II. von der Genehmigung des Vormundschaftsgerichts

1) zur Erbauseinandersetzung,
2) zur Veräußerung oder Belastung unbeweglicher Sachen,
3) zum Erwerb von unbeweglichen Sachen durch lästigen Vertrag,
4) zur Verpachtung oder Vermiethung unbeweglicher Sachen über das Alter der Großjährigkeit hinaus, sowie zur Verpachtung von Grundstücken zum Grundsteuerreinertrage von 3000 M. oder mehr,
5) zur Abschließung von Vergleichen über unschätzbares Objekt oder über mehr als 300 M.,
6) zur Veränderung oder Auflösung, sowie zur Neubegründung oder Uebernahme eines Erwerbsgeschäftes,
7) zur Eingehung wechselmäßiger Verbindlichkeiten,
8) zur Ertheilung einer Prokura,
9) zur Aufnahme von Darlehen,
10) zur Uebernahme fremder Verbindlichkeiten,
11) zur Entsagung einer Erbschaft oder eines Vermächtnisses;

und III. von der Bestimmung des Vormundschaftsgerichts über die Art der Veräußerung einer unbeweglichen Sache.

Dieses Recht des „Vaters“ hat auch der Adoptivvater. (Philler S. 75.)

Diese Berechtigung des Vaters, auch der Mutter oder jedem Erblasser beizulegen, ist von der Herrenhauskommission abgelehnt. (Dernburg S. 84, Löwenstein S. 74.) Auffällig ist es, da nach § 26. Abs. 6 V. O. die Mutter das Recht hat, die Bestellung eines Gegenvormundes zu untersagen. In diesem Plus wird bei Gruchot 20. S. 22 das Minus gefunden, und, obgleich § 47 dieses nicht ausspricht, ein gleiches Befreiungsrecht für die Mutter in Anspruch genommen. Dies wird von der Praxis nicht anzunehmen sein. Nur im Falle des § 87 V. O. kann auch die Mutter, wie jeder Erblasser, betreffs ihrer Zuwendung an den Mündel, einen Pfleger berufen und diesen von der Nothwendigkeit der Genehmigung des Gegenvormundes befreien.

Da durch diesen § 47 das vom A. L. R. gekannte Institut der befreiten Vormünder eingeführt ist, dürfte hier eine Zusammenstellung der erlaubten Befreiungen am Orte sein, welche hiermit erfolgt.

Der Vater (auch Adoptivvater), die Mutter, der Ehemann und die Großeltern des Mündels sind von der Rechnungslegung während der Verwaltung frei. Der Vater und die Mutter sind berechtigt, in der § 17 Nr. 2 der V. O. bestimmten Form den von ihnen benannten Vormund von der Rechnungslegung während der Verwaltung zu befreien.

In Fällen, in denen keine Rechnungslegung stattfindet, hat der Vormund auf Erfordern des Vormundschaftsgerichts alle zwei Jahre oder in längeren Zwischenräumen eine Uebersicht des Vermögensbestandes einzureichen, welche vorher dem Gegenvormund unter Nachweisung des Bestandes vorzulegen und von diesem mit seinen Bemerkungen zu versehen ist. Der Vater des Mündels ist von dieser Verpflichtung frei.

Das Verbot der Offenlegung des Vermögensverzeichnisses ist rücksichtlich des davon betroffenen Vermögens als Befreiung von der Rechnungslegung und der Einreichung der Vermögensübersicht zu erachten. (§ 57 V. O.)

Hiernach stellt sich die Sache so:

I. Der Vater kann den Vormund in der Form § 17. Nr. 2 V. O. befreien
 a) von der Genehmigung des Gegenvormundes sowie des Vormundschaftsgerichts (§ 47 V. O.),
 b) von der Pflicht, Werthpapiere und Kostbarkeiten zu deponiren oder erstere außer Kurs zu setzen (§ 60. Abs. 2 V. O.).

II. Der Vater sowie die Mutter (auch Adoptivvater und Mutter) können
 a) die Bestellung eines Gegenvormundes untersagen (§ 26. Abs. 6. V. O.),
 b) den Vormund von der periodischen Rechnungslegung an das Gericht, nicht aber von der Einreichung einer Vermögensübersicht, befreien (§ 57. Abs. 2 und 3 V. O.),
 c) von der Sicherheitsstellung (§ 59 V. O.).

III. Der Erblasser kann (also auch Vater und Mutter als solche),
 a) für seinen Nachlaß einen Pfleger berufen und eine Pflegschaft anordnen, den Pfleger von der Rechnungslegung, von der Sicherheitsbestellung, von der Genehmigung des Gegenvormundes und Vormundschaftsgerichts zu gewissen Handlungen befreien (§ 87 V. O.),
 b) ohne einen besonderen Pfleger zu ernennen, die Offenlegung des Nachlaßverzeichnisses verbieten (§ 35. Abs. 3 V. O.),
 c) über die Verwaltung oder die Veräußerung der zu seinem Nachlasse gehörigen Gegenstände Bestimmungen treffen, z. B. den Vormund ermächtigen, nicht pupillarisch als sicher bezeichnete (§ 39 V. O.) Effekten zu erwerben. (§ 36 V. O.)

IV. Nicht befreit (selbst vom Vater) kann der Vormund werden
 a) von der Schlußrechnung,
 b) von der Genehmigung des Vormundschaftsgerichts:
  aa) zur Entlassung des Mündels aus der preußischen Staatsangehörigkeit,
  bb) zu dessen Annahme an Kindesstatt,
  cc) zu dessen Eintritt in die Einkindschaft,
 c) von der Einwirkung des Waisenrathes,
 d) von der allgemeinen Aufsicht des Vormundschaftsgerichts.

V. Nach Preuß. Allg. Landrecht (§§ 422—678. 681. II. 18 A. L. R.) ist dieselbe Befreiung zulässig (bis auf die ihm unbekannten Bestimmungen über den Gegenvormund), mit Ausnahme zweier Punkte:
 a) insofern von der Schlußrechnung eine gewisse Befreiung anging (§§ 874. 875. II. 18. A. L. R.),
 b) insofern auch ein befreiter Vormund, wenn er Immobilien veräußern will, dazu und über die Art der Veräußerung die Genehmigung des Vormundschaftsgerichts einholen mußte.

Zu a geht die neue V. O. mithin weniger weit, zu b aber weiter.

VI. Gesetzlich frei sind überhaupt

1) von der Bestellung und Verpflichtung durch das Vormundschaftsgericht die gesetzlichen Vormünder (§ 24 V. O.), also
   a) der Vater, wenn die väterliche Gewalt durch Verheirathung, durch getrennte Haushaltung, oder durch Entlassung des Kindes, ohne daß dasselbe die Rechte eines Großjährigen erlangt, erlischt,
   b) der Vater der unehelichen Mutter über deren uneheliches Kind,
   c) der Vorstand der Verpflegungsanstalt (§§ 12. 13 V. O.);
2) von der Aufsicht eines Gegenvormundes, mit Ausnahme des Falles, wenn das Vormundschaftsgericht zu einer Handlung des gesetzlichen Vormundes in vermögensrechtlicher Beziehung seine Einwilligung geben muß, der gesetzliche Vormund (§ 26. Abs. 4, §§ 42. 55 Abs. 2 V O.);
3) von der Pflicht, ein Inventar aufzunehmen, der Vater als gesetzlicher Vormund (§ 35. Abs. 2 V. O.);
4) von der Aufsicht durch den Waisenrath nur der Vater als gesetzlicher Vormund (§ 12 Abs. 1. 54 V. O.);
5) von der Rechnungslegung während der Verwaltung: a) der Vater, b) die Mutter, c) der Ehemann, d) die Ehefrau als Vormund für ihren großjährigen Ehemann, e) die Großeltern des Mündels (§§ 57. 83 V. O.);
6) von der Pflicht, Sicherheit zu stellen, wie zu 5 und außerdem f) der Gegenvormund (§ 59 V. O.);
7) von der Pflicht, zu deponiren, nur der Vater als Vormund (§ 60 V. O.).

136) Die Befreiung gelangt mithin erst durch die Anerkennung des Gerichts zur Wirksamkeit. (J. M. Bl. 1875. S. 266.) Hat das Vormundschaftsgericht aus Irrthum die Ermächtigung ertheilt, so schließt dies die Wirksamkeit nach Außen nicht aus. (Neumann S. 100, Eccius S. 16, Dernburg S. 86.)

Was ist zu thun, wenn der befreite Vormund sich als solcher nicht bewährt? Dann muß er abgesetzt werden. (§ 63 V. O., Löwenstein S. 75. 94. 95, Neumann S. 100.) Oder, herrscht darüber zwischen Vormund und Gericht Uebereinstimmung, und liegt sonst kein Zweifelsgrund gegen den Vormund vor, der Vormund entsagt seinem Recht, als befreiter Vormund zu fungiren und wird als gewöhnlicher Vormund neu bestallt. Eine Ansicht, welche im § 36 V. O. ein Analogon findet. Denn, daß der Vormund befreit von den Vorschriften in §§ 41. 42. 44 der V. O. verwalten soll, ist eine Bestimmung für den Vormund über die Verwaltung in generellem Sinne.

Ist ein nicht-befreiter Vormund verdächtig, so erreicht das Vormundschaftsgericht, wenn es Stellung einer Sicherheit fordert, auf jeden Fall den Zweck, denn entweder der Vormund bestellt Kaution und dann ist Deckung da, oder er legt sein Amt nieder (§§ 23 Nr. 6, 63 V. O.) und das Gericht ist von ihm befreit. Diese Praxis wird nach § 59 V. O. auch bei befreiten Vormündern zum Ziele führen.

Dernburg (S. 86) findet im § 59 V. O. allgemein ausgesprochen, daß jede Befreiung, die letztwillig angeordnet ist, vom Vormundschaftsgericht aufgehoben werden kann, wenn Umstände eingetreten sind, welche die Aufhebung

nach dem Ermessen des Vormundschaftsgerichts nothwendig machen. So auch die im § 47 V. O. angeordnete Befreiung.

§ 48.

Die bestehenden Vorschriften über das Erforderniß der Einwilligung des Vormundes, des Vormundschaftsgerichts und des Familienraths zur Eheschließung des Mündels und über die Wirkungen des Mangels dieser Einwilligung bleiben mit der Maßgabe in Kraft, daß in dem Bezirk des Appellationsgerichtshofes zu Cöln die dem Familienrath zugewiesene Thätigkeit von dem Vormundschaftsgericht auszuüben ist. 137)

137) Hiernach genügt im Gebiete des gemeinen Rechts die Genehmigung des Vormundes zur Ehe des Mündels, im Gebiete des Allg. Landrechts muß aber noch die des Vormundschaftsgerichts dazu kommen, während im Gebiete des Rheinischen Rechts bei einem elternlosen ehelichen Mündel nur die Genehmigung des Vormundschaftsgerichts nothwendig ist. (§§ 49. 54. II. 1. A. L. R., code civil art. 159. 160. 175, Johow 7. S. 60—62, Gruchot 21. S. 671, Dernburg S. 170. 275.) Eine ohne vormundschaftlichen Konsens geschlossene Ehe ist ungiltig (§ 968. II. 1. A. L. R., § 36. Ges. v. 6. Febr. 1875. R. G. Bl. S. 30) und kann während der Ehe von dem vormundschaftlichen Organe (d. i. vom Vormunde), vom verheiratheten Mündel selbst aber 6 Monate nach erreichter Großjährigkeit, als ungiltig im Prozeßwege angefochten werden. (§§ 978. ff. 984. 999. II. 1. A. L. R.) Die Ungiltigkeitsklage des Vormundes ist gegen beide Eheleute zu richten. (Entsch. O. Tr. 73. S. 250, Gruchot 21. S. 703. 705.) Bis die Ehe für ungiltig erklärt ist, bleibt sie giltig. Die Genehmigung des Vormundschaftsgerichts ist übrigens nicht so wesentlich, daß, wenn sie allein fehlt, die Ehe angefochten werden könnte. (Johow 7. S. 61. 62, Koch Anm. 62 zu § 54. II. 1. A. L. R., Förster Privatr. 2. Aufl. 3. S. 481. Note 20, Dernburg S. 169, Löwenstein S. 76, Gruchot 21. S. 705.

Mit Bestimmung und Herbeischaffung der Ausstattungskosten ist es wie mit den Erziehungskosten zu halten. (§§ 339. 340. II. 18. A. L. R., § 37. V. O.)

Für das Deutsche Reich (also auch ganz Preußen) gelten nach dem Ges. v. 6. Febr. 1875 (R. G. Bl. S. 23) über die Eheschließung (auch zur linken Hand, Gruchot 21. S. 673,) folgende Vorschriften:

1) Ehemündigkeit des männlichen Geschlechtes tritt mit vollendetem 20. Lebensjahre, die des weiblichen Geschlechts mit vollendetem 16. Lebensjahre ein. Dispensation ist zulässig. (§ 28.) In Preußen durch den Justizminister. (Ges.-S. 1875. S. 97, J. M. Bl. 1875. S. 63. 231.)

2) Eheliche (auch legitimirte, Gruchot 21. S. 667) Kinder bedürfen zur Eheschließung, so lange der Sohn das 25., die Tochter das 24. Lebensjahr nicht vollendet hat, der Einwilligung des Vaters, nach dem Tode des Vaters der der Mutter, und, wenn sie minderjährig sind, auch der des Vormundes. (Ist die Mutter Vormund, genügt ihre Einwilligung allein.) Sind beide Eltern todt oder zur Abgabe einer Erklärung dauernd außer Stande, oder ihr Aufenthalt dauernd unbekannt, so bedürfen Minderjährige, soweit sie nach Landesrecht

einer Vormundschaft unterliegen (Ausnahme in Preußen s. Stölzel Deutsches Eheschließungsrecht 1, Berlin 1875, S. 21. Anm. 1, Gruchot 21, S. 672), der Einwilligung des Vormundes. In wiefern die Wirksamkeit einer Vormundschaftsbehörde oder eines Familienrathes außerdem stattfindet, bestimmt sich nach Landesrecht. (§ 29.) In Preußen also die des Vormundschaftsgerichts. (§ 54. II. 1. A. L. R.) Und zwar auch bei gesetzlicher Vormundschaft des § 12 Abs. 2 und 13. V. O., so daß nur der lebende Vater diesen Konsens erübrigt. (Löwenstein S. 76.)

3) Auf uneheliche Kinder finden die für vaterlose eheliche Kinder gegebenen Bestimmungen Anwendung. (§ 30.)

4) Bei angenommenen (Adoptiv-) Kindern tritt an Stelle des Vaters derjenige, welcher an Kindesstatt angenommen hat (der Adoptivvater); außer wenn nach Landesrecht die Annahme an Kindesstatt Rechte der väterlichen Gewalt nicht begründet (§ 31). Z. B. da, wo französisches Recht gilt. (Stief- und Pflegeväter kommen nicht in Betracht. Gruchot 21. S. 669. 670.)

5) Die Eheschließung eines Pflegebefohlenen mit seinem Vormund oder dessen Kindern ist während der Dauer der Vormundschaft unzulässig. Ist die Ehe gleichwohl geschlossen, so kann dieselbe als ungiltig nicht angefochten werden. (§ 37.) Das Verbot trifft nicht auch den Pfleger und den Gegenvormund. (§ 15. II. 1. A. L. R.; Dernburg S. 206.)

Religionsunterschied ist kein Ehehinderniß mehr, wie früher (§ 36. II. 1. A. L. R.), kann aber auch ferner, nach der Auffassung des Vormundes oder Vormundschaftsgerichts (§ 59. a. a. O.) einen Versagungsgrund des Konsenses bilden. (Ges. v. 3. Juli 1869. B. G. Bl. S. 292.) Die Versagungsgründe des A. L. R. II. 1. § 59—67 gelten noch fort. (Gruchot 21. S. 684. 685.) Verweigert der Vormund seine Einwilligung, so kann dieselbe vom Vormundschaftsgericht durch ein bloßes Dekret ersetzt werden (§ 69. II. 1. A. L. R.) und dabei hat sich der Vormund, vorbehaltlich seiner Beschwerde aus § 10. V. O., zu beruhigen. (Gruchot 21. S. 678—680.)

Wer zur zweiten oder ferneren Ehe schreiten will, muß, wenn aus einer vorhergehenden Ehe Kinder vorhanden sind, welche wegen minderjährigen Alters oder sonst sich selbst nicht vorstehen können, deren gesetzliche Abfindung nachweisen oder doch einen Erlaubnißschein vom Vormundschaftsgericht vor der Eheschließung beibringen. (§ 38. Ges. v. 6. Febr. 1875. R. G. Bl. S. 31, §§ 17. 18. II. 1. A. L. R., Neumann S. 102. 103.)

Unberührt bleiben die Bestimmungen des Ges. v. 4. Mai 1870 (B. G. Bl. 1870. S. 599.) bestehen, betreffend die Eheschließung von Reichsangehörigen im Auslande. Ueber die Wiederverheirathung eines beständig von Tisch und Bett getrennten Ehegatten ist die Schrift von Dr. Stölzel darüber, Berlin 1876 und Gruchot 21. S. 140—146 einzusehen.

Zu einem rechtsgiltigen Verlöbnisse (Gruchot 21. S. 693. 697) zwischen Personen, die das 25. resp. 24. Lebensjahr noch nicht vollendet haben, bedarf es gesetzlich des Konsenses der Eltern resp. des Vormundes. In Beziehung auf diese Bestimmung hat das O. Tr. durch Erkenntniß vom 14. März 1878 ausgesprochen, daß ein Adoptivkind des Konsenses seiner Adoptiveltern, dagegen ein Pflegekind nicht des Konsenses der Pflegeeltern, sondern seines Vormundes bedarf. (Gruchot 21. S. 669.)

Durch neuere gerichtliche Entscheidungen (Johow 7. S. 60), auf welche der

Minister des Innern die Provinzialbehörden aufmerksam gemacht hat, (M. Bl. f. d. i. V. 1877. S. 155), ist festgestellt worden, daß für die Ertheilung des Heirathskonsenses bei der Eheschließung von Minderjährigen nach wie vor die landrechtliche Bestimmung in Kraft steht, daß der Vormund seinen Konsens (für welchen keine Form vorgeschrieben ist, Gruchot 21. S. 689), ohne Genehmigung des Vormundschaftsrichters nicht ertheilen kann und daß mithin der Vormund (auch die Mutter als Vormund, Gruchot 21. S. 681) verpflichtet ist, vor Ertheilung des Konsenses zur Heirath der von ihm bevormundeten Person die Genehmigung des Vormundschaftsrichters einzuholen. Daraus folgt zugleich die Pflicht des Letzteren, den Antrag des Vormundes auf Ertheilung dieser Genehmigung zu prüfen und, wenn sich keine Anstände ergeben, die Genehmigung seinerseits zu ertheilen. (§ 58. II. 1. A. L. R.) Nach dem Landrecht (§ 69. II. 1. A. L. R.) ist der Vormundschaftsrichter auch befugt, den Heirathskonsens zu ertheilen, wenn der Vormund seine Einwilligung nach Ansicht des Richters ohne Grund verweigert. An diesen Rechten und Pflichten des Vormundes und des Vormundschaftsrichters ist durch die neue Vormundschaftsordnung vom 5. Juli 1875 nichts geändert.

Die strafrechtlichen Folgen für Uebertretung der Ehegesetze sind vorgeschrieben in §§ 1008—1012. II. 1. A. L. R., §§ 170. 237. 238. R. Str. G. B. (Gruchot 21. S. 710. 711.)

Verheirathet sich eine weibliche Pflegebefohlene an einen Nichtpreußen, so scheidet sie aus der Preußischen Staatsangehörigkeit aus. Die Vormundschaft ist daher an die Vormundschaftsbehörde des neuen Wohnortes abzugeben, und, wenn nach dortigem Gesetz die Großjährigkeit eingetreten ist, aufzuheben. (J. M. Bl. 1855. S. 299.)

Durch die Verheirathung eines Militärpflichtigen werden nicht etwa Ansprüche auf Zurückstellung begründet. (§ 22. R. G. Bl. 1874. S. 45.)

Das A. L. R. kannte eine besondere Fürsorge für diejenigen Mündel, welche sich an Orten verheirathen, an welchen Gütergemeinschaft unter Eheleuten eingeführt ist. (§§ 780—799. II. 18, Entsch. O. Tr. 77. S. 49.) Es fragt sich: ob diese Vorschriften, als dem Vormundschaftsrecht angehörig, aufgehoben sind? Dernburg (S. 229) bejaht, da sie nicht für Minderjährige schlechthin, sondern nur für bevormundete Minderjährige galten, mithin ihren Grund und ihre Wurzel im Vormundschaftsrecht haben. Desgleichen Löwenstein (S. 141), weil diese landrechtlichen Paragraphen mit §§ 27. 51 der V. O. in Widerspruch stehen und in das System der V. O. nicht hineinpassen, Neumann (S. 106), Gruchot 20. S. 504. 733, Johow 6. S. 86. Verneint ist die Frage bei Wachler (S. 132) und Gruchot 20. S. 21. 23. 700, Johow 5. S. 279. 280, 6. S. 86. Als sehr zweifelhaft ist diese Frage bezeichnet und erörtert in Gruchot 21. S. 359. Die Praxis dürfte sich für die Bejahung entscheiden.

§ 49.

Durch die Genehmigung eines Geschäfts Seitens des Gegenvormundes wird der Vormund, durch die Genehmigung Seitens des Vormundschaftsgerichts werden der Vormund und der Gegen-

vormund von ihrer Haftpflicht dem Mündel gegenüber nicht befreit.[138])

138) Jede der gedachten Personen bleibt für ihre Schuld haftbar, wenn ihr eine Verletzung der im § 32 V. O. vorgeschriebenen Sorgfalt zur Last fällt. Ist sie zu einer Handlung oder Unterlassung auf gesetzliche Art, gegen ihren ausgedrückten Willen, genöthigt worden, so ist sie von ihrer Haftpflicht befreit. (Löwenstein S. 77, Neumann S. 108, Wachler S. 133, Dernburg S. 99.)

§ 50.

Der Mündel wird der Rechtswohlthat des Nachlaßverzeichnisses bei einer ihm angefallenen Erbschaft durch Handlungen oder Unterlassungen des Vormundes nicht verlustig.[139])

139) Dagegen hat der gewesene Mündel nach erlangter Großjährigkeit zu prüfen, ob sein Vormund ein Inventar eingereicht hat, da im Verneinungsfalle für ihn die Pflicht vorliegt, innerhalb der nun für ihn vom Augenblicke seiner Großjährigkeit ab laufenden gesetzlichen Frist ein Inventar bei Vermeidung der Rechtswohlthat des Nachlaßverzeichnisses einzureichen. (Präj. des Ob. Trib. v. 8. Nov. 1847. Nr. 1930, Erk. des Ob. Trib. v. 26. Nov. 1872. Entsch. 68. S. 196, Dernburg S. 188, Philler S. 77.)

Der § 50 V. O. kommt dem Hauskinde in Betreff des nicht freien Vermögens nicht zu Statten, so daß die Rechtswohlthat ihm verloren geht, wenn der Vater die Frist zur Einreichung des Inventars von der angefallenen Erbschaft versäumt. (Erk. O. Tr. v. 28. April 1852. Entsch. 23, S. 63, Striethorst 5. S. 204, 72. S. 82, Löwenstein S. 78, Neumann S. 109.)

III. Beaufsichtigung der Vormundschaft.

§ 51.

Das Vormundschaftsgericht hat über die gesammte Thätigkeit des Vormundes und des Gegenvormundes die Aufsicht zu führen.[140])

Das Vormundschaftsgericht ist befugt, gegen den Vormund und den Gegenvormund Ordnungsstrafen zu verhängen. Eine Ordnungsstrafe darf den Betrag von dreihundert Mark nicht übersteigen.[141])

140) Ueber die gesammte Thätigkeit des Vormundes und des Gegenvormundes hat das Vormundschaftsgericht die Aufsicht zu führen, ohne sich selbst unmittelbar in die Verwaltung zu mischen. Damit ist es völlig vereinbar, dem Vormund in Zweifelsfällen Belehrung und Rath zu Theil werden zu lassen (Kurlbaum II. S. 6. 7. Vorwort zur Vorm. Ordn., Berlin 1876, 16. Aufl., Eccius S. 12), ohne dafür eine Verantwortlichkeit zu übernehmen. (Dernburg S. 46.) Aufgabe des Vormundschaftsgerichts ist es darnach, bei eigener Vertretung, ohne daß der Staat haftet, für Vermeidung unfähiger

Vormünder zu sorgen und zu beaufsichtigen, daß der Vormund mit der Sorgfalt eines guten Hausvaters für die Person und die Vermögensangelegenheiten des ihm anvertrauten Mündels sorgt, und, wenn es findet, daß der Vormund diese Sorgfalt auf irgend welche Art vernachlässigt, sofort, um jedem weiteren Nachtheil vorzubeugen, auf geeignete Art, mit Umsicht und Takt, einzuschreiten. Seine Thätigkeit in dieser Beziehung, wie Eccius (S. 5—13) es ausführt, einengen zu wollen, würde ebenso dem Sinne der V. O., als der Autorität und Gewalt der Verwaltungsbehörde, d. i. des Vormundschaftsgerichts, Fesseln anlegen, die ein gedeihliches Wirken im öffentlichen und Privatinteresse, mindestens zur rechten Zeit, unmöglich machten. Eine Gefährdung des Prinzips (§ 27 V. O.): daß der Vormund selbstständig und auf eigene Verantwortung die Vormundschaft führt, kann um so weniger gefürchtet werden, als (§ 10) der Vormund stets ein Beschwerderecht über die Anordnungen des Vormundschaftsgerichts hat. Der sehr große Unterschied zwischen der jetzigen Stellung des Vormundes zum Vormundschaftsgericht und der nach A. L. R. liegt und bleibt darin:

> daß nach letzterem die Vormünder als Bevollmächtigte des Staates anzusehen waren und daher bei Führung ihres Amtes vom Gericht die besonderen Anweisungen empfingen resp. dirigirt wurden, so oft in Ansehung der Person oder des Vermögens der Pflegebefohlenen eine erhebliche Veränderung vorgenommen werden sollte (§§ 235—238. II. 18. A. L. R.), während jetzt der Vormund, ohne Direktion und spezielle Anweisung oder Aufforderung des Gerichts zur Vornahme der nöthigen Handlungen, die Vormundschaft selbstständig führt, nur mit der Beschränkung in den §§ 36. 38—42, aus denen sich ergiebt, welche Geschäfte er gar nicht, oder nur mit Genehmigung des Gegenvormundes oder des Vormundschaftsgerichts vornehmen darf, aber (§ 51) in Betreff seiner gesammten Thätigkeit unter steter Aufsicht des Vormundschaftsgerichts bleibt.

Es liegt auf der Hand, daß nur bei vorliegender Pflichtverletzung des Vormundes (Min. Verf. v. 17. Febr. 1877, Johow 7. S. 63. 64) das Vormundschaftsgericht kraft seines Aufsichtsrechtes in Aktivität tritt (ein Fall irriger Einmischung findet sich bei Johow 6. S. 49), wenn seine Mitwirkung nicht gesetzlich geboten ist, und zwar

a) durch Belehrung und Rath, (nicht durch Anweisungen für einzelne Verwaltungsakte), (Eccius S. 12),
b) durch Androhung und Festsetzung von Ordnungsstrafen,
c) durch Entlassung und Entsetzung des Vormundes.

Darin kann prinzipiell eine unbefugte Einmischung in die Verwaltung und Erziehung nicht gefunden werden. Jeder Mündel oder Interessent muß eine Stelle haben, bei welcher er seine Anträge und Beschwerden gegen den Vormund mit Wirkung anbringen kann. Das verlangt die Staatsordnung. Diese Stelle ist, vorbehaltlich weiterer Beschwerde (§ 10), die vormundschaftliche Aufsichtsbehörde: das Vormundschaftsgericht oder der Familienrath. Sie muß als solche mit der nöthigen Aufsichtsgewalt, neben ihrem Aufsichtsrecht, ausgestattet sein und ist damit ausgestattet. Ob und mit welchen Mitteln sie im einzelnen Falle einzuschreiten hat, bleibt eben der Umsicht und dem Takt des Vormundschaftsgerichts vorbehalten, event. dem Beschwerdegericht.

Dieser Ansicht ist auch Dernburg (S. 46), Johow 5. S. 284, 6. S. 339,

7. S. 64. 65. 68. 69. 70. 117, und stehen die (bei Löwenstein S. 78 mitgetheilten) „Erläuterungen“ nicht entgegen. Streng genommen auch im Resultat die Eccius'schen Ausführungen nicht (S. 11. 12. 13). Nach letzteren schließt das Aufsichtsrecht des V. G. in sich

a) das Recht der Kenntnißnahme (§§ 31. 35. 53. 56. 57 V. O.),
b) das Recht, durch Gebot oder Verbot den Vormund zur Erfüllung besonderer im Gesetz hervorgehobener Pflichten anzuhalten und auf Einhaltung der Schranken zu bringen, welche allgemein gesetzlich oder für den einzelnen Fall wirksam der Freiheit und Selbstständigkeit des Vormundes gezogen sind, auch im Falle der Ueberschreitung derselben die Verwaltung wieder in diese Schranken zurückzuführen,
c) das Recht, nach einzelnen Richtungen zur Sicherung der Vermögensrechte des Mündels einzugreifen,
d) das Recht, vom Vormund Sicherheit für den Mündel zu fordern,
e) das Recht zu Ordnungsstrafen,
f) das Recht, den Vormund zu entlassen und zu entsetzen.

(Vergl. Löwenstein S. 46. 50. 62. 63. 79. 89, Neumann S. 110.)

Die gesetzlichen Vormünder stehen selbstverständlich (§ 32. I. 1. A. L. R.) auch unter der Aufsicht des Vormundschaftsgerichts, d. i. des Staates, den Vater nicht ausgenommen.

141) Die Praxis setzt, vor der Verhängung, Androhung der Ordnungs- (Exekutiv-) Strafe voraus. Diese Praxis hat gesetzlichen Ausdruck gefunden im § 80 des Ausführungsgesetzes v. 24. April 1878 (Ges.-S. S. 245), wonach in dem Recht der Aufsicht die Befugniß liegt, gegenüber nicht richterlichen Beamten die Erledigung eines Amtsgeschäfts durch Ordnungsstrafen zu erzwingen; der Festsetzung einer Strafe muß aber die Androhung derselben vorausgehen.

Im Allgemeinen besteht die Thätigkeit des Vormundschaftsgerichts in:

1) Prüfung, ob ein Fall der Vormundschaft (Pflegschaft) vorliegt, der Zuständigkeit des Gerichts,
2) Berufung, Verpflichtung, Entlassung, Entsetzung der Vormünder (Pfleger) resp. des Familienrathes,
3) Großjährigkeitserklärung des Mündels oder Hauskindes,
4) Beaufsichtigung der Führung der Vormundschaft durch Vormund resp. Gegenvormund, Rechnungsprüfung, Forderung von Kaution, Verlangen der Hinterlegung von Werthpapieren und Kostbarkeiten, Festsetzung von Ordnungsstrafen,
5) Ertheilung der Genehmigung in den §§ 42 und 44 V. O. gedachten Fällen, resp. für den Gegenvormund (§ 41 V. O.),
6) Entscheidung bei Meinungsverschiedenheit zwischen mehreren gemeinschaftlich verwaltenden Vormündern (§ 30 V. O.),
7) Beschluß über Unterbringung von Kindern bis zu 12 Jahren wegen Strafvergehen in eine Erziehungs- oder Besserungsanstalt (§ 55 R. Str. G. B.), oder bei Verwahrlosung geeigneten Falles auch in eine andere Familie, mögen die Kinder Hauskinder oder bevormundet sein. (Ges. v. 13. März 1878. Ges.-S. S. 132),
8) nach der neuen Deutschen Zivilprozeßordnung Ausstellung eines Zeugnisses über das Unvermögen zur Bestreitung der Prozeßkosten zum Zweck

der Bewilligung des Armenrechts vom Prozeßgericht. (§ 109 D. Ziv. Proz. Ordn.)

Es dürfte nicht überflüssig sein, hier nachzuweisen, daß die früher landrechtlichen Vormundschaftsrichter fortan erheblich entlastet sind. Dies ergiebt folgende Zusammenstellung:

Der Vormundschaftsrichter hat fortan:

1) die Einleitung der Vormundschaften (Pflegschaften) mit Prüfung
   a) der Kompetenz (§§ 2—10 V. O., u. 81—90),
   b) ob gesetzliche Vormundschaft eintritt (§§ 12. 13),
   c) wer zum Vormund berufen, oder, nach Vorschlag des Waisenrathes, von ihm zu berufen ist (§§ 17—23),

   nach vorgängiger Entgegennahme der Anzeigen (§ 16),
2) Sicherstellung des Vermögens in bestimmten Fällen (§ 15),
3) die Verpflichtung der Vormünder (Pfleger) und Aushändigung der Bestallungen (§§ 24. 47),
4) Prüfung, ob ein Gegenvormund nöthig ist (§ 26) und für diesen Fall ihn zu berufen resp. zu verpflichten (§§ 19. 26),
5) Entscheidung bei Meinungsverschiedenheit mehrerer gemeinschaftlich verwaltender Vormünder (§ 30),
6) Festsetzung des Honorars (§ 34),
7) Entgegennahme, event. Einsiegelung des Vermögensverzeichnisses (§ 35),
8) Genehmigung zu ertheilen
   a) zu Abweichungen bezüglich der, vom Erblasser vorgeschriebenen, Verwaltungsinstruktion (§ 36),
   b) in den § 42 Nr. 1—3, und §§ 4—14 bezeichneten Fällen,
9) Festsetzung von Zögerungs- und Strafzinsen (§§ 39. 40),
10) Bestimmung der Art der Veräußerung einer unbeweglichen Sache (§ 44),
11) Heirathskonsens zu ertheilen (§ 48),
12) die gesammte Thätigkeit des Vormundes und des Gegenvormundes zu beaufsichtigen, Ordnungsstrafen zu verhängen (§ 51), die Entsetzung oder Entlassung auszusprechen und die Beendigung der Vormundschaft (Pflegschaft) auszuführen (§§ 63. 64. 61—66),
13) mit dem Waisenrath zu korrespondiren (§ 54),
14) den Gegenvormund, die Verwandten und den 18jährigen Mündel unter Umständen gutachtlich zu hören (§ 55),
15) vom Vormunde laufende Rechnung, resp. Vermögensübersicht, zu erfordern, zu prüfen und, nach Beendigung der Vormundschaft, Schlußrechnung und Decharge herbeizuführen (§§ 56. 57. 67), auch die Akten auf Verlangen vorzulegen (§ 69),
16) in geeigneten Fällen von den Vormündern Sicherheit stellen zu lassen (§§ 58—59), resp. sie freizugeben,
17) Deposition von Werthpapieren und Kostbarkeiten (oder Außerkurssetzung) zu fordern oder zu genehmigen (§ 60),
18) den Familienrath in dazu angethanen Fällen zu bilden, zu verpflichten, einzuberufen, ihm vorzusitzen, zu entlassen, zu vertreten, zu entsetzen und aufzulösen (§§ 71—80),
19) die Großjährigkeitserklärungen vorzunehmen (§§ 61. 97).

Neu sind für den landrechtlichen Vormundschaftsrichter nur Nr. 4. 13. 18, Thätigkeiten, die für gewöhnlich leichte, nicht zeitraubende Arbeiten erfordern und zu 13 formularmäßig fast nur durch Bureaukräfte zu erledigen sind. Dagegen fallen die bisherigen zeitraubendsten und verantwortlichsten Geschäfte fort, als

1) die ganze Depositalverwaltung für Mündel,
2) die Annahme und Verausgabung, Prüfung der Unterbringung, der baaren Gelder und Kapitalien, Verwaltung der Handlungen, Erwerbsgeschäfte, Häuser, Güter, Aufnahme von Taxen, Erblegitimationen, Nachlaßregulirungen, Erbrezessen, Akten der freiwilligen Gerichtsbarkeit aller Art, Klagen, Anerkennung der Vaterschaft unehelicher Kinder, Erforschung derselben u. s. w. und die darauf bezügliche Korrespondenz.

Das Dezernat wird daher fortan ein überaus formularmäßig-einfaches, ebenso verschwindend klein die Zahl der noch regelmäßig nothwendig werdenden Termine für den Vormundschaftsrichter nach der neuen Vormundschaftsordnung. Auch die Erziehungsstreitigkeiten vereinfachen sich dadurch sehr, daß der Richter den Waisenrath (§ 28 V. O.) dabei zur Seite hat, und unter Umständen (§§ 71 ff.) den Familienrath.

Wegen der Regreßpflicht des Vormundschaftsrichters gelten die allgemeinen gesetzlichen Vorschriften. (Vergl. §§ 88 ff. II. 10. A. L. R.) Dem Mündel haften übrigens in folgender Reihenfolge:

1) der Vormund,
2) dessen Bürgen (Ehemann einer Vormünderin),
3) der Gegenvormund,
4) zuletzt der Vormundschaftsrichter, wenn Ersatz von anderer Seite nicht zu erlangen ist. Diese Klage gegen den Richter verjährt als außerkontraktlicher Schadensanspruch, der nicht aus einer vorherbestehenden privatrechtlichen Verpflichtung des Richters gegen den Mündel entspringt, in 3 Jahren. (Dekl. v. 31. März 1838. Ges.-S. S. 252, § 54. I. 6. A. L. R., Dernburg S. 54. 55.)

§ 52.

Dem Vormundschaftsgericht sind für jede Gemeinde oder für örtlich abzugrenzende Gemeindetheile ein oder mehrere Gemeindeglieder als Waisenräthe zur Seite zu setzen.[142])

Für benachbarte Gemeindebezirke können dieselben Personen zu Waisenräthen bestellt werden.

Das Amt eines Waisenraths ist ein unentgeltliches Gemeindeamt.[143])

Durch Beschluß der Gemeindebehörde kann das Amt des Waisenraths besonderen Abtheilungen der Gemeindeverwaltung übertragen oder mit schon bestehenden Organen der Gemeindeverwaltung verbunden werden.[144])

Auf selbstständige Gutsbezirke finden die vorstehenden Be-

stimmungen mit der Maßgabe entsprechende Anwendung, daß die Waisenräthe von dem Gutsvorsteher ernannt werden. 145)

142) Auf diese Art ist eine zweckmäßige Mitwirkung der Gemeinden bei Beaufsichtigung der Mündel angebahnt. Der Waisenrath ist ein Hülfsorgan des Vormundschaftsgerichts. Er soll durch persönliche Anschauung die richterliche Aufsicht ergänzen (s. Erläuterungen dazu, abgedruckt bei Löwenstein S. 81. 82, bei Wachler S. 136), und bildet für die Person des Mündels gewissermaßen einen bleibenden Gegenvormund.

143) Daher steht derselbe unter der Aufsicht der Administrativbehörden nach der Städte- und Landgemeinde-Ordnung, und nicht des Gerichts. Letzteres kann mithin auch keine Ordnungsstrafen gegen den Waisenrath verhängen, muß sich vielmehr bei Beschwerden an die Gemeinde, welche den Waisenrath berufen und ernannt hat, wenden, resp. an deren Aufsichtsbehörde. Die, nicht eidliche, Verpflichtung erfolgt nicht vom Gericht. (M. Bl. f. d. i. V. 1876. S. 16.)

Für städtische und ländliche Kommunen werden die Waisenräthe gewählt, in Gutsbezirken vom Gutsvorsteher ernannt. (Min. Bl. f. d. i. V. 1875. S. 269. 273, Kreisordn. v. 13. Dez. 1872. Ges.-S. S. 661 ff. §§ 21. 31—34.) Zweckmäßig erscheint es, wenn der Gutsvorsteher sich selbst zum Waisenrath ernennt. (Löwenstein S. 83.)

Die Entscheidung der Frage: ob den zum (ländlichen) Waisenrath Ernannten gesetzliche Entschuldigungsgründe zur Seite stehen, gebührt dem Kreisausschuß in seiner Eigenschaft als Kommunalaufsichtsbehörde, in höherer Instanz der Bezirksregierung. Im Fall der Weigerung der Uebernahme des Waisenrathamtes ist der Landrath zur Androhung und Verhängung von Disziplinarstrafen berechtigt. (Gruchot 20. S. 425, Entsch. des Ob. Verw. Ger. 1. S. 135.)

Es ist in Zweifel gezogen, ob dem evangelischen Geistlichen die Uebernahme des Amtes als Waisenrath gemäß §§ 52. 53 der V. O. zu gestatten sei. In Rücksicht des Wirkungskreises, welcher dem Waisenrath zugewiesen ist, hat sich der evangelische Ober-Kirchenrath für die Bejahung dieser Frage, sowie dahin erklärt, daß die disziplinarische Genehmigung für die Amtsübernahme generell zu ertheilen ist. (M. Bl. f. d. i. V. 1876. S. 68.) Ueberhaupt ist die Bestellung von Pfarrern zu Waisenräthen statthaft. (M. Bl. f. d. i. V. 1876. S. 97.)

Das Porto für die Korrespondenz zwischen Gericht und Waisenrath trägt der Absender, der zu frankiren hat. (J. M. Bl. 1876. S. 209.) Auch den Vormündern sollen die Waisenräthe die Sendungen der Regel nach frankirt zugehen lassen.

Für den Geschäftsverkehr mit den Waisenräthen ist den Gerichten die größte Einfachheit zu empfehlen, soweit es geht die Korrespondenz in Urschrift zu befördern und möglichst Hin- und Herschreiben zu vermeiden. (J. M. Bl. 1875. S. 252.)

144) Z. B. mit Armen- und Schulkommissionen. An „kirchliche Gemeindeorgane" soll das Amt des Waisenrathes nicht übertragen werden; dagegen ist dies zulässig an einzelne Mitglieder der Gemeindekirchenräthe oder Presbyterien. (M. Bl. f. d. i. V. 1876. S. 68. 97, Löwenstein S. 83.)

145) Dem Vormundschaftsgericht ist von der Organisation und der Bestellung der einzelnen Waisenräthe Kenntniß zu geben. (J. M. Bl. 1875. S. 251.)

§ 53.

Der Waisenrath hat die Aufsicht über das persönliche Wohl des Mündels und über dessen Erziehung zu führen, insbesondere Mängel oder Pflichtwidrigkeiten, welche er bei der körperlichen oder sittlichen Erziehung des Mündels wahrnimmt, anzuzeigen, auch auf Erfordern über die Person des Mündels Auskunft zu ertheilen. 146)

Er hat diejenigen Personen vorzuschlagen, welche im einzelnen Falle zur Berufung als Vormund oder Gegenvormund geeignet erscheinen. 147)

146) Der Waisenrath ist also ein obligatorisches Hülfsorgan für das V. G., namentlich bezüglich der Ermahnungen, Warnungen, Schlichten von Streitigkeiten in Dienst- und Lehrverhältnissen, Unterbringung, (namentlich auch bei unehelichen Kindern, §§ 624. 625. II. 2. A. L. R.), Beschäftigung, Unterstützung von Mündeln, Prüfung von Heirathsgesuchen und Prozeßangelegenheiten. (Stenogr. Ber. des Abg.-Hauses, Wachler S. 138, Neumann S. 114.) Auch bei der Wahl des Lebensberufes. (Johow 7. S. 68. 69.)

Die Pflegschaft zum Zweck der Verwaltung eines bestimmten Vermögens kann auch demjenigen übertragen werden, der die Funktion eines Waisenrathes über den betreffenden Mündel auszuüben haben würde. (Johow 6. S. 64. 339.)

Dem Waisenrathe steht an sich eine Aufsicht nur über Bevormundete, nicht aber über die unter väterlicher Gewalt stehenden Kinder zu. (Johow 6. S. 64.) Doch ist derselbe vermöge seiner allgemeinen Stellung mindestens auch berechtigt, wenn nicht verpflichtet, dem Vorm. Gericht Anzeige zu leisten, wenn die Fälle des § 90. II. 2. A. L. R. ihm bekannt werden: nämlich, daß Eltern ihre Kinder grausam mißhandeln, oder zum Bösen verleiten, oder ihnen den nothdürftigen Unterhalt versagen. (S. Abs. 5 dieser Note.)

Der Waisenrath hat die Aufsicht über alle Mündel, welche in seinem Amtsbezirke sich aufhalten, der Vormund mag wohnen, wo er wolle und die Vormundschaft mag bei einem fremden, weitbelegenen Gerichte schweben, oder bei seinem zuständigen; auch bei gesetzlicher Vormundschaft, namentlich bei Mündeln in Verpflegungsanstalten. (§ 13 V. O.) Nur der Vater (§ 54) ist an sich von der Aufsicht des Waisenrathes frei. (Dernburg S. 76, Neumann S. 118.)

Betreffs der in geeigneten Familien oder in Erziehungs- oder Besserungsanstalten wegen verübter strafbarer Handlungen untergebrachten bevormundeten und nicht bevormundeten Kinder üben die Waisenräthe eine gleiche Aufsicht aus. Ihnen sowie den betreffenden Vormundschaftsgerichten ist daher von der Unterbringung rc. eines Zöglings Seitens der Kommunalverbände Mittheilung zu machen. (§§ 1. 9. Ges. v. 13. März 1878, Ges.-S. S. 133.) Bei dem, dieser Unterbringung vorangehenden, vormundschaftsgerichtlichen Unter-

suchungs- und Beschluß-Verfahren ist der Waisenrath (§§ 3. 4 a. a. O.) zuzuziehen; er hat dabei ein Erklärungs- und Beschwerderecht. Die auch anderen Interessenten des Mündels nicht vorzuenthaltende Auskunft hat das V. G. nur aus besonderer Veranlassung, nicht in regelmäßigen Zwischenräumen etwa, zu erfordern. (Dernburg S. 75.)

147) Der Vorschlag erfolgt in der Regel auf Ersuchen des Vormundschaftsgerichts, (§ 19. V. O.), in schleunigen Fällen wird er zweckmäßigerweise auf Ansuchen der Interessenten dem Vormundschaftsgericht gemacht werden, noch vor dessen Requisition. Der Vorschlag kann sich auch aus besonderen Gründen auf Personen erstrecken, welche außerhalb des Amtsbezirkes des Waisenrathes wohnen. (Löwenstein S. 84.) Nach § 91 V. O. sind auch die Pfleger vom Waisenrath vorzuschlagen. (Johow 5. S. 282, 7. S. 29.) An den Vorschlag ist das V. G. nicht gebunden; es kann eine andere Person, nach vorheriger Anhörung des Waisenrathes (Johow 5. S. 281, 7. S. 30), zum Vormund rc. bestellen. (Dernburg S. 76.)

Bei den einzuholenden Vorschlägen handelt es sich, nach der Annahme der Regierung, um denjenigen Waisenrath, in dessen Bezirk sich der betreffende Mündel befindet. Dies wird bei der Einleitung der Vormundschaft, z. B. in großen Städten, dem V. G. oft unbekannt sein; auch werden sich die unter Vormundschaft zu Stellenden in einer Sache an verschiedenen Orten aufhalten. In derlei Fällen wird der Waisenrath des Bezirkes anzugehen sein, in welchem der Erblasser verstorben ist, oder beim Wechsel des Vormundes der Waisenrath desjenigen Bezirkes, in welchem die Mehrzahl der Mündel sich aufhält oder aus welchem sonst nach dem Ermessen des V. G. der Vormund am geeignetsten gewählt wird. (Johow 5. S. 281.)

Hat das Vormundschaftsgericht einen Vormund, ohne Vorschlag des Waisenrathes oder ohne dessen vorherige Anhörung darüber, bestellt, so kann der Waisenrath nicht verlangen, daß dieser Vormund entlassen und ein Anderer, von ihm vorgeschlagener, zum Vormund bestellt wird. (Johow 7. S. 28.)

Die vom Waisenrath gegen eine Person geltend gemachten Gründe bilden eine dem V. G. gemachte vertrauliche Mittheilung und sind daher der betreffenden Person nicht mitzutheilen. Wenigstens nicht der Regel nach. (Johow 7. S. 31. 32.)

§ 54.

Das Vormundschaftsgericht hat dem Waisenrath des Bezirks, in welchem der Mündel wohnt, von der einzuleitenden Vormundschaft, sowie in den Fällen des zweiten Absatzes § 12 und des § 13 von der gesetzlichen Vormundschaft Kenntniß zu geben und den Vormund namhaft zu machen.

Von einer Verlegung der Wohnung des Mündels in eine andere Gemeinde oder einen anderen Bezirk hat der Vormund den Waisenrath zu benachrichtigen. Dieser hat dem Waisenrath des neuen Aufenthaltsortes Kenntniß zu geben.[148)]

148) Das Amt des Waisenrathes bezieht sich nur auf Mündel, die in seinem Bezirke „wohnen“, d. i. sich regelmäßig aufhalten.

Verlegt der Mündel nach der Entlassung aus der (§ 13. V. O.) Verpflegungsanstalt seine Wohnung in einen anderen Bezirk, so hat (als seitheriger gesetzlicher Vormund) der Anstaltsvorstand den bisher zuständigen Waisenrath und dieser den neuen Aufenthalts-Waisenrath zu benachrichtigen. (Löwenstein S. 85.)

In Betreff der nach dem Ges. v. 13. März 1878 (Ges.-S. S. 133) untergebrachten verwahrlosten, einer strafbaren Handlung schuldig befundenen (§ 55 R. Str. G. B.) Kinder haben die Kommunalverbände von der Unterbringung und von jedem Wechsel des Aufenthaltes eines Zöglings dem Waisenrathe des Aufenthaltsortes (§ 9 a. a. O.) Kenntniß zu geben.

§ 55.

Das Vormundschaftsgericht hat vor einer von ihm zu treffenden Anordnung auf Antrag des Vormundes oder des Gegenvormundes oder eines Verwandten oder Verschwägerten des Mündels drei von den näheren Verwandten oder Verschwägerten desselben, sofern sie ohne Verzug erreichbar sind, gutachtlich zu hören. Es steht ihm frei, auch ohne Antrag Verwandte oder Verschwägerte des Mündels gutachtlich zu hören.[149])

Das Vormundschaftsgericht hat vor der Entscheidung über die zu einer Handlung des Vormundes erforderliche Genehmigung den Gegenvormund zu hören.[149a])

Das Vormundschaftsgericht hat vor der Entscheidung über die Veräußerung einer unbeweglichen Sache oder die Auflösung eines Erwerbsgeschäfts den Mündel, welcher das achtzehnte Lebensjahr zurückgelegt hat, zu hören.[150])

Die Wirksamkeit der Anordnungen des Vormundschaftsgerichts ist von der Anhörung der bezeichneten Personen nicht abhängig.[151])

149) Hierdurch ist eine Mitwirkung der Familie gesichert. Die Mitwirkung ist nur eine gutachtliche, den Richter nicht bindende. Eine Form für die „gutachtliche Anhörung“ ist nicht vorgeschrieben. Auch kann ein Erscheinen oder eine Aeußerung der Verwandten oder Verschwägerten des Mündels vom V. G. nicht erzwungen werden, da dasselbe gegen jene keine Exekutivstrafe hat. (Löwenstein S. 85—87.) Sind nicht 3 von den, ohne Rücksicht auf die Gradesnähe zuzuziehenden, „näheren Verwandten oder Verschwägerten ohne Verzug erreichbar,“ wohl aber 2 oder 1, so hat der Richter diese zu hören. Auch weibliche Verwandte. (Dernburg S. 70.) Zu der „Anordnung“ ist die § 42 vorgeschriebene „Genehmigung“ mitzurechnen. (Eccius S. 41.) Vorgeschrieben, ohne Antrag und ohne Ermessen, ist diese Anhörung in den §§ 61.

64. 73. V. O.) Daß der Richter seine Pflicht gethan, wird er durch Behändigungsscheine bei den Akten nachweisbar zu machen haben. (Märcker S. 53.)

149a) Vergl. § 26 Abs. 4 V. O. wegen Bestellung eines Gegenvormundes bei gesetzlicher Vormundschaft. (Johow 5. S. 288, J. M. Bl. 1875. S. 267, Löwenstein S. 87, Neumann S. 120.)

150) Das 18. Lebensjahr war schon im A. L. R. besonders berücksichtigt und ist, außer im vorliegenden Falle, in neueren Gesetzen als ein zu beachtender Lebensabschnitt festgehalten worden. So bei der Großjährigkeitserklärung (§ 61 V. O.), der Strafbarkeit (§§ 56. 57. R. Str. G. B., Forstdiebstahlsges. v. 15. April 1878, Ges.-S. 224. § 10). Die Eidesmündigkeit ist an das vollendete 16. Lebensjahr gebunden. (Deutsche Strafproz. O. § 56, Deutsche Civilproz. O. §§ 358. 435.)

151) Das freie Ermessen des V. G. entscheidet allein. Nur die Verantwortlichkeitsfrage wird der Richter in's Auge zu fassen haben.

§ 56.

Das Vormundschaftsgericht hat jährlich von dem Vormund Rechnungslegung über die Vermögensverwaltung zu fordern. Bei Verwaltungen von geringerem Umfange kann, wenn die Rechnung des ersten Jahres gelegt ist, der Termin für die folgenden auf zwei bis drei Jahre bestimmt werden.[152)]

Mehrere zu ungetrennter Verwaltung bestellte Vormünder legen die Rechnung gemeinschaftlich.

Der Rechnung sind ein Vorbericht über den Ab- und Zugang des Vermögens und die Beläge beizufügen. Unter der Rechnung hat der Vormund zu versichern, daß er alle Einnahmen verrechnet habe und außer den in der Rechnung aufgeführten vormundschaftlichen Vermögensstücken andere nicht verwahre.

Die Rechnung ist vor der Einreichung dem Gegenvormund unter Nachweisung des Vermögensbestandes vorzulegen und von diesem mit seinen Bemerkungen zu versehen.[153)]

Das Vormundschaftsgericht hat die Rechnung sachlich und nach den Belägen zu prüfen, nach Erledigung der Erinnerungen dem Vormund die Beläge mit einem Vermerke des erfolgten Gebrauchs zurückzugeben, und auf Verlangen Abschrift der Rechnung zu ertheilen.[154)]

152) Ueber den nothwendigen Inhalt einer zu legenden abnahmefähigen Rechnung, damit sie eine solche im rechtlichen Sinne sei, verbreitet sich eine O. Tr. Entscheidung (Striethorst Archiv 66. S. 226) vom 22. Januar 1867 dahin: Aus der gelegten Rechnung über Einnahme und Ausgaben muß ersichtlich sein, daß der Geschäftsführer während der Dauer seiner Verwaltung die vorgeblichen

Einnahmen und Ausgaben gehabt hat, außerdem aber auch, daß dieselben in Sachen des Geschäftsherrn mit der erforderlichen Sorgfalt von ihm gemacht worden und dies durch Beläge beglaubigt ist. (§§ 135 ff. I. 14. A. L. R.)

Anweisung über die Art der Rechnungslegung s. §§ 647—678. II. 18. A. L. R. u. J. M. Bl. 1843. S. 88.

Muster zur Rechnungsaufstellung finden sich S. 142—149. 238—242 in Reinecke Bearb. der gerichtl. Kalkulaturgeschäfte Berlin 1870, S. 98—103 in Christiani das Amt des Vormundes Berlin 1876, und Johow 7. S. 364—373. Auf letzteres Muster, vom Kalkulator beim Stadtgericht zu Berlin, Herrn Schneiderreit angefertigt, welches auch für große Vermögensverwaltungen paßt, sei besonders aufmerksam gemacht. Wünschenswerth wäre es, und der Verf. hatte geglaubt, in der Praxis würde es sich bald so heraus stellen, daß bei einfachen ländlichen Verhältnissen, der Gemeindeschreiber, d. i. in der Regel der Schullehrer, gegen ein geringes Entgelt, die schriftliche Rechnungslegung den dazu nicht fähigen Vormündern auf eine, den Vormundschaftsgerichten genügende Art, besorge. Diese erhoffte Praxis ist, wenigstens nach der Erfahrung im Appellationsgerichts-Bezirk Ratibor, nach Auskunft der Vormundschaftsrichter, als Regel nicht eingetreten, so daß die Gerichte in dieser Richtung viel Noth und Mühe haben.

Wann die Rechnungslegung zu erfolgen hat, ist für jeden einzelnen Fall, nach Lage der Umstände, vom Vormundschaftsgericht dem Vormunde zu bestimmen. (Neumann S. 122, Wachler S. 146. Vergl. Erläuterungen, abgedruckt bei Löwenstein S. 88.) Zu dem bestimmten Termine hat der Vormund, ohne besondere Aufforderung, die Rechnung einzureichen. Geschieht das nicht, mahnt ihn das V. Gericht, event. unter Androhung von Ordnungsstrafe. Ein an Gerichtsstelle anzuberaumender Termin zur Legung oder Ueberreichung der Rechnung ist nicht nur nicht erforderlich, sondern wohl fast ausnahmslos, weil überflüssig, unstatthaft. (Johow 6. S. 65.) Geschieht es dennoch, so kann der Vormund seine Reiseauslagen erstattet verlangen, natürlich aus des Mündels Vermögen. Muß ein Termin wegen Schreibensunfähigkeit des Vormundes oder sonst durch seine Schuld angesetzt werden, kann er nichts liquidiren. Gebühren für die Rechnungslegung stehen dem Vormunde, auch wenn er Rechtsanwalt wäre, (Johow 7. S. 37. 38), nicht zu; wohl aber Ersatz der dazu nöthigen baaren Auslagen. (Dernburg S. 216; dagegen Neumann S. 123.) In Johow 6. S. 65. 66 werden nach Umständen nur die Mundirungskosten zugebilligt.

153) Daß bei der Nachweisung des Vermögensbestandes eine Revision aller einzelnen Mobilien des Mündels erfolgen soll, ist nicht beabsicht. (Löwenstein S. 89.) Es kommt nur darauf an, daß der Vormund den Vermögensbestand des Mündels in allen Theilen nachweist. Das Wie ist Sache des Gegenvormundes bei eigener Verantwortlichkeit. Ueber deponirte Werthpapiere wird z. B. die Vorlegung des Depositionsscheines genügen. (Dernburg S. 217.)

Eine unbedingte Haftung für den materiellen Inhalt der Rechnung kann dem Gegenvormund nach den Erläuterungen (Löwenstein S. 89) nicht zugemuthet werden.

154) Eine bloß kalkulatorische Prüfung genügt nicht. Dagegen ist im Herrenhause der Antrag abgelehnt: das Gericht zu ermächtigen, nach Anhörung des Vormundes und Gegenvormundes

a) falls Kapitalien unsicher belegt sind, die zur Wahrung des Interesses der Mündel erforderlichen Anordnungen zu treffen, (worauf bei Prüfung der Rechnung mit zu sehen ist Dernburg S. 217, Neumann S. 123),

b) falls ungerechtfertigte Ausgaben in die Rechnung aufgenommen sind, darüber zu befinden, ob solche Ausgaben in der nächsten Rechnung in Einnahme zu stellen; (Dernburg hält dies für zulässig. S. 217; und zwar mit Recht; ebenso Koch Anm. 99 zu § 56 V. O.);

und angenommen:

Ziehe das Gericht Erinnerungen und der Vormund erledige sie nicht, (Neumann S. 130), so müsse ein Pfleger bestellt werden, welcher gegen den Vormund klage. (Dernburg S. 217.) In der Abgeordnetenhauskommission erklärten die Regierungskommissarien: daß in solchem Falle das V. Gericht je nachdem mit Ordnungsstrafen, mit Bestellung eines Pflegers zur Anstellung der Klage (§§ 26. 27. I. 39. A. G. O) oder schlimmstenfalls mit Entsetzung gegen den Vormund vorzugehen habe. (Johow 5. S. 289, Löwenstein S. 90.) Eccius (S. 15) will dagegen: Rückfrage beim Vormund und andere Ermittelungen, um dem Vormunde Gelegenheit zu geben, nach freiem eigenen Entschluß die Rechnung zu berichtigen; sodann je nach Lage der Sache Sicherheitsstellung zu fordern und vielleicht den Vormund zu entsetzen. Jedenfalls wird durch kleinliche Erinnerungen das Interesse der Mündel nicht gefördert und das Amt des Vormundes unnütz erschwert.

Der Vermerk des Gebrauchs auf den Belägen soll deren wiederholte Benützung bei späterer Rechnungslegung unmöglich machen.

Eine Bescheinigung über Einreichung der Rechnung hat das Gericht dem Vormunde nicht zu ertheilen, auch nicht auf unmotivirten Antrag. Eine Abnahme der Rechnung findet (§ 5 ff. I. 45. A. G. O., §§ 139. 145 I. 14. A. L. R.) in engerem Sinne nicht statt, sondern eine Prüfung der laufenden Rechnung. Die Abnahme durch den Mündel oder den neuen Vormund und Entlastung findet erst bei Beendigung der Vormundschaft nach gelegter Schlußrechnung statt (§ 67 V. O.). Eccius (S. 14) wendet sich daher gegen die Ansicht Dernburgs (S. 218), das Gericht habe, nach Prüfung der Rechnung, bei Rückgabe der Beläge, dem Vormund eine Bescheinigung über die Abnahme der Rechnung zu geben.

Bereits vor der Rechnungslegung hat das Vormundschaftsgericht ihm bekannt gewordene Anlage von Mündelgeld gegen die Vorschrift des § 39 V. O. rückgängig zu machen, kraft seines Aufsichtsrechts. (Neumann S. 122, Johow 7. S. 64.)

Kopialien sind für die vom Vormunde für sich erbetene Abschrift der Rechnung nicht zu entrichten. (Art. 4. § 2. Ges. v. 21. Juli 1875, Ges. S. S. 548.)

§ 57.

Der Vater, die Mutter, der Ehemann und die Großeltern des Mündels [155]) sind von der Rechnungslegung während der Verwaltung frei. Der Vater und die Mutter sind berechtigt, in der § 17 Nr. 2 bestimmten Form den von ihnen benannten Vormund von der Rechnungslegung während der Verwaltung zu befreien. [156])

In Fällen, in denen keine Rechnungslegung stattfindet, hat der Vormund auf Erfordern des Vormundschaftsgerichts alle zwei Jahre oder in längeren Zwischenräumen eine Uebersicht des Vermögensbestandes einzureichen, welche vorher dem Gegenvormund unter Nachweisung des Bestandes vorzulegen und von diesem mit seinen Bemerkungen zu versehen ist. Der Vater des Mündels ist von dieser Verpflichtung frei. [157])

Das Verbot der Offenlegung des Vermögensverzeichnisses ist rücksichtlich des davon betroffenen Vermögens als Befreiung von der Rechnungslegung und der Einreichung der Vermögensübersicht zu erachten. [158])

155) Der uneheliche Mündel hat in diesem Sinne keine „Großeltern". (Johow 5. S. 289, Dernburg S. 137, Neumann S. 16. 132, Löwenstein S. 23. 91.) Die entgegengesetzte Meinung ist vertreten bei Gruchot 20. S. 420.

156) Nach beendeter Verwaltung ist Schlußrechnung (§ 67), von welcher der Vormund nicht befreit werden kann (§ 68), zu legen.

Ist die Mutter Mitvormund, so finden auf sie die §§ 30 Abs. 1 und 56 Abs. 2 Anwendung. Sie hat dann mit ihrem Mitvormund gemeinschaftlich die Rechnung zu legen (Johow 6. S. 67, Neumann S. 124. 125, Löwenstein S. 91). Dem entgegen hält (Johow 6. S. 66) ein Appell.-Gericht auch in diesem Falle die Mutter von jeder Mitwirkung bei der Rechnungslegung für frei.

Nach § 83 Abs. 2 V. O. ist die Ehefrau als Vormund ihres großjährigen Ehemannes auch von der Rechnungslegung während der Verwaltung frei. (Dernburg S. 258, Neumann S. 165, Löwenstein S. 122.) Ebenso der von einem Erblasser (in Bezug auf seinen dem Mündel hinterlassenen Nachlaß) von der Rechnungslegung befreite Pfleger (§ 87). Unter „Vater" ist der Adoptivvater mit zu verstehen.

Als eine Belastung des Pflichttheils kann eine solche Befreiung nicht angesehen werden. (Löwenstein S. 92.)

Wenn ein so befreiter Vormund sich nach Urtheil des Vormundschaftsgerichts der Befreiung unwürdig zeigt, so muß er entsetzt werden. Die Befreiung kann das V. G. nicht beseitigen. (Vgl. Anm. 136 Abs. 2 zu § 47. S. 127.)

157) Es findet eine Rechnungslegung nicht statt:

a) wenn keine Vermögensverwaltung im Sinne des § 26 Abs. 2 vorliegt,

b) Seitens der im Abs. 1 dieses § 57 bezeichneten Personen.

Dieses Erfordern einer Uebersicht des Vermögensbestandes, also wenn überhaupt eine Vermögensverwaltung vorliegt, soll dem Vormundschaftsgericht Gelegenheit geben, bei etwaigem Vermögensverfall einzugreifen. (Löwenstein S. 92, Wachler S. 149.)

158) Vergl. § 35 Abs. 3 V. O. Es würde dem Vormundschaftsgericht in diesem Falle an der nöthigen Grundlage zur Prüfung der Rechnung fehlen.

§ 58.

Vormünder, welche für den Mündel ein erhebliches Vermögen

zu verwalten haben, können von dem Vormundschaftsgerichte zur Stellung einer Sicherheit angehalten werden. Die Art und der Umfang der Sicherheit wird nach richterlichem Ermessen bestimmt; sie kann jederzeit erhöhet, gemindert oder erlassen werden.[159])

Kosten, welche aus der Stellung der Sicherheit erwachsen, sind aus dem Vermögen des Mündels zu entrichten.

159) Was erhebliches Vermögen ist, hat das Vormundschaftsgericht zu ermessen. Es soll dem V. G. ein Mittel gegeben werden a) den Mündel vor Verlusten zu bewahren, da meist über die Vormünder nichts weiter bekannt ist, als daß man nichts Nachtheiliges über sie weiß, und b) einen zweifelhaften Vormund zur Ablehnung oder Niederlegung seines Amtes als Vormund (§ 23 Nr. 6 und 63 V. O.) zu bewegen, ohne zur strengeren Maßregel der Enthebung von der Vormundschaft (Entsetzung, § 63) schreiten zu müssen. Je nach Umständen, wie namentlich die Bewährung des Vormundes sich stellt, kann die Sicherheit gefordert, erhöhet, gemindert oder ganz erlassen werden. Es ist besonders zu vermeiden, gute Vormünder durch Verlangen einer Sicherheitsstellung zur Ablehnung einer angetragenen Vormundschaft (§ 23 Nr. 6) oder zum Entlassungsantrage (§ 63) zu reizen.

Bei Entlassung eines Vormundes, gegen welchen der Mündel Entschädigungsansprüche hat, wird unter Umständen mit Arrestschlag vorzugehen sein. (Löwenstein S. 93.) Natürlich durch den neuen Vormund oder einen Pfleger.

Wird als Art der Sicherheit vom Vormundschaftsgericht Bestellung einer Hypothek bestimmt, so kann deren Eintragung nur erfolgen, wenn sie der Vormund bewilligt. (§ 19 Ges. v. 5. Mai 1872 und § 41 der Grundbuchordnung, Johow 5. S. 289, 6. S. 155, Dernburg S. 20, Löwenstein S. 94, Wachler S. 298.) Bei Koch (Note 8 zu § 85 V. O.) wird das Vorm. Gericht für befugt gehalten, im Wege der Requisition an das Grundbuchamt eine Kautionshypothek eintragen zu lassen.

Weigert sich der Vormund, die bestimmte Sicherheit zu stellen und sind Exekutivstrafen (Dernburg S. 222) wirkungslos oder nach Ansicht des Vormundschaftsgerichts nicht anwendbar, so muß gegen ihn geklagt werden (durch den zu bestellenden Pfleger). Das dann ergangene verurtheilende rechtskräftige Erkenntniß ersetzt seine Bewilligung und sichert den Exekutionsweg. (Johow 6. S. 156 Anm.)

Zur Begründung des Antrages auf theilweise oder gänzliche Löschung der Hypothek genügt die Bewilligung des Vormundschaftsgerichts. (Löwenstein S. 94. 108.) Den Antrag auf Löschung hat sodann der Vormund zu stellen. (Dernburg S. 221.) Ob vorher der Gegenvormund, von welchem Sicherheitsstellung nicht gefordert werden kann (§ 59 Abs. 3), oder Verwandte zu hören sind, hat das Vormundschaftsgericht nach § 55 V. O. zu beurtheilen.

§ 59.

Der Vater sowie die Mutter des Mündels sind berechtigt, in der § 17 Nr. 2 bestimmten Form den von ihnen benannten Vormund von der Pflicht zur Sicherheitsstellung zu befreien.[160])

Die Befreiung fällt weg, wenn Umstände eingetreten sind, welche nach dem Ermessen des Vormundschaftsgerichts eine Sicherheitsstellung nothwendig machen. 161)

Der Vater, die Mutter, der Ehemann und die Großeltern als Vormünder und der Gegenvormund sind von der Pflicht zur Sicherheitsstellung frei. 162)

160) Unter „Vater" ist stets der Adoptivvater mit inbegriffen.

161) Dieses freie Ermessen des Vormundschaftsgerichts, Sicherheitsstellung zu fordern, ohne daß dagegen eine Beschwerde mit Erfolg anzubringen ist, genügt auch, den Mündel bei anderen Befreiungen (§§ 47. 57.) gegen zweifelhafte Vormünder zu schützen und bedarf es daher nicht der von Dernburg (S. 87) als zuläfsig erklärten Anwendung dieses Abs. 2 des § 59 auf Befreiungen jeder Art, welche in den Worten des Gesetzes keine Begründung findet. (Löwenstein S. 94, Neumann S. 135, Koch Note 83 zu § 47 V. O.)

162) Unter „Großeltern" sind nur die eines ehelichen Kindes zu verstehen. Außer den hier genannten Personen sind noch frei: die Ehefrau als Vormund ihres großjährigen Ehemannes (§ 83) und der vom Erblasser bei der Zuwendung von der Pflicht zur Sicherheitsstellung befreite Pfleger (§ 87).

§ 60.

Das Vormundschaftsgericht kann anordnen, daß Werthpapiere des Mündels, welche auf den Inhaber lauten oder an den Inhaber gezahlt werden können, und Kostbarkeiten bei der Reichsbank oder bei einer anderen dazu bestimmten Behörde oder Kasse in Verwahrung genommen oder daß jene Werthpapiere außer Kurs gesetzt werden. 163)

Diese Anordnungen finden gegen den Vater des Mündels als Vormund nicht statt. Sie finden gegen den von dem Vater benannten Vormund nicht statt, wenn sie von dem Vater in der § 17 Nr. 2 bestimmten Form ausgeschlossen sind.

Das Vormundschaftsgericht muß die Verwahrung eintreten lassen, wenn der bestellte Vormund sie beantragt. 164)

163) Nach den Motiven und den Landtagsbeschlüssen in Verbindung mit den Aeußerungen der Regierungskommissarien liegen dieser Vorschrift folgende Anschauungen zum Grunde:

a) die Befugniß des Vormundschaftsgerichts, die Aufbewahrung von Inhaberpapieren je nach den Umständen einschließlich der Talons und auch der Kupons, sowie von Papieren, welche zwar nicht auf den Inhaber lauten, aber auf deren Vorzeigung hin an den Inhaber ohne Prüfung der Legitimation gezahlt werden kann, z. B. Sparkassenbücher, anzuordnen, soll den Mangel der Sicherheitsstellung ersetzen (Dernburg S. 223, Wachler S. 157, Löwenstein S. 96. 97, Johow 6. S. 339);

b) dem Vormund bleibt die Sorge für Einziehung der Zinsen (Dividenden, Kupons), und die Kontrolle, ob Werthpapiere ausgeloost worden sind (§ 8 Ges. v. 19. Juli 1875. Ges. S. S. 531);

c) das Gericht wird von der Befugniß (litt. a) die hier vorgesehenen Anordnungen häufiger oder seltener zu treffen, je nachdem die lokalen Verhältnisse und die Rechtsanschauungen dazu Anlaß bieten, Gebrauch machen; ja vielleicht sogar in der Regel (Johow 5. S. 289);

d) diese Anordnung ist auch selbst bei gestellter Sicherheit zulässig, da es möglich ist, daß in einzelnen Fällen die gestellte Sicherheit gegenüber dem Werth der Papiere und Kostbarkeiten nicht genügt (Löwenstein S. 96);

e) hat das Gericht die Verwahrung angeordnet oder die Außerkurssetzung, was durch eine dem Vormund oder Pfleger zu ertheilende Anweisung geschieht, (§§ 12. 13. Ges. v. 19. Juli 1875. Ges. S. S. 531), so kann die Herausgabe oder Wiederinkurssetzung nur mit dessen Bewilligung geschehen. (Gruchot 22 S. 666. 667, Dernburg S. 225, Löwenstein S. 97, Neumann S. 137.)

Bei ausländischen Papieren z. B. Amerikanischen, Russischen, Holländischen, welche dadurch entwerthet werden, ist eine Außerkurssetzung unzulässig. (J. M. Bl. 1876. S. 22.)

Wechsel rechnet Märcker (S. 58) zu „Werthpapieren" im Sinne des § 60 V. O. Wohl kaum mit Recht. Denn der Wechsel ist im weiteren Sinne nur ein mit strenger Form und besonderen Rechtsfolgen ausgestattetes Zahlungsversprechen und keine geeignete Kapitalsanlage, sondern ein Begleichungsmittel. Nach Einert ist der Wechsel das kaufmännische Papiergeld; seine Funktion ist die Funktion eines Zahlungsmittels. Der Wechsel enthält ein Zahlungsversprechen in bestimmter Form und ist nicht mit den Inhaberpapieren zu identifiziren. Er ist ein Ordrepapier. (Einert, Das Wechselrecht, Leipzig 1839, Volkmar und Löwy, Die Deutsche Wechselordnung, Berlin 1862 Einl. S. 1 ff., W. Hartmann, Das Deutsche Wechselrecht, Berlin 1869 S. 80 ff., Kühnast Unters. des Grundschuldbegriffs, Berlin 1878, 2. Aufl. S. 101.) Hypothekendokumente und Schuldscheine verbleiben in Verwahrung des Vormundes oder Pflegers. (Dernburg S. 222, Johow 5. S. 289, Wachler S. 159, Märcker S. 58, Neumann S. 136.)

Ob Inhaberpapiere, welche auf gerichtliche Anordnung in den gerichtlichen Depositorien niedergelegt sind, auch außerdem außer Kurs zu setzen sind, was auf Grund des § 60 V. O. nicht nothwendig ist (Johow 6. S. 273), wird sich lediglich nach den Instruktionen für Verwaltung gerichtlicher Depositorien richten. Neue Pupillenmassen sollen übrigens den Depositorien seit 1. Jan. 1876 nicht mehr zugeführt werden. (Verf. v. 2. Mai 1876 J. M. Bl. S. 103.) Die Reichsbank setzt die deponirten Papiere nicht außer Kurs. (Gruchot 22. S. 667.)

Obgleich die Vorm.-Ordn. von der Ansicht ausgeht, daß die Anlage der Mündelgelder eine feste und dauernde sein soll und wird, und daher eine Herausgabe der auf gerichtliche Anordnung verwahrten Inhaberpapiere resp. Kostbarkeiten während der Dauer der Vormundschaft kaum oder selten vorkommen wird, so kann es doch nothwendig werden, daß sie der Vormund mit Genehmigung des Gegenvormundes (§ 41 V. O.) veräußert, wozu die Genehmigung des Vormundschaftsgerichts nicht erforderlich ist. In diesem Veräußerungs-(Verwaltungs-)Recht an sich ändert die angeordnete Verwahrung nichts. Nur muß der

Vormund, um die veräußerten Papiere aus der Verwahrung heraus zu bekommen, dem Vorm.-Gericht seinen vom Gegenvormund genehmigten Veräußerungsentschluß mittheilen, damit dasselbe seine Bewilligung (Anweisung) zur Herausgabe ertheilt. Dieser Ansicht ist auch Eccius (S. 23), wogegen Dernburg (S. 225) dem Gericht eine Prüfung der Verwaltungsmaßregel des Vormundes in diesem Falle zuspricht und Neumann (S. 138) der Verwahrungsanordnung die Bedeutung eines „Veräußerungsverbotes" beilegt.

Die Verwahrung bei der Reichsbank, namentlich als „offenes Depot", ist sicher die vorzüglichere. Die Bedingungen sind kostenfrei bei jeder Reichsbankstelle zu erhalten. Das Hemmende ist nur, daß die Provinzial-Bankstellen diese offenen Depots weder annehmen noch mit der Hauptbank in Berlin, Oberwallstraße Nr. 10/11 vermitteln, der direkte Verkehr mit letzterer, wo die Depots nach strenger Form übergeben werden müssen, aber allerdings auch durch die Post übersendet werden können (Gruchot 22. S. 664), aber für die meisten Vormünder sehr kostbar und umständlich, ja fast unmöglich, wird. Außer der Reichsbank ist nur das gerichtliche Depositorium als geeignete Verwahrungsstelle (§§ 6. 8. Ges. vom 19. Juli 1875) bezeichnet, resp. am Rhein die Regierungshauptkasse (§ 11 a. a. O.); ebenso letztere im Bezirk des Appell. Gerichts Wiesbaden (§ 21 a. a. O.)

(Ueber den Reichsbankverkehr vergl. Gruchot 22. S. 655—669, Dernburg S. 224, Löwenstein S. 97 und S. 206—212, wo die Bestimmungen der Reichshauptbank in Berlin abgedruckt sind, aber nicht mehr durchweg gelten (Gruchot 22. S. 665. 662); Beilageheft zu Goldschmidt's Zeitschrift für Handelsrecht Band 23, 1878.)

Das Außerkurs- und Wiederinkurssetzungsverfahren regelt sich nach §§ 47 ff. I. 15. A. L. R., Ges. v. 16. Juni 1835. Ges. S. S. 133, Ges. v. 4. Mai 1843. Ges. S. S. 177. 179, Verordn. v. 16. Aug. 1867. Ges. S. S. 1457, Reskr. v. 13. Juni 1831. Jahrb. 37. S. 382.

164) Dieser Absatz ist auf gesetzliche Vormünder nicht auszudehnen. (§ 24 Abs. 3. V. O.) Durch diese Bestimmung sollte den Vormündern, namentlich auf dem platten Lande, zu Hülfe gekommen werden, denen es an einem passenden Aufbewahrungsorte für Werthpapiere und Kostbarkeiten fehlt (Dernburg S. 225, Löwenstein S. 99), und denen die nächste Annahmestelle der Reichsbank zu entfernt liegt, um sich derselben, ohne Vermittelung des Gerichtes, bedienen zu können. (Löwenstein S. 99.) Hat das Vorm.-Gericht auf Antrag des bestellten Vormundes die Verwahrung eintreten lassen, so kann die Herausgabe nur mit dessen Bewilligung geschehen. Hat der Vormund bei der Reichsbank direkt deponirt, so kann er das Depot direkt wieder zurücknehmen, resp. mit dem Gegenvormund.

Ueber den Verkehr mit der Reichsbank und deren Leistungen für die Verwaltung von Mündelvermögen ist (vom Geh. Ober-Finanzrath Koch in Berlin, Mitglied des Reichshauptbankdirektoriums), in Gruchot 22. S. 655 ff. ein bemerkenswerther Aufsatz, aus welchem sich Folgendes ergiebt:

Die V. O. kennt

a) zinsbare (zu 3%) Belegung von Mündelgeld bei der Reichsbank (§ 39),
b) Deponirung von lettres au porteur und Kostbarkeiten, freiwillige oder auf Anordnung des Vormundschaftsgerichts bei der Reichsbank (§ 60) geschehene,

10*

im Anschluß an § 13 Nr. 7 und 8 des Bankges. v. 14. März 1875 (R. G. Bl. S. 177), wonach die Reichsbank befugt, aber nicht verpflichtet, ist

a) verzinsliche und unverzinsliche Gelder im Depositengeschäft und im Giroverkehr anzunehmen, sowie

b) Werthgegenstände in Verwahrung und in Verwaltung zu nehmen.

Der verzinslichen Depositen wird sich die Reichsbank voraussichtlich in nicht zu ferner Zeit überhaupt entäußern, was für die vormundschaftliche Verwaltung sehr zu bedauern bleibt. (Gruchot 22. S. 658.)

I. Die zinsbare Belegung von Mündelgeld erfolgt gegen Quittungsbücher (Bekanntm. des Reichsbankdirektoriums v. 22. Febr. 1876, Reichsanzeiger Nr. 47), welche Ab- und Zuschreibungen ermöglichen, also eine Art Kontokurrentverkehr (ähnlich wie Sparkassenbücher) darstellen. (Bedingungen und Formular der Quittungsbücher s. in Gruchot 22 S. 658. 659.) Seiner juristischen Natur nach ist das Quittungsbuch ein abgeschwächtes „Legitimationspapier", ein Werthpapier, welches gewissermaßen den Träger des Rechtsverhältnisses bildet; daher muß dasselbe bei jeder Geltendmachung des darin bescheinigten Forderungsrechts vorgelegt und bei Abhandenkommen gerichtlich amortisirt werden. Was

a) die Zinsenzahlung anlangt, so ersetzt die Vorlegung des Quittungsbuches jede Legitimation; eine Zuziehung des Gegenvormundes, welche auch nach der V. O. dazu nicht erforderlich ist, findet nicht statt; ebensowenig findet Feststellung der Identität des Vormundes und die Fortdauer dieser Eigenschaft statt, weshalb auch die Vorlegung der Bestallung dabei nicht verlangt wird.

b) Bei Kündigung bedarf es ebenfalls nur der Vorlegung des Quittungsbuches zur Legitimation, dagegen

c) zur Rückzahlung des Kapitals oder eines Theiles desselben der Vorlegung des Quittungsbuches und der Bestallung des Vormundes (Pflegers) unter Feststellung seiner Identität. (A. a. O. S. 663.) Nur, wenn der Bank bekannt wäre, daß der Vormund, trotz des Besitzes der Bestallung, nicht mehr Vormund sei, würde dem gewesenen Vormunde nicht gezahlt werden. Ergiebt die Bestallung die erfolgte Bestallung eines Gegenvormundes, oder ist eine solche anderweit bekannt, so wird der Nachweis der Genehmigung des Gegenvormundes gefordert. (A. a. O. S. 663.)

II. Die vom Vormunde freiwillig der Reichsbank übergebenen „offenen Depots" der Werthpapiere, welche sichere Aufbewahrung, Einziehung der Zins- und Dividendenscheine, Kontrolle der Verloosungen, Einziehung ausgeloosster Stücke, Abhebung neuer Kupons-Serien, Umtausch von Interimsscheinen in vollgezahlte Stücke, Geltendmachung des Bezugsrechts bei neuen Emissionen, gegen geringe Gebühr, gewähren, sind ausschließlich bei dem betreffenden Komptoir der Hauptbank zu Berlin niederzulegen. Die Einsendung darf durch die Post erfolgen. Die baar bei der Bank für eingezogene Kupons eingehenden Beträge werden auf Verlangen bei einer Reichsbankstelle zur Verfügung gestellt. Für $^1/_8$ % vom Nominalbetrage und $^1/_2$ ‰ Courtage führt die Bank auch An- und Verkäufe von Effekten aus. Auch Namenspapiere jeder Art, Hypothekenbriefe und andere Dokumente nimmt die Bank ins Depot und übernimmt die Verpflichtung, die aufkommenden Zinsen bei der Hauptbank von den Schuldnern anzunehmen, welche der Deponent zur Zahlung daselbst anzuweisen hat. Die aufkommenden Zinsen werden sodann bei der in der Deklaration bezeichneten Reichsbankstelle zur Verfügung gestellt.

Als Deponenten sind die Vormünder, als solche bestimmter Personen, zu bezeichnen. Dem entsprechend werden die Depotscheine ausgefertigt.

Gezahlt werden

a) Zinsen und Dividenden an den deponirenden Vormund ohne Legitimationsprüfung, auch ohne Vorlegung des Depotscheines; nur wenn bekannt ist, daß der deponirende Vormund nicht mehr Vormund ist, wird an ihn nicht gezahlt.

b) Bei der Rückgabe der Depots sowie Zahlung des Betrages für verlooste oder gekündigte Stücke bedarf es der Vorlegung des Depotscheines und der Bestallung Seitens des Vormundes, dagegen der Genehmigung des Gegenvormundes nicht, weil die Fälle des § 41 V. O. nicht vorliegen. Ebensowenig dann, wenn der Vormund deponirte Werthpapiere durch das Komptoir für Werthpapiere verkaufen lassen will. Der Gegenvormund wird sich in anderer Weise, etwa dadurch, daß er sich vom Vormunde den Besitz der Depotscheine übertragen läßt, sichern können. (S. 666 a. a. O.)

III. Ordnet das Vormundschaftsgericht die Deponirung von Inhaberpapieren an, so ist darin eine Verfügungsbeschränkung zu finden. Diese Anordnung wird daher auf dem Depotscheine vermerkt und die Papiere oder deren Beträge werden nur gegen die auf dem Depotscheine zu erklärende Genehmigung des Vormundschaftsgerichts an den Vormund, ohne Vorlegung der Bestallung, aber unter Feststellung der Identität, ausgeantwortet. Des Gegenvormundes bedarf es auch hierbei nicht. (Es müßte denn das Vorm.-Gericht die Genehmigung an dessen Zuziehung geknüpft haben.) Zinsen und Dividenden werden auch hier an den Vormund, wie bei II, ohne Legitimationsprüfung gezahlt. (S. 667 a. a. O.)

IV. Die vom Vormundschaftsgericht (§ 60 V. O.) angeordnete Niederlegung von Kostbarkeiten bei der Reichsbank kann nur in der Form des verschlossenen Depositums, aber bei allen Reichsbankstellen, soweit der vorhandene Raum dazu ausreicht, gegen ein Lagergeld von 10, 20 und 30 Mark, je nach dem Umfange der Kiste, erfolgen. Die Rückgabe erfolgt an jeden Präsentanten des Depositalscheines, auf welchem nicht vermerkt wird, daß die Niederlegung auf Anordnung des Vormundschaftsgerichts geschehen ist. (S. 668 a. a. O.) Es wird daher Sache des Vormundschaftsgerichts sein, um diesen Vermerk zu ersuchen und darf, wenn diesem Ersuchen stattgegeben worden, erwartet werden, daß, nach Analogie bei III, alsdann die Rückgabe auch nur mit Genehmigung des Vormundschaftsgerichts auf dem Depositalscheine geschehen wird. Die in dieser Beziehung von Löwenstein (S. 98, Anm. 224) geschehene Voraussetzung ist also nicht ohne Weiteres zutreffend.

Was zu „Kostbarkeiten" gehört, welche der Vormund frei veräußern kann, hat das Vormundschaftsgericht zu ermessen. Dernburg (S. 181) rechnet dazu z. B. Gemälde, Silbergeschirr. Nach der Allg. Depos. Ordn. v. 15. Sept. 1783 sind als „Pretiosen" anzusehen, die im Formular für gerichtliche Inventarien (§ 56. II. 5. A. G. O.) Tit. IV. V. VI. VII bezeichneten Gegenstände:

goldene, silberne und andere Medaillen und seltene Münzen, Juwelen und Kleinodien, Uhren, Tabatieren und andere kostbare oder künstliche Stücke und endlich Gold- und Silbergeschirr. (§§ 4. 5. I. A. Dep. O.)

IV. Beendigung der Vormundschaft.

§ 61.

Die Vormundschaft hört auf, wenn der Mündel die Großjährigkeit erreicht,[165]) wenn er für großjährig erklärt wird, wenn er in väterliche Gewalt tritt,[166]) und wenn das Ruhen der väterlichen Gewalt oder die Bevormundung des Vaters aufhört.[167])

Die Großjährigkeitserklärung eines Mündels ist zulässig, wenn derselbe das achtzehnte Lebensjahr zurückgelegt hat. Sie erfolgt mit Einwilligung des Mündels durch das Vormundschaftsgericht nach geführter Sachuntersuchung.[168]) Verwandte sowie Verschwägerte des Mündels sind nach Maßgabe des § 55 zu hören.

165) Eine Verlängerung der Vormundschaft über das Alter der Großjährigkeit hinaus ist nicht zulässig. (J. M. Bl. 1876. S. 233, Reichsob. Hand. Ger. Entsch. 20. S. 174, Johow 5. S. 290.) Eine früher nach §§ 697. 698. II. 18 A. L. R. zulässige desfallsige Anordnung hat mit dem 1. Januar 1876, von wo ab die V. O. v. 5. Juli 1875 gilt, ihre Bedeutung verloren.

166) Namentlich bei Legitimation und Adoption. (Letzteres im landrechtlichen Gebiet. Löwenstein S. 100.)

167) Vgl. Anm. 3 zu § 11 S. 68 über das Ruhen der väterlichen Gewalt.

168) Der Antrag darauf wird sowohl vom Vormund als vom Mündel gestellt werden können, am zweckmäßigsten aber von beiden gestellt, da daraus zugleich beider Einwilligung folgt; worauf sich die Sachuntersuchung zu erstrecken hat, ermißt das Vorm.-Gericht, wird aber Anträge dabei berücksichtigen; daraus wird sich sodann ergeben, ob die Großjährigkeit im Interesse des Mündels (durch Verfügung, nicht durch Erkenntniß, Johow 6. S. 73) auszusprechen ist*). Die desfallsige Entschließung des Vormundschaftsgerichts ist dem Mündel in beglaubter Form (als Attest) zuzufertigen. Mit dem Augenblicke dieser Zufertigung ist der Mündel, als großjährig erklärt, handlungsfähig. (Entsch. O. Tr. 8. S. 384, R. O. H. G. Entsch. 6. S. 317, Dernburg S. 118, Löwenstein S. 100, § 98 V. O.) Nach dieser Maßgabe erfolgt auch die Großjährigkeitserklärung eines in väterlicher Gewalt stehenden Kindes mit Zustimmung

---

*) Der Nachweis, wie § 713. II. 18. A. L. R. ihn vom Mündel verlangte: daß die Aufhebung der Vormundschaft seinen wahren und dauernden Vortheil mehr, als deren Fortsetzung, befördern werde, wird in Johow 6. S. 73 und von Neumann (S. 140) auch ferner zur Begründung des Antrages erfordert. Diese Bestimmung ist aber nicht aufrecht erhalten.

des Vaters. (§ 97.) Die Zustimmung des Vormundes verlangt das Gesetz nicht, so daß die Großjährigkeitserklärung des Mündels auch gegen dessen Willen vom Vorm.-Gericht ausgesprochen werden kann. Doch wird ein solcher Fall kaum vorkommen, da die Meinung des Vormundes doch immer eine gewichtige Unterlage für das Vorm.-Gericht bei seinem Beschluß bilden wird.

Eine letztwillige Anordnung betreffs der Großjährigkeit erübrigt das Verfahren nach § 61 Abs. 2 V. O. nicht (Philler S. 96, Gruchot 12. S. 875, Löwenstein S. 100); ein letztwilliges Verbot schließt die Großjährigkeitserklärung aber auch nicht aus (Gruchot 20. S. 762).

Wird die erfolgte Großjährigkeitserklärung (was allerdings wohl schwerlich vorkommen wird) vom Beschwerdegericht (§ 10 V. O.) aufgehoben, so wirkt die Aufhebung nur ex nunc. (Löwenstein S. 100. 19, Eccius S. 44. 45.)

Die Großjährigkeit beendigt nach A. L. R. nicht die väterliche Gewalt (J. M. Bl. 1874. S. 151); die Entlassung aus der väterlichen Gewalt (§ 216. II. 2. A. L. R.) bewirkt allein aber auch nicht mehr die Großjährigkeitserklärung. (§ 97. V. O.)

§ 62.

Wird der Vormund oder der Gegenvormund handlungsunfähig, so erlischt das Amt desselben.[169]

Mit der Aufnahme des Mündels in eine Verpflegungsanstalt, deren Vorstand nach § 13 die Rechte eines gesetzlichen Vormundes erlangt, erlischt das Amt des bisherigen Vormundes.[170]

169) Vergl. Anm. 30 zu § 21. V. O. S. 78, Anm. 46 zu § 25 S. 87, Dernburg S. 123.

170) Nach § 13 V. O. kann aber auch das Vormundschaftsgericht durch Bestellung eines anderen Vormundes die gesetzliche Vormundschaft des Anstaltsvorstandes, welche auch nach Austritt des Minderjährigen aus der Anstalt bis zur Großjährigkeit fortdauert (J. M. Bl. 1876 S. 24), beseitigen. Soll der bisherige Vormund etwa beibehalten werden, so muß, da die gesetzliche Vormundschaft von selbst eintritt und die seitherige erlischt, derselbe Vormund neu bestellt und verpflichtet werden. (Vgl. Abg. Ber. bei Löwenstein S. 101 und Wachler S. 167.) Auch das Amt des Gegenvormundes erlischt in diesem Falle. (Dernburg S. 139.) Ebenso setzt der bisherige Altersvormund, wenn der zur Großjährigkeit gelangende Pflegbefohlene für geisteskrank erklärt ist, nicht ohne Weiteres die Vormundschaft fort, vielmehr bedarf es einer neuen Verpflichtung und Bestallung. (Johow 6. S. 71.)

War in einem solchen Falle der Altersvormund testamentarisch von der obervormundschaftlichen Aufsicht befreit, so erstreckt sich diese Befreiung auf die neue Vormundschaft wegen Geisteskrankheit nur dann, wenn dies im Testament unzweifelhaft angeordnet ist. (Johow 6. S. 71.)

§ 63.

Der Vormund oder der Gegenvormund, welcher sich pflichtwidrig erweist, ist von dem Vormundschaftsgericht zu entsetzen.

Der Vormund oder der Gegenvormund, welcher sich als gesetzlich unfähig erweist oder aus erheblichen Gründen seine Entlassung beantragt, oder welchem die zur Führung der Vormundschaft nach § 22 erforderliche Genehmigung nicht ertheilt oder entzogen wird, ist von dem Vormundschaftsgericht zu entlassen. Als erhebliche Gründe sind namentlich anzusehen die in § 23 Nr. 4—7 angeführten Umstände, wenn sie im Laufe der Vormundschaft eintreten.

Diese Vorschriften finden auch auf den gesetzlichen Vormund Anwendung.

Die Beschwerde gegen die erfolgte Entsetzung oder Entlassung ist nur bis zum Ablauf von vier Wochen nach Zustellung der Entscheidung zulässig. [171])

171) Nach den Motiven und den Landtagsverhandlungen liegen diesem Paragraph folgende leitende Grundsätze zum Grunde:

a) ob der Vormund sich pflichtwidrig erwiesen hat, ermißt das Vorm.-Gericht nach vorheriger Sachuntersuchung, ebenso ob Belehrung, Rath, Ordnungsstrafe, Entlassung oder Entsetzung resp. Sicherstellung am Orte sein wird (vgl. Johow 7. S. 65 und Neumann S. 142),
b) zur Anzeige sind der Waisenrath und der Gegenvormund verpflichtet, (§ 53. 31. V. O.), zur Anzeige berechtigt ist ein Jeder,
c) alle gesetzlichen Vormünder, auch der Vater als solcher, unterliegen diesem Paragraphen und können daher in geeigneten Fällen ihre Entlassung fordern,
d) welche Vorsichtsmaßregeln das Vormundschaftsgericht während der Untersuchung zu ergreifen hat, darüber sind besondere Vorschriften entbehrlich, (vergl. Dernburg S. 234, Wachler S. 168),
e) gegen seinen Willen soll der Vormund oder Gegenvormund, wenn er weder pflichtwidrig gehandelt hat, noch sich als gesetzlich unfähig erweist, nicht entlassen werden. (Wachler S. 168.)

Gesetzlich unfähig sind die § 21 V. O. unter 1—7 aufgeführten Personen. Als erhebliche Entlassungsgründe sind namentlich anerkannt: (§ 23 Nr. 4—7)

a) Krankheit,
b) Wohnsitz außerhalb des Vormundschaftsgerichtsbezirks,
c) Verlangen einer Sicherheitsstellung (nach Maßgabe des § 58 V. O.),
d) Besitz von 5 oder mehr minderjährigen ehelichen Kindern.

Zu c. nimmt Löwenstein (S. 102) auch die Erhöhung einer bereits gestellten Sicherheit als erheblichen Entlassungsgrund an.

Die Entlassung eines Beamten (§ 22), welchem die Genehmigung nicht ertheilt oder entzogen wird, hat hauptsächlich, nach einer Aeußerung des Regierungskommissarius, den Fall der Uebernahme einer amtlichen Stellung von Seiten des schon verpflichteten Vormundes im Auge. (Löwenstein S. 36. 37. 102, vergl. Anm. 36 zu § 22 V. O. S. 82.)

Bestanden die Ablehnungs- resp. Entlassungsgründe schon bei der Verpflichtung, so können sie nicht geltend gemacht werden, da sie erst „im Laufe der Vormundschaft eintreten" müssen, um Berücksichtigung zu finden.

Die Zustellung der Entscheidung bedingt wegen der Frist einen Behändigungsschein. (Wachler S. 169.) Mit der Zustellung tritt die Wirkung ein. (Dernburg S. 233.)

§ 64.

Verheirathet sich eine zum Vormunde bestellte Frau,[172]) so hat das Vormundschaftsgericht zu entscheiden, ob sie zu entlassen sei. Verwandte sowie Verschwägerte des Mündels sind vorher nach Maßgabe des § 55 zu hören.[173]) Die Beibehaltung ist nur mit Einwilligung des Ehemannes zulässig.[174])

172) Sei es die Mutter oder eine andere weibliche Person. Diese Prüfung und Entscheidung des Vormundschaftsgerichts wird auch durch eine letztwillige Verordnung des Vaters des Mündels nicht ausgeschlossen. (Dernburg S. 235.)

173) Diese Anhörung ist, wenn die Verwandten erreichbar sind, ohne Antrag zu bewirken und ist obligatorisch. (Johow 5. S. 290.)

174) Auch die verheirathete Mutter kann als Vormund beibehalten werden. (Löwenstein S. 103, Dernburg S. 235.)

Vergl. Anm. 34 zu § 21 V. O. S. 80 über die bei Gruchot 20. S. 417 beregte und verneinte Frage: ob der Ehemann die ertheilte Einwilligung später zurücknehmen kann?

§ 65.

Stirbt der Vormund oder der Gegenvormund, so sind der Ueberlebende und die Erben verpflichtet, dem Vormundschaftsgerichte Anzeige zu machen.[175]) Die Erben haben für Sicherstellung der in dem Nachlasse befindlichen Vermögensstücke des Mündels zu sorgen.[176])

Sind mehrere Vormünder bestellt, so wird durch den Abgang eines Vormundes das vormundschaftliche Amt der übrigen nicht aufgehoben.[177])

175) Auch der Ueberlebende von mehreren Vormündern. (Dernburg S. 232.)

176) Diese Pflicht der Erben ergiebt sich daraus, daß deren Erblasser fremde Sachen anvertraut waren, und daß die Erben eines Vormundes nicht anders zu behandeln sind, als die eines Depositars oder Mandatars. Sie haben nur für Fahrlässigkeit einzustehen, und können nicht haftbar werden, wenn ein Dritter, ehe sie in den Besitz der Erbschaft kamen, sich Objekte des Pflegebefohlenen angeeignet hat. (Löwenstein S. 103, Dernburg S. 232.)

Die Erben haben auch Schlußrechnung zu legen. (§ 67 Abs. 4. V. O.)

177) Bei einer Kollektivverwaltung sind also die übrigbleibenden Vormünder, event. bloß ein einziger, berechtigt, die Verwaltung des Vermögens des Mündels und dessen Vertretung fortzusetzen. Ob an Stelle des Wegfallenden ein neuer

Vormund zu bestellen ist, hängt vom Inhalt der letztwilligen Verfügung, und von dem Bedürfniß einer solchen Gesammtverwaltung ab.

War die Verwaltung getheilt, so ist die Ersetzung des abgehenden Vormundes durch das Gericht zu veranlassen. (Dernburg S. 82.)

§ 66.

Der Vormund sowie der Gegenvormund hat nach Beendigung seines Amtes die Bestallung an das Gericht zurückzugeben. 178)

178) Es soll mit der Bestallung kein Mißbrauch getrieben werden. Die Rückgabe läßt sich aber, namentlich wenn der Vormund den Verlust behauptet, nicht erzwingen. Ist die Beendigung durch der Mündel Großjährigkeit erfolgt, so ist ein Mißbrauch nicht zu besorgen, da aus der Bestallung (§ 24) die Geburtszeit der Mündel ersichtlich ist. Lautet die Bestallung über mehrere Mündel und wird die Vormundschaft über den einen auf andere Art als durch Großjährigkeit beendigt, so wird die Bestallung vom Gericht erneuert oder ergänzt werden müssen. (Philler S. 98.)

§ 67.

Der Vormund hat nach Beendigung seines Amtes dem bisherigen Mündel oder dessen Rechtsnachfolger oder dem neu bestellten Vormund das verwaltete Vermögen herauszugeben und binnen zwei Monaten Schlußrechnung zu legen. 179)

Der Gegenvormund hat die Schlußrechnung mit seinen Bemerkungen zu versehen und über die von ihm geführte Gegenvormundschaft, sowie über das, von dem Vormund verwaltete Vermögen jede erforderte Auskunft zu geben. 180)

Die Schlußrechnung ist dem Vormundschaftsgerichte einzureichen. Dieses hat dieselbe dem bisherigen Mündel oder dessen Rechtsnachfolger oder dem neu bestellten Vormund zur Erklärung vorzulegen und, wenn Ausstellungen nicht gemacht werden, die Entlastung herbeizuführen. 181)

Die Pflicht zur Legung der Schlußrechnung geht auf den Verwalter im Konkursverfahren und auf die Erben des Vormundes über. Die zweimonatliche Frist beginnt für die Erben vom Todestage des Vormundes, oder, wenn ihnen eine Ueberlegungsfrist zusteht, vom Ablauf der letzteren. 182)

179) Die nach § 60 V. O. etwa im gerichtlichen Depositum verwahrten Werthpapiere und Kostbarkeiten werden nach beendeter Vormundschaft auf Anweisung des Vormundschaftsgerichts sofort an den gewesenen Mündel herausgegeben. Ebenso hat der gewesene Vormund unverzüglich an den früheren Mündel

oder an den neuen Vormund, das hinter ihm befindliche Mündelvermögen, auszuantworten, bei Vermeidung sofortiger Klage. Und binnen 2 Monaten, vom Tage der Beendigung seines Amtes als Vormund abgerechnet, ist, wenn der gewesene Mündel sich nicht mit einer summarischen Schlußrechnung begnügen, oder auf Beibringung aller der einzelnen Beläge verzichten will, oder ganz auf Legung der Schlußrechnung verzichtet, dem gewesenen Mündel vom gewesenen Vormunde Schlußrechnung zu legen, und diese zur weiteren Veranlassung dem Vormundschaftsgerichte einzureichen. Verstreicht die Frist fruchtlos, so wird der Vormund verklagt.

Die Schlußrechnung braucht nur eine Zusammenstellung aus den einzelnen (§ 56) Rechnungen und eine Darlegung des sich aus denselben ergebenden Schlußresultates zu enthalten. Beim Mangel von Einzelrechnungen ist in der Schlußrechnung über die gesammte Vermögensverwaltung vom Beginn bis zum Ende der Vormundschaft nach Maßgabe des § 56 Auskunft zu geben, und Alles mit beweisenden Belägen zu begründen.

180) Wer hat die Auskunft zu erfordern? Der seitherige Mündel, welchem die Schlußrechnung gelegt wird, oder, falls ein neuer Vormund eintritt, dieser, im letzteren Falle auch das Vormundschaftsgericht, wenn es dazu Veranlassung findet. Denn das Aufsichtsrecht des Vormundschaftsgerichts nimmt mit der Beendigung der Vormundschaft auch ein Ende und ein Ausfluß desselben ist das Recht, vom Vormund und Gegenvormund Auskunft zu erfordern, welches im letztgedachten Falle fortbesteht.

181) Das Vormundschaftsgericht hat die Schlußrechnung anzunehmen, sie der Person, welcher die Rechnung gelegt ist, zur Erklärung darüber (mit Fristbestimmung) vorzulegen (sei es an Gerichtsstelle (§ 69), oder durch Uebersendung nach Hause), und, wenn Ausstellungen nicht gemacht werden, die Entlastung herbeizuführen. Die Prüfung dieser Rechnung erfolgt nicht durch das Gericht, sondern durch den Rechnungsabnehmer (§ 69), welcher wegen einzelner Ausstellungen einen Vorbehalt machen darf, übrigens aber Quittung und Entlastung ertheilen muß (§ 69), worauf die gestellte Sicherheit, event. unter Zurückbehaltung eines, dem Vorbehalt entsprechenden, Theiles, zurückzugeben ist (§ 70). Daß die Entlastung geschehen ist, muß dem Vorm. Gericht zur Kenntniß gebracht werden. Entweder vom seitherigen Mündel oder seitherigen Vormunde. Daß an sich dem V. G. nicht unbedingt die Entlastung einzureichen ist, liegt auf der Hand. (Wachler S. 173.), doch vergl. Abs. 5 dieser Anm. 181 S. 156.

Diese vermittelnde Stellung des Vormundschaftsgerichts, der Schlußrechnung gegenüber, soll namentlich zur Beförderung der raschen Abwickelung und zur Vermeidung von Prozessen zwischen Vormund und Mündel dienen. (Löwenstein S. 106.)

Nach Löwenstein (S. 106) dürfte sich die Sache praktisch dahin gestalten:

a) der Vormund wird nach Beendigung seines Amtes vom V. G. aufgefordert, die Schlußrechnung mit Ablauf der 2monatlichen Frist zur Vermeidung der Klage des bisherigen Mündels einzureichen,
b) beim Ausbleiben der Rechnung wird die Anstellung der Klage anheimgegeben,
c) ist die Schlußrechnung eingereicht, so wird, ohne deren vorherige Prüfung, in der Regel ein Termin zur Vorlegung und Abnahme anberaumt, mit der Verwarnung, daß, falls der Rechnungsnehmer im Termine ausbleibt, oder die Entlastung verweigert, der bisherige Vormund zum Prozesse

verwiesen wird; der neue Vormund aber ist vom Gericht zu einer gewissenhaften Prüfung der Rechnung anzuhalten.

Zu a. dürfte indeß, da der Vormund seine Pflicht kennen muß, die Aufforderung in Wegfall zu bringen, oder, erscheint sie zweckmäßig, dahin auszudehnen sein, daß das verwaltete Vermögen sofort herauszugeben und binnen 2 Monaten die Rechnung einzureichen sei, davon aber dem seitherigen Mündel resp. dem neuen Vormunde Kenntniß gegeben werden müssen, um rechtzeitig geeignete Schritte thun zu können.

Zu c. dürfte sich das vorgeschlagene Verfahren nur für kleine Vermögensverwaltungen empfehlen. Mit der Rechnungsabnahme an sich hat das V. G. nichts zu thun. Bei komplizirten Rechnungen würde im Termine nur die Uebergabe der Rechnung nebst Beilagen an den Rechnungsnehmer zu beurkunden und ihm allenfalls zur Prüfung und Erklärung eine Frist zu stellen sein. Demgemäß wäre die Verwarnung in der Terminsvorladung anders zu fassen. Und zwar wohl dahin: es werde angenommen, die Rechnung verlange der Geladene zur Prüfung und Erklärung auf seine Kosten und Gefahr durch die Post zugesendet. Erscheint aber ein Termin überhaupt nicht zweckentsprechend, von welchem, wenn eine Verhandlung mit Ergebniß der Enderklärung und Entlastung erwartet werden kann, dem gewesenen Vormunde mit Anheimstellen, auf seine Kosten (deren Ersatz ihm Dernburg S. 238 zubilligt) zu erscheinen, Kenntniß zu geben wäre, so wird, in sicherer Form, die Rechnung nebst Beilagen dem Rechnungsnehmer mit einer sachgemäß zu bestimmenden Frist zur Erklärung, event. Beifügung der Quittung und Entlastung für Vormund und Gegenvormund, zugefertigt. Verstreicht die Frist fruchtlos, so erhält davon der seitherige Vormund Kenntniß; geht die Erklärung ein mit Entlastung, so wird letztere den Vormündern zugestellt und die Sache ist erledigt. Werden Ausstellungen erhoben, so prüft der Takt des V. G., ob ein Verhandlungstermin angethan erscheint, um die Sache ohne Prozeß aufzuklären und zum Ende zu bringen; dann ladet er beide Theile ohne Warnung (die event. nur dahin gehen könnte, der Ausbleibende gewärtige Austrag der Sache im Prozeßwege) vor und nimmt nur das Resultat der mündlichen Verhandlung zu Protokoll. Ist der Termin fruchtlos, so sind von selbst die Parteien zum Prozeßwege verwiesen.

Den neuen Vormund als Rechnungsnehmer hat das V. G. (wie Löwenstein S. 106 ganz richtig ausführt) von Aufsichtswegen zu seiner etwa zögernden Thätigkeit anzuhalten.

Die Rechnungen sind, da seit 1. Januar 1876 (R. G. Bl. 1875. S. 303) im ganzen Deutschen Reichsgebiete die Reichswährung in Kraft getreten ist, selbstverständlich demgemäß aufzustellen.

182) Die Frist läuft für den Konkursverwalter, mag derselbe einstweilig oder definitiv sein, (§§ 131. 220. Konk. O.; §§ 5. 102. 110. K. O. für das Deutsche Reich), von der Entlassung des Gemeinschuldners als Vormund. (Wachler S. 174.) In dieser Beziehung bestimmt § 21 Nr. 4: unfähig zur Führung einer Vormundschaft ist ein Gemeinschuldner während der Dauer des Konkursverfahrens (Anm. 32a zu § 21); ferner § 63: der Vormund, welcher sich als gesetzlich unfähig erweist, ist zu entlassen und die Entlassung wirkt (Dernburg S. 233) mit Zustellung des Entlassungsdekrets für den Vormund und die bis dahin von ihm abgeschlossenen Geschäfte. Da nun die Pflicht zur Legung der Schlußrechnung, binnen 2 Monaten nach Beendigung des Amtes, vom Vormunde

auf den Verwalter im Konkursverfahren übergeht, so erscheint die Ansicht gesetzlich begründet. Dernburg (S. 238) legt auch dem Nachlaßkurator die entsprechende Pflicht, Schlußrechnung zu legen, auf. Die Klage auf Schlußrechnung verjährt in 30 Jahren. (Dernburg S. 243, Neumann S. 147.)

Die Kosten, welche der Vormund als guter Hausvater auf Legung der Schlußrechnung aufgewendet hat, sind ihm aus dem Mündelvermögen zu ersetzen. (Motive, Löwenstein S. 108, Dernburg S. 238.)

§ 68.

Von der Pflicht, Schlußrechnung zu legen, kann der Vormund von den Eltern oder dem Erblasser des Mündels nicht befreit werden.[183])

183) Daß der selbstständig gewordene Pflegebefohlene auf die Schlußrechnung verzichten kann, ist ohne Zweifel. Der Ehemann, auf Grund des ihm am eingebrachten Vermögen seiner Ehefrau zustehenden Verwaltungs- und Nießbrauchsrechts, ist aber nicht befugt, ihrem Vormunde die Rechnungslegung über die vor der Verheirathung geführte Verwaltung ihres Vermögens einseitig giltig zu erlassen. (Entsch. O. Tr. 71. S. 63.)

Ist die Befreiung des Vormundes von Legung der Schlußrechnung vor dem 1. Januar 1876 (dem Tage des Inkrafttretens der V. O. v. 5. Juli 1875) giltig erfolgt, so bleibt sie, als nach A. L. R. zulässig, nach § 94 V. O. wirksam. (§§ 870—879. II. 18. A. L. R., Löwenstein S. 107.)

Der Vater, die Mutter, der Ehemann und die Großeltern des Mündels, welche nach § 57 V. O. von der laufenden Rechnungslegung frei sind, sind von der Pflicht der Schlußrechnungslegung als Vormund nicht frei. (Löwenstein S. 107.)

§ 69.

Der bisherige Mündel, dessen Rechtsnachfolger und der neu bestellte Vormund sind berechtigt, behufs Prüfung der Schlußrechnung die Vormundschaftsakten einzusehen.[184])

Dieselben sind verpflichtet, dem Vormund und dem Gegenvormund über treu und richtig geführte Vormundschaft und über Ausantwortung des Vermögens Quittung und Entlastung zu ertheilen.[185])

Die Quittung und Entlastung ist wegen einzelner Ausstellungen nicht zu verweigern. Wegen dieser darf ein Vorbehalt gemacht werden. Im Falle schriftlicher Beurkundung ist der Vorbehalt, um wirksam zu sein, in die Urkunde aufzunehmen.[186])

Die Anerkennung der Rechnung schließt den Beweis eines Irrthums oder eines Betrugs in der Rechnung nicht aus.[187])

184) Alle die Vermögensverwaltung betreffenden Vormundschaftsakten einzusehen umfaßt das hier eingeräumte Recht, welches auch sonst dem Mündel

während der Vormundschaft nicht beschränkt sein soll. (Philler S. 100.) Aus dem Akteneinsichtsrecht folgt die Befugniß, Abschrift einzelner Stücke der Akten selbst zu nehmen oder zu verlangen.

185) Vorausgesetzt, daß Vormund resp. Gegenvormund nicht darauf verzichten. Die unbedingt und ohne alle Einschränkung vor Legung der Schlußrechnung ertheilte Entlastung enthält einen Verzicht auf die Rechnungslegung. (Entsch. O. Tr. 48. S. 413.)

Dem Vormundschaftsgericht ist in den seit 1. Januar 1876 eingeleiteten Sachen nicht mehr Quittung und Entlastung zu leisten. (Johow 5. S. 291, Dernburg S. 248.)

186) Vergl. Anm. 181 zu § 67.

187) Hinsichtlich der Rechnungsanerkennung sind zu vergl.: § 145. ff. I. 14. A. L. R., § 895. ff. II. 18. A. L. R., Art. 294 Deutsches Handelsges. B. (Philler S. 101, Löwenstein S. 108, Dernburg S. 248; nach letzterem hat die Anerkennung der gelegten Rechnung Vergleichsnatur.)

§ 70.

Die von dem Vormund gestellte Sicherheit ist zurückzugeben und die Löschung der Sicherheitshypothek zu bewilligen, sobald dem Vormund Quittung und Entlastung ertheilt worden ist. Ist bei der Quittung und Entlastung ein Vorbehalt gemacht, so hat das Vormundschaftsgericht zu entscheiden, ob und wie viel von der Sicherheit zurückzubehalten oder von der Hypothek bestehen zu lassen sei.[188]

188) Vergl. Anm. 181 zu § 67 S. 155.

Zur Stellung des Antrages auf Löschung der Sicherheitshypothek ist das Vormundschaftsgericht nicht befugt. Vergl. Anm. 159 zu § 58, letzter Abs. S. 144.

Soweit im Falle eines Vorbehaltes das Vorm. Gericht nach § 70, mit Ausschluß des Rechtsweges, zu entscheiden hat, ob und wie viel von der Hypothek bestehen zu lassen sei, ist es als zuständige Behörde im Sinne des § 92 der Grundbuch-Ordnung anzusehen. (Löwenstein S. 94. 109.)

Die Kosten für Löschung der Kaution trägt der gewesene Mündel. (§ 58. Abs. 2.)

Nach Beendigung aller dieser Punkte, also der vormundschaftsgerichtlichen Thätigkeit, sind die Vormundschaftsakten zu reponiren. Zu kassiren sind sie, wenn keine Vermögensverwaltung stattgefunden hat, nach 5 Jahren, vom Tage der erreichten Großjährigkeit des jüngsten Mündels, sonst, auch bei Auseinandersetzungen zwischem dem Vater und seinen Kindern, nach 10 Jahren. Von der Kassation bleiben ausgeschlossen: die Erbrezesse, Anerkenntniß der Vaterschaft und andere Akte der freiwilligen Gerichtsbarkeit, die jetzt nicht mehr bei den Vormundschaftsakten (J. M. Bl. 1875. S. 248 Nr. IV.) vorkommen werden. (J. M. Bl. 1848. S. 224, 1864. S. 278, Philler S. 101, Wachler S. 176, Löwenstein S. 109, Neumann S. 150.) Nachlaß- und Erbbescheinigungs-Akten sind nach 30 Jahren vom Tage der Reposition zu kassiren.

V. Familienrath.*)

§ 71.

Ein Familienrath ist zu bilden:

1) wenn der Vater oder die Mutter des Mündels nach Maßgabe der in § 17 für die Berufung eines Vormundes gegebenen Vorschriften die Bildung angeordnet hat,[189])
2) wenn drei Personen, welche mit dem Mündel bis zum dritten Grade verwandt oder verschwägert sind, die Bildung beantragen,[190])
3) wenn der Vormund oder der Gegenvormund die Bildung beantragen.[191])

Die Bildung eines Familienraths unterbleibt, wenn sie von dem Vater oder der Mutter nach Maßgabe der Vorschriften des § 17 untersagt ist.[192])

Zum Eintritt in den Familienrath kann Niemand gezwungen werden.

189) Also nur dann, wenn der Vater die väterliche Gewalt oder die Vormundschaft über den Mündel bis zu seinem Tode gehabt hat, sowie: wenn die Mutter bis zum Tode die Vormundschaft führte. (§ 17.) Ist bei Lebzeit der Mutter ein Familienrath gebildet, so kann die Anordnung der später verstorbenen Mutter, welche die Bildung untersagt, zunächst nicht in Betracht kommen und nicht zu dessen Auflösung nöthigen. (Dernburg S. 62.)

190) Schwägerschaft heißt die Verbindung, welche durch Heirath zwischen dem einen Ehegatten und den Blutsverwandten des Andern entsteht. (§ 43. I. 1. A. L. R.) Sie bleibt auch nach Beendigung der Ehe. (Dernburg S. 63.) Dies ist auch in strafrechtlicher Beziehung angenommen. (§ 173. R. Str. G. B., Oppenhoff Note 3.) Wenn das Obertribunal (Entsch. 53. S. 347, Striethorst Archiv 55. S. 197. Nr. 36) bei der Anwendung des Anfechtungsgesetzes v.

*) Außer gutachtlicher Mitwirkung von Verwandten (§ 55 V. O.) kann es Fälle geben, in denen ein Begriffsganzes der Familie, statt des Vormundschaftsgerichtes, als Familienrath zweckmäßigerweise die obervormundschaftliche Aufsicht übernimmt. Dies wird z. B. eintreten können bei der Bewirthschaftung großen Grundbesitzes, der Verwaltung einer großen Fabrik, der Fortführung einer beträchtlichen kaufmännischen Handlung, der Theilnahme des Pflegebefohlenen an einer Handelsgesellschaft. Bei derartigen Verwaltungen wird, wie die Motive annehmen, die Familie in dem Familienrath ein passenderes Aufsichtsorgan schaffen, welches den Verhältnissen näher steht und zugleich durch ein nahes persönliches Interesse an dem Wohle des Pflegebefohlenen sich zur Aufsicht besonders empfiehlt. Im Interesse der ganzen Familie wird regelmäßig die Erhaltung eines großen Vermögens bestehen.

9. Mai 1855 § 5 Nr. 3 ausgeführt hat, daß von Verwandten des „Ehegatten" an dieser Stelle nur so lange die Rede sein könne, als ein „Ehegatte" bestehe, also so lange die Ehe selbst bestehe, so kann diese Ansicht nur für den vorliegenden Fall, nicht aber auf § 71 Nr. 2 der V. O., Anwendung finden. Anderer Meinung ist Neumann (S. 153.)

Die Grade der Verwandtschaft werden durch die Zahl der Geburten bestimmt, mittelst welcher zwei verwandte Personen auf einen gemeinschaftlichen Ursprung sich beziehen. (§ 45. I. 1. A. L. R.) Ein Beweis für den Grad der Verwandtschaft wird nur ausnahmsweise zu verlangen sein. (Löwenstein S. 110.)

191) Bei mehreren gemeinschaftlich verwaltenden Vormündern entscheidet die Mehrheit, event. das Vormundschaftsgericht. (§ 30 Abs. 1. 2.) Ist die Verwaltung getheilt, so muß der Antrag einstimmig gestellt werden (Maassen S. 80), wogegen Neumann (S. 151) auch hier Stimmenmehrheit, event. Entscheidung durch das Vormundschaftsgericht, für maßgebend hält.

192) Ebenso, wenn es an der erforderlichen Zahl geeigneter Personen fehlt. (§§ 72. 76. 80. V. O.)

§ 72.

Der Familienrath wird aus dem Vormundschaftsrichter als Vorsitzendem und aus [193]) Verwandten oder Verschwägerten des Mündels als Mitgliedern gebildet. Andere Personen können in denselben berufen werden:

1) durch den Vater oder die Mutter nach Maßgabe der Vorschriften des § 17,
2) durch den Beschluß eines bestehenden Familienraths.

Nur männliche Personen, welche zur Führung der Vormundschaft gesetzlich fähig sind,[194]) können Mitglieder des Familienraths werden. Die Gültigkeit der Bestellung gesetzlich unfähiger Mitglieder ist nach den Vorschriften der §§ 25, 62 zu beurtheilen.

Der Gegenvormund kann zugleich Mitglied des Familienraths sein.

Die Zahl der Mitglieder beträgt höchstens sechs.[195])

193) männlichen (Abs. 2.); mindestens 2, höchstens 6, und außerdem bei nur 2 Mitgliedern: 1 oder 2 Ersatzmitgliedern. (§ 72 Abs. 4, 76 Abs. 2.)

194) Vergl. § 21. — Der Genehmigung vorgesetzter Behörden bedarf es zum Eintritt eines Beamten in den Familienrath nicht (Dernburg S. 64), denn § 22 bezieht sich nur auf Führung einer Vormundschaft. Trotz der allgemeinen Fassung des § 79 Abs. 1, nach welcher § 63 Anwendung findet, hat § 22 hier keine analoge Wirkung.

195) Die höchste Zahl der beschließenden Mitglieder des Familienrathes, welche sämmtlich zusammen zu berufen sind (§ 77), sie mögen wohnen, wo es sei (Dernburg S. 63), beträgt also mit dem, stimmberechtigten, Vorsitzenden: 7. Dernburg (S. 66) und Löwenstein (S. 111), sowie Wachler (S. 180 Anm. 1

und 3. 7.) haben ebenfalls kein Bedenken, dem Vormundschaftsrichter volles Stimmrecht zuzusprechen, während Neumann (S. 154) und Maassen (S. 80) nur im Falle des § 77 Abs. 3 ein Stimmrecht für ihn annehmen.

Die durch den Vater oder die Mutter zu Familienrathsmitgliedern Berufenen haben nach Maassen (S. 80) wegen Uebergehung das Beschwerderecht nach § 18. (Löwenstein S. 111.)

§ 73.

Soweit die Mitglieder des Familienraths nicht durch den Vater oder die Mutter berufen sind, oder die von diesen Berufenen nicht eintreten oder Mitglieder ausscheiden, erfolgt die Berufung der Mitglieder bis zur Herstellung der Beschlußfähigkeit[196]) durch den Vormundschaftsrichter nach Anhörung von Verwandten und Verschwägerten des Mündels, sofern dieselbe ohne Verzug geschehen kann.[197])

Darüber, ob und welche Personen außerdem zu berufen sind, beschließt der Familienrath.[198])

196) Beschlußfähigkeit tritt ein (§ 76), wenn der Vormundschaftsrichter und zwei Mitglieder anwesend sind. Natürlich beruft der Vorm. Richter aus der Zahl der Verwandten. (§ 72.)

197) Auf die Nähe der Verwandtschaft oder Schwägerschaft kommt nichts an. In der Anhörung liegt das Vorschlagsrecht. (Wachler S. 181.) Es müssen übrigens nicht Verwandte und Verschwägerte gehört werden, es genügt vielmehr die Anhörung von Verwandten oder Verschwägerten. (§ 55.) Maassen (S. 83) geht wohl zu weit, wenn er das ohne Anhörung von Verwandten oder Verschwägerten bestellte Mitglied entlassen will.

198) Ueber die zur Beschlußfähigkeit nothwendige Zahl, s. § 76 Abs. 2. Aus eigener Machtvollkommenheit darf der Vormundschaftsrichter darnach nie mehr als zwei Mitglieder berufen. (Löwenstein S. 112.)

§ 74.

Die Mitglieder des Familienraths werden von dem Vormundschaftsrichter durch Verpflichtung auf treue und gewissenhafte Führung ihres Amtes bestellt. Die Verpflichtung erfolgt mittelst Handschlags an Eidesstatt.[199])

199) Eine Bestallung erhalten die Familienrathsmitglieder nicht. Ebenso wenig werden sie einzeln in die Bestallung des Vormundes (§ 24 Abs. 2) aufgenommen. Die Ersatzmitglieder (§ 76 Abs. 2) sind ebenfalls, mindestens bei ihrem Eintritt, zu verpflichten. Dernburg (S. 65) will ihre Verpflichtung gleich von vornherein. Zum Eintritt in den Familienrath, welcher bis zur Entsetzung oder Entlassung (§ 79) bleibend ist, kann übrigens (§ 71 Abs. 3) Niemand gezwungen werden. Der Freiwilligkeit entspricht die Verantwortlichkeit. (§ 75, Wachler S. 179.)

Gebildet ist der Familienrath, sobald die nöthige Zahl von Mitgliedern zum Eintritt bereit und bestellt ist.

§ 75.

Der Familienrath hat die Rechte und Pflichten des Vormundschaftsgerichts. 200)

200) Weder weitergehende Befugnisse, noch Einschränkungen bestehen. Auch betreffs der Haftpflicht gilt ganz dasselbe für die Familienrathsmitglieder. (Dernburg S. 67. 68.) Alle darauf bezüglichen abändernden Anträge sind im Landtage gefallen. (Löwenstein S. 112. 113.)

Die gutachtliche Anhörung der Familienmitglieder läßt Maassen (S. 84) wegfallen, wenn der Familienrath nur aus Fremden (Familienfreunden) besteht (§ 72.). Es billigt derselbe den Familienrathsmitgliedern keinen Anspruch auf Erstattung von Auslagen zu (S. 83), welche sie im Dienst der Vormundschaft gemacht haben. Die Stellung einer derartigen Bedingung beim Eintritt dürfte aber zulässig sein, da es sich hierbei nicht um eine Erledigung einer Staatsbürgerpflicht handelt. Weil der Vormund unter Aufsicht des Familienrathes steht, kann er nicht Mitglied desselben werden. Für den Gegenvormund ist eine Ausnahme (§ 72 Abs. 3) gemacht, da er nur kontrollirt, nicht verwaltet.

§ 76.

Der Familienrath ist nur bei Anwesenheit des Vormundschaftsrichters und mindestens zweier Mitglieder beschlußfähig.

Sind außer dem Vorsitzenden nur zwei Mitglieder vorhanden, so hat der Familienrath ein oder zwei Ersatzmitglieder zu berufen und die Reihenfolge zu bestimmen, in welcher dieselben bei etwaiger Beschlußunfähigkeit einzutreten haben. 201)

201) Daß die Sitzungen des Familienrathes nicht öffentlich sind (Dernburg S. 66, Maassen S. 85), ist selbstverständlich.

§ 77.

Der Familienrath wird durch den Vormundschaftsrichter auf den Antrag zweier Mitglieder, des Vormundes oder des Gegenvormundes oder von Amtswegen zusammengerufen.

Alle Mitglieder sind mündlich oder schriftlich durch den Vormundschaftsrichter einzuladen. 202)

Der Familienrath faßt seine Beschlüsse nach der Mehrheit der Stimmen der Anwesenden. Bei Stimmengleichheit giebt die Stimme des Vormundschaftsrichters den Ausschlag. 203)

202) Da der unentschuldigt Ausbleibende (§ 79 Abs. 2) Ordnungsstrafe zu gewärtigen hat, muß die Ladung aktenmäßig nachweisbar sein.

Mittheilung der zur Berathung kommenden Gegenstände, ohne daß andere nicht erwähnte deshalb auszuschließen wären, ist nicht vorgeschrieben, aber empfehlenswerth. (Wachler S. 183.)

203) Schriftliche Aeußerungen abwesender Mitglieder finden keine Berücksichtigung und ist eine Vertretung durch Bevollmächtigte nicht zulässig. (Löwenstein S. 114, Philler S. 104, Wachler S. 183.)

§ 78.

Zum Nachweise eines gültigen Beschlusses genügt die Unterschrift des Vormundschaftsrichters. 204)

Der Vormund kann verlangen, daß ihm die Beschlüsse des Familienraths schriftlich zugehen. 205)

Gegen die Beschlüsse des Familienraths findet Beschwerde nach Maßgabe des § 10 statt. 206)

Wird ein sofortiges Einschreiten erforderlich, so hat der Vormundschaftsrichter die nöthigen Anordnungen zu treffen und unverzüglich den Familienrath zusammen zu berufen, um diesen von der getroffenen Verfügung in Kenntniß zu setzen und über die weiter zu ergreifenden Maßregeln einen Beschluß herbeizuführen. 207)

204) Damit nicht hinterher wegen etwaiger Fehler bei der Berufung des Familienrathes die Giltigkeit der Beschlüsse desselben angefochten werden könne (Löwenstein S. 114), ist diese Bestimmung getroffen.

205) Zur Deckung seiner Verantwortlichkeit.

206) Die Beschwerde hat: Vormund, Gegenvormund, jedes Mitglied des Familienrathes, auch der Vormundschaftsrichter. (Wachler S. 184, Löwenstein S. 115.) Dernburg (S. 68) billigt die Beschwerde nur dem Vormund, event. dem Pfleger ad hoc zu.

207) Dem Vormundschaftsrichter liegt daher ob: dem Waisenrath von der einzuleitenden Vormundschaft Mittheilung zu machen, die Berufung des Familienrathes, die Uebermittelung der Beschlüsse an den Vormund, überhaupt der Verkehr mit demselben, den Behörden und dem Publikum. Mit einem Wort: die Exekutive steht dem Vormundschaftsrichter zu. Darnach hat er auch allein die Schlußrechnung zu erfordern, die Vorlegung zu bewirken, die Entlastung herbeizuführen und die nach § 15 erforderlichen Handlungen der Vermögenssicherstellung vorzunehmen. (Löwenstein S. 113, Neumann S. 153. 154.)

§ 79.

Die Mitglieder des Familienraths können aus denselben Gründen wie ein Vormund durch das Beschwerdegericht entsetzt oder entlassen werden. 208)

Gegen Mitglieder des Familienraths, welche ohne genügende

Entschuldigung ausbleiben, kann der Vormundschaftsrichter eine Ordnungsstrafe bis zu hundert Mark verhängen.[209])

Gegen die Verhängung der Ordnungsstrafe findet Beschwerde nach Maßgabe des § 10 statt.

208) Auf den vorsitzenden Vormundschaftsrichter bezieht sich diese Bestimmung natürlich nicht mit. Da das Beschwerdegericht hier entscheidet, so verbleibt es bei dessen Bescheide, ohne daß dagegen eine weitere Beschwerde zulässig wäre. (Wachler S. 185, Löwenstein S. 115.)

209) Wenn gleich der Eintritt in den Familienrath nicht erzwungen werden kann (§ 71), so muß doch derjenige, welcher eingetreten ist, sich den Pflichten dieses Amtes unterziehen und die nothwendigen Folgen der etwaigen Pflichtwidrigkeit tragen. (Philler S. 105, Wachler S. 185, Löwenstlin S. 116.) Eine unbegründete Enthaltung von der Theilnahme an der Berathung und vom Votum kann (nach Dernburg S. 66) nicht mit gleicher Ordnungsstrafe belegt werden. Jedenfalls würde ein derartiges Mitglied aber der Entlassung oder Entsetzung anheim fallen.

§ 80.

Fehlt es an der erforderlichen Anzahl von geeigneten Personen[210]) zur Bildung oder Ergänzung des Familienraths, so ist die Vormundschaft nach den Vorschriften dieses Abschnitts I—IV zu behandeln.

Von der Auflösung des Familienraths sind die bisherigen Mitglieder, der Vormund und der Gegenvormund durch den Vormundschaftsrichter in Kenntniß zu setzen.

Auch ist dem Vormund und dem Gegenvormund eine neue Bestallung zu ertheilen, die frühere aber zurückzugeben.[211])

210) Also an 2 zum Eintritt bereiten Personen.

211) Ueber Bildung, Berufung, Beschlußfähigkeit des Familienrathes vergl. §§ 72. 73. 76; über die Bestallung § 24 V. O.

Dritter Abschnitt.[1])

Vormundschaft über Großjährige.[2])

§ 81.

Großjährige erhalten einen Vormund:

1) wenn sie für geisteskrank erklärt sind;[3])

2) wenn sie für Verschwender erklärt sind;[4])

3) wenn sie taub, stumm oder blind und hierdurch an Besorgung ihrer Rechtsangelegenheiten gehindert sind. [5]) [6])

1) In diesem Abschnitt wird, gegenüber der Altersvormundschaft (wegen Minderjährigkeit), die Vormundschaft über Großjährige behandelt, und zwar theilt sich der Abschnitt in

a) Fälle, in welchen eine solche Vormundschaft nothwendig wird (§ 81):
   aa) bei für geisteskrank Erklärten,
   bb) bei zu Verschwendern Erklärten,
   cc) bei Tauben, Stummen oder Blinden, welche hierdurch an Besorgung ihrer Rechtsangelegenheiten gehindert sind (§ 81),
   dd) bei Abwesenden (§ 82);
b) gesetzliche Vormundschaft (§ 83);
c) Beginn der Vormundschaft (§ 83);
d) Ehefrau als Vormund (§ 83);
e) Honorar des Vormundes (§ 83);
f) Beendigung der Vormundschaft (§ 84);
g) Oeffentliche Bekanntmachung der Vormundschaft über einen Verschwender (§ 85).

Personen, welche unter Vormundschaft oder Pflegschaft stehen, sind weder zum Deutschen Reichstage, noch zum Preußischen Landtage wahlberechtigt (§ 3 Nr. 1. Ges. v. 31. Mai 1869 B. G. Bl. S. 145, § 8 V. O. v. 30. Mai 1849), ebenso auch nicht wählbar. (S. Anm. 2 zu § 11 S. 67.)

2) Der staatlichen Fürsorge gegenüber stehen auf der einen Seite Personen, für welche in allen ihren Vermögensangelegenheiten eine Vertretung zu schaffen ist, auf der anderen Seite Personen, welche nur hinsichtlich einzelner Geschäfte oder eines gewissen Geschäftskreises einer Vertretung bedürfen. Diese Unterscheidung hat in der Entwickelung des Deutschen Vormundschaftsrechts ihre historische und im Preußischen Landrecht ihre gesetzliche Grundlage. (Kraut Vorm. I. 100. 150 ff., §§ 3. 4. II. 18. A. L. R.) Auf diesem Boden des Preußischen Landrechts steht die Vormundschaftsordnung v. 5. Juli 1875 mit ihrer Unterscheidung zwischen Vormund und Pfleger, Vormundschaft und Pflegschaft, Mündel und Pflegling. Der Vormund (§ 27) hat alle Vermögensangelegenheiten des Mündels zu besorgen; es liegt ihm in dieser Beziehung die volle Sorge ob und es steht ihm deshalb die volle Vermögensverwaltung zu; er berechtigt und verpflichtet in dieser Vermögensverwaltung den Mündel durch die für ihn vorgenommenen Handlungen (§ 29); er kann nicht nur, sondern er muß den Vermögensbestand unter seine Obhut nehmen, die Gelder nach § 39 anlegen u. s. w. Denn in der Vermögensverwaltung ist stets eine Vertretung des Mündels erforderlich; die einzige Schranke bildet eine aus Gründen der Verhinderung des Vormundes angeordnete besondere Pflegschaft (§ 27); hier ergänzt der Pfleger den in der Person des Vormundes bestehenden Mangel. Unter den Begriff der Vormundschaft fällt daher auch die allgemeine Fürsorge für Geisteskranke und Gebrechliche, für Abwesende und Verschwender. Wie bei den Minderjährigen ist auch hier Veranlassung und Voraussetzung: die Unfähigkeit des zu Vertretenden, seine Angelegenheiten selbst zu besorgen. In der Fürsorge für die Person treten allerdings bei den verschiedenen Arten der Vormundschaft mehr oder weniger große Verschiedenheiten hervor und hinsichtlich

der Abwesenden ist die Fürsorge für die Person sogar ganz ausgeschlossen. Immer geht aber dem Mündel das Recht der Vermögensverwaltung ab; sein Vormund hat stets das Recht und die Pflicht der gesammten Vermögensverwaltung, wenn es auch zur Wirksamkeit bestimmter Rechtsgeschäfte (§§ 41. 42) der Genehmigung des Gegenvormundes und des Vormundschaftsgerichts bedarf. Die Vormundschaft bezieht sich nie auf letztwillige Anordnungen Namens des Mündels, sondern immer nur auf Handlungen unter Lebendigen. (Vergl. J. M. Bl. 1878. S. 7—14, Gruchot 22. S. 280—288; beides Abhandlungen des Geheimen Ober-Justizrath Dr. Stölzel.)

In Bezug auf die Voraussetzungen, unter denen Jemand für geisteskrank oder für einen Verschwender erklärt werden soll, und auf das dabei zu beobachtende (prozessualische) Verfahren, sowie die Geschäftsfähigkeit der bevormundeten Großjährigen verbleibt es bei den bisher geltenden Bestimmungen. Im Laufe des Verfahrens muß im Bedarfsfall ein Pfleger (§ 90) bestellt werden. (Dernburg S. 249. 251. 252 253, Löwenstein S. 117.)

3) Für geisteskrank erklärt im Sinne der V. O. ist im Landrechtsgebiet der (im Prozeßverfahren §§ 2—8. I. 38. A. G. O., § 593 ff. Deutsche Civ. Proz. Ordn.) wegen Geisteskrankheit Entmündigte, im Rheinischen Rechtsgebiet der (vom Prozeßgericht) Interdizirte, im Gebiete des gemeinen Rechtes der wegen irgend eines geistigen Defektes unter Vormundschaft Gestellte. Der Ausdruck „geisteskrank" ist gewählt als der möglichst allgemeine; auch der Gemüthskranke, der Schwachsinnige, der Blödsinnige ist nach erfolgter Interdiktion oder Entmündigung ein „für geisteskrank Erklärter". Der landrechtliche und der Rheinische Vormundschaftsrichter haben nicht zu fragen, ob ein wegen defectus animae Entmündigter (Interdizirter) wegen Wahnsinns, Raserei, Blödsinns, Schwachsinns entmündigt ist, sondern sie haben nur zu fragen, ob er entmündigt ist; die Entmündigung begründet ihr Recht und ihre Pflicht zur Bevormundung, nicht die Geisteskrankheit. Niemals kann daher ein Vormundschaftsrichter die Einleitung einer Vormundschaft ablehnen, weil die betreffende Person nicht wegen „Geisteskrankheit", sondern wegen „Schwachsinns" oder wegen „Gemüthskrankheit" entmündigt, also nicht für „geisteskrank" erklärt sei. (J. M. Bl. 1878. S. 11; Deutsche Civ. Proz. O. § 593.) Auch Ehefrauen kommen unter Vormundschaft.

Das Preußische Landrecht läßt bei bevormundeten Wahnsinnigen und Rasenden den Beweis eines dilucidum intervallum durch die bestehende Vormundschaft direkt ausgeschlossen sein (§ 25. I. 4., § 21. I. 12. A. L. R.), ebenso der Hauptsache nach der code (Art. 502). Hieran hat die neue Gesetzgebung nichts ändern wollen. Gemeinrechtlich ist der Beweis des Pausirens (dilucidum intervallum) oder des Aufhörens der Geisteskrankheit im einzelnen Falle unverschränkt. (J. M. Bl. 1878. S. 11.) Wenn der zur Großjährigkeit gelangende Pflegebefohlene für geisteskrank erklärt ist, so setzt der bisherige Altersvormund nicht ohne Weiteres die Vormundschaft fort, vielmehr bedarf es einer neuen Verpflichtung und Bestallung. War in einem solchen Falle der Altersvormund testamentarisch von der obervormundschaftlichen Aufsicht befreit, so erstreckt sich diese Befreiung auf die neue Vormundschaft wegen Geisteskrankheit nur dann, wenn dies im Testament unzweifelhaft angeordnet ist. (Johow 6. S. 71, Neumann S. 139.)

4) Vergl. §§ 9—44. I. 38. A. G. O. u. V. O. v. 21. Juli 1846, §§ 621 ff.

Deutsche Civ. Proz. Ordn.; §§ 30. 31. I. 1, §§ 14—17. I. 5, § 542. I. 9, §§ 27—34. I. 12. A. L. R. (Diese letzteren Paragraphen haben nicht aufgehoben werden sollen, wie die Motive (Philler S. 106) ausdrücklich erwähnen.)

Nach § 29 Ges. v. 6. Febr. 1875 (R. G. Bl. S. 23) bedürfen Verschwender, überhaupt Großjährige, nicht der Einwilligung des Vormundes zur Eheschließung.

5) Ob dieser Fall vorliegt, hat, selbst gegen den Wunsch des zu Bevormundenden, lediglich das Vormundschaftsgericht zu ermessen, gegen dessen Beschluß, ohne Suspensiveffekt, Beschwerde nach § 10 V. O. zulässig ist. Ein Prozeßverfahren findet darüber nicht statt. (Vergl. Dernburg S. 253 und einen Fall, in welchem eine Vormundschaft abgelehnt ist in Johow 6. S. 140.)

Die Verpflichtungsunfähigkeit bei Rechtsgeschäften beginnt mit der Bestallung des Vormundes (§ 32 Abs. 2), beim gesetzlichen Vormunde (§ 83), sobald das Vormundschaftsgericht den Grund zur Bevormundung festgestellt hat. Dauernde Behinderung ist nicht erforderlich.

6) Nach J. M. Bl. 1878 S. 14 (Dr. Stölzel) läßt sich der § 81 der V. O. so umschreiben:

Großjährige treten gleich Minderjährigen unter die allgemeine Vormundschaft der §§ 27 ff. dergestalt, daß der Vormund für den Mündel die gesammte Vermögensverwaltung, ferner auch die persönliche Fürsorge und die erforderliche Vertretung zu übernehmen hat:

1) wegen eines geistigen Defektes:

a) im Gebiete des Landrechts, wenn sie nach Ausspruch des Prozeßrichters für wahn- oder blödsinnig zu achten (§ 13. II. 18. A. L. R.);

b) im Gebiete des code, wenn sie auf erhobene Interdiktionsklage interdizirt sind (art. 489 code civ.);

c) im Gebiete des gemeinen Rechts, wenn sie durch Beschluß des Vormundschaftsrichters für eines Vormundes bedürftig erklärt werden;

2) wegen Verschwendung;

a) im Gebiete des Landrechts und des code, wenn sie vom Prozeßgericht für Verschwender erklärt sind (§ 14. II. 18. A. L. R., art. 513 code civ.);

b) im Gebiete des gemeinen Rechts, wenn sie durch Beschluß des Vormundschaftsrichters für Verschwender erklärt werden;

3) wegen der durch Taubheit, Stummheit oder Blindheit begründeten Verhinderung an Besorgung ihrer Rechtsangelegenheiten:

in allen drei Rechtsgebieten, wenn durch Beschluß des Vormundschaftsgerichts eine solche Verhinderung für vorhanden erklärt wird.

§ 82.

Abwesende Großjährige, über deren Aufenthalt ein Jahr lang keine Nachricht eingegangen ist, oder welche an ihrer Rückkehr, sowie an der Besorgung ihrer Vermögensangelegenheiten gehindert sind, erhalten einen Vormund zur Vertretung bei ihren Vermögensangelegenheiten, insoweit sie dazu einen Bevollmächtigten nicht bestellt haben oder Umstände eingetreten sind, welche die ertheilte

Vollmacht aufheben oder deren Widerruf zu veranlassen geignet sind. 7)

Aus dringenden Gründen kann demjenigen, dessen Aufenthaltsort unbekannt ist, auch vor Ablauf eines Jahres ein Vormund bestellt werden. 8)

Jeder, welcher dem Vormundschaftsgericht ein Interesse zur Sache nachweist, ist berechtigt, die Einleitung der Vormundschaft zu beantragen. 9)

Die nach dem geltenden Rechte bestehenden Ansprüche der Erben auf die Verwaltung und Nutznießung des Vermögens eines Abwesenden werden durch dieses Gesetz nicht berührt. 10)

7) Z. B. (§ 27. II. 18. A. L. R.) wenn der Bevollmächtigte stirbt, die Vollmacht aufkündigt, das Vermögen übel verwaltet oder sonst, etwa durch Geistesschwäche oder dauernde Erkrankung oder pflichtwidriges Benehmen, in solche Verfassung oder Umstände geräth, die den Abwesenden, wenn ihm dieselben bekannt wären, zur Zurücknahme der Vollmacht wahrscheinlich veranlassen würden. (Dernburg S. 256.) Die Vormundschaft ist ebenso auf Antrag, als von Amtswegen einzuleiten.

8) Dagegen ist keine Vormundschaft zu bestellen, wenn des Abwesenden Aufenthalt zwar bekannt ist, wenn er aber in Rechtsangelegenheiten, die im Inlande zu erledigen sind, keine Erklärungen abgiebt, und auch keinen Bevollmächtigten bestellt. (Dernburg S. 255. 256.)

9) Z. B. auch, wenn der Abwesende kein Aktivvermögen zurückgelassen hat, ein Kläger behufs Anstellung eines Prozesses gegen den Abwesenden, sofern derselbe die Abwesenheit und das letzte Domizil des Abwesenden nachweist. (Märcker S. 68.)

Die Kinder (minderjährigen) des Abwesenden sind, sobald dieser bevormundet wird, auch unter Vormundschaft zu stellen (§ 11).

Eine Veröffentlichung der Einleitung und Aufhebung der Vormundschaft über einen Abwesenden ist nicht vorgeschrieben, aber aus Zweckmäßigkeitsgründen zuläßig. (Philler S. 108, Wachler S. 192, Löwenstein S. 122.)

10) Dieser Absatz hat im Landrechtsgebiet keine Bedeutung, wohl aber im Rheinischen Rechtsgebiet des code. (Dernburg S. 257.)

§ 83.

Der Vater ist gesetzlicher Vormund. 11) In den Fällen des § 81 Nr. 3 und des § 82 beginnt sein Amt, sobald das Vormundschaftsgericht den Grund zur Bevormundung festgestellt hat. 12)

Die Ehefrau ist zur Führung der Vormundschaft fähig und hat die in diesem Gesetze dem Ehemann beigelegten Rechte. 13)

Im Uebrigen finden auf die Vormundschaft über Großjährige die Vorschriften des zweiten Abschnittes dieses Gesetzes entsprechende Anwendung.[14]) Insbesondere ist auch der Vormund eines Abwesenden berechtigt, für denselben zu erwerben, Rechtsstreite zu führen und nach Maßgabe des § 50 Erbschaften anzutreten.[15])

Dem Vormund eines Abwesenden oder Verschwenders kann auch bei nicht umfangreicher Vermögensverwaltung ein Honorar zugebilligt werden.[16])

11) Der einzige Fall der gesetzlichen Vormundschaft bei Großjährigen. Namentlich steht den Vorständen der Verpflegungsanstalten für Irre, Blinde, Taubstumme rc. keine gesetzliche Vormundschaft zu. (J. M. Bl. 1876. S. 22.)

12) Beziehungsweise: und er (der Vater) Kenntniß davon hat. Er behält seine volle Befreiung als gesetzlicher Vormund, ist aber, wie jeder andere Vormund zu entsetzen, zu entlassen (§ 63) und verbunden, Schlußrechnung zu legen (§ 67). (J. M. Bl. 1876. S. 23.)

13) Dies ist eine Ausnahme von § 21 Nr. 7. V. O.; die Ehefrau als Vormund hat nach § 23 Nr. 1 ein Ablehnungsrecht der Uebernahme der Vormundschaft.

Die ihr, wie dem Ehemann, beigelegten Rechte bestehen nach §§ 57 und 59 in Befreiung von der Rechnungslegung während der (Vermögens-)Verwaltung sowie von der Pflicht der Sicherheitsstellung. Läßt sich die Ehefrau scheiden, so hört die Vormundschaft auf (Koch Anm. zu § 83 V. O.), resp. sie ist (§ 63 Abs. 2) als Vormund zu entlassen.

14) Also namentlich: §§ 24. 26. 35. 63 V. O., die Vorschriften über Bestellung, Verpflichtung, Gegenvormund, Einreichung des Vermögensverzeichnisses, Entsetzung und Entlassung der Vormünder. (J. M. Bl. 1876. S. 22.)

15) Den Abwesenden vertritt der Vormund zwar ganz, die Sorge für die Person ist aber ausgeschlossen. Obgleich daher der Vormund eines geisteskranken Ehemannes die negative Kindschaftsklage nach §§ 2 ff. II. 2. A. L. R. anstellen kann (Entsch. O. Trib. 57. S. 179 ff., Striethorst Archiv 64. S. 268), ist der Vormund eines Abwesenden zur Anfechtung der Legitimität des von der zurückgelassenen Frau gebornen Kindes nicht befugt. (Entsch. Ob. Trib. 8. S. 320, Wachler S. 191. 192, Löwenstein S. 123.) Dernburg (S. 258) hält ihn dazu für befugt, dagegen nicht zur Scheidungsklage für den Abwesenden wegen Ehebruchs (vergl. Koch Anm. zu § 82 V. O.). Eine Scheidungsklage Seitens des Vormundes eines geisteskranken Ehegatten nimmt das Obertribunal für zulässig an (Striethorst Archiv 68. S. 211); dagegen vergl. Gruchot 14. S. 810. In Ermangelung von Verwandten soll der Vormund des Abwesenden (§ 3. I. 37. A. G. O. u. Anh. § 282 dazu) die Todeserklärung nachsuchen. (Löwenstein S. 123.)

16) Weil sich der Vormund eines Abwesenden in der Regel nur für die Erben seines Mündels abmühe und der Verschwender die Nothwendigkeit der Vormundschaft durch eigene Schuld herbeigeführt habe, (Wachler S. 194 Dernburg S. 259, Löwenstein S. 123), lauten die Motive.

§ 84.

Die Vormundschaft über einen Großjährigen hört auf, wenn

der Grund zu deren Einleitung gehoben ist,[17]**) die über einen Abwesenden namentlich auch, wenn derselbe für todt, für verschollen oder im Bezirk des Appellationsgerichtshofes zu Cöln für abwesend erklärt worden ist.**[18]**)**

17) Was in allen Fällen des § 81 nach den bestehenden gesetzlichen Vorschriften richterlich konstatirt werden muß. (Philler S. 109, Löwenstein S. 123.) In keiner Weise soll nach den Motiven dem in einzelnen Landestheilen verschiedenen Rechte vorgegriffen werden, in welcher Weise der Grund der eingeleiteten Vormundschaft gehoben werde. (Wachler S. 194.) Im Landrechtsgebiet erklärt

a) die geisteskranken, nach vorheriger ärztlicher Untersuchung, das Vormundschaftsgericht für gesund, (§§ 815—817. II. 18. A. L. R.);

b) die Verschwender, nach überzeugender Probe gründlich erfolgter Besserung, (§§ 856. 857. II. 18. A. L. R., §§ 35—44. I. 38. A. G. O.), als gebessert und daher die Vormundschaft für beendet: das Vormundschaftsgericht; (vergl. Wachler S. 195, Löwenstein S. 123, Neumann S. 165, Koch Anm. zu § 84.);

c) im Fall des § 81 Nr. 3 die Vormundschaft für aufzuheben das Vormundschaftsgericht nach freiem Ermessen. (Neumann S. 165 läßt ärztliche Untersuchung nach §§ 818—820. II. 18. A. L. R. entscheiden.)

Durch die neue Deutsche Civ. Proz. Ordn. ist das Verfahren betreffs der Geisteskranken und Verschwender einheitlich geregelt in den §§ 616—620, und 621—626.

18) Das Vormundschaftsgericht konstatirt, daß der Grund zur Vormundschaft über einen Abwesenden gehoben und daher die Vormundschaft beendigt ist, namentlich:

a) wenn der Abwesende zurückkehrt oder von seinem Leben und Aufenthalt Nachricht giebt (§ 821. II. 18 A. L. R.),

b) wenn er einen Bevollmächtigten bestellt,

c) wenn er für todt erklärt worden.

Betreffs der Todeserklärung sind zu vergleichen:

Ges. v. 22. Mai 1822 (G. S. S. 148.) bezüglich der Kriege 1806—1815,
" v. 2. Aug. 1828 (" " " 93.) desgleichen,
" v. 24. Febr. 1851 (" " " 23.) bezüglich verschollener Seemänner,
" v. 24. Febr. 1868 (" " " 193.) bezüglich der Kriege 1864 und 1866,
" v. 2. April 1872 (" " " 341.) bezüglich des Krieges 1870/71,

und Verordn. v. 4. Nov. 1875 (R. G. Bl. S. 313) über Beurkundung von Sterbefällen der Marinesoldaten und Militärpersonen der Marine. Der Tag der Rechtskraft des Todeserklärungserkenntnisses ist als Todestag des Verschollenen anzusehen.

§ 85.

Die Einleitung und die Aufhebung der Vormundschaft über einen Verschwender ist von dem Vormundschaftsgericht öffentlich bekannt zu machen.[19]**)**

19) Die Art der Veröffentlichung ist dem Ermessen des Vormundschaftsgerichts überlassen und wird durch die des Prozeßgerichts, welches entmündigt hat, weder erübrigt noch bestimmt. (Deutsche Civ. Proz. Ordn. § 627, §§ 26. 34. I. 38. A. G. O.)

Die in einzelnen Rechtsgebieten bestehenden Vorschriften über die im Interdiktionsverfahren zu erlassenden öffentlichen Bekanntmachungen bleiben in Wirksamkeit. (Philler S. 110, Wachler S. 196, Löwenstein S. 124, Neumann S. 166.)

Besitzt der Verschwender ein Grundstück, so hat das Vormundschaftsgericht den Vermerk über die Einleitung der Vormundschaft auf dem Grundbuchblatt vermerken zu lassen. (Neumann S. 166.) Vergl. §§ 21. 26. 31. I. 38. A. G. O.

Vierter Abschnitt.

Pflegschaft.[1]

§ 86.

Die in väterlicher Gewalt oder unter Vormundschaft stehenden Personen erhalten einen Pfleger für Angelegenheiten, bei welchen die Ausübung der väterlichen oder vormundschaftlichen Rechte erforderlich ist, aber aus thatsächlichen oder rechtlichen Gründen nicht stattfinden kann.[2])

Bei einem Widerstreit erheblicher Interessen mehrerer Mündel desselben Vormundes erhält jeder Mündel einen Pfleger.[3])

1) Das Institut der Beistände ist in der Vormundschaftsordnung v. 5. Juli 1875 völlig unberührt geblieben. (§§ 5. 51—55. 1005—1007. II. 18. A. L. R., J. M. Bl. 1878 S. 9.)

Auch gehören unter diese Pflegschaften nicht die (von Löwenstein S. 129 bezeichneten) Prozeßkuratelen (Litiskuratelen). (Johow 5. S. 276.) So: a. in dem Entmündigungsverfahren wegen Geisteskrankheit (§ 5. I. 38. Anh. § 283. A. G. O., § 609 D. Civ. Pr. O.); b. in schwebenden Prozessen, wenn Gefahr im Verzuge obwaltet (§ 12. I. 1. A. G. O., Schr. des Justizmin. v. 25. Juli 1835, § 55. D. Civ. Pr. O.); c. in den Fällen der Kab. O. v. 4. Juli 1832 (Ges. S. S. 175) und v. 5. Dez. 1835 (Ges. S. S. 294), in welchen minderjährigen oder noch in väterlicher Gewalt stehenden großjährigen Dienstboten, Gesellen u. s. w. in Prozessen ein Rechtsbeistand als Litiskurator zugeordnet werden soll (§ 55. D. Civ. Pr. O.); d. bei Subhastationen in den Fällen der §§ 80 und 90 der Subh. Ordn. v. 15. März 1869 (Ges. S. S. 440. 442) für die unbekannten Betheiligten der vom Subhastationsrichter zu bestellende

Kurator.*) Löwenstein rechnet e. noch § 17. I. 1. A. G. O. hierher. Dieser Paragraph schreibt vor:

> In Fällen, wo die Frau zu dem Prozesse des Beitritts ihres Mannes bedarf, muß, wenn dieser selbst unter Vormundschaft steht, der Kurator (Vormund) des Mannes zugezogen werden. Kann ihr dieser in einem oder dem anderen Falle nicht assistiren, so ist zu einer solchen Sache ein besonderer Kurator (Pfleger) anzuordnen.

Löwenstein nimmt also einen vom Prozeßgericht zu ernennenden Litiskurator auch hier an, während § 86 V. O. hier Anwendung finden und ein Pfleger vom Vormundschaftsgericht zu bestellen sein dürfte. Denn hier tritt der Vormund (§ 16. I. 1. A. G. O.) für den bevormundeten Ehemann ein. Kann derselbe im besonderen Falle die vormundschaftlichen Rechte nicht ausüben (§ 86 V. O.), so muß dem bevormundeten Ehemanne für diese Angelegenheit ein Pfleger vom Vormundschaftsgericht bestellt werden. Es müßte denn wegen Gefahr im Verzuge § 12. I. 1. A. G. O. Anwendung finden; dann würde der Fall litt. b. vorliegen. Nach § 51. D. Pr. O. ist die Prozeßfähigkeit einer Frau dadurch, daß sie Ehefrau ist, nicht beschränkt.

Nach den Motiven ist den Pflegern, welche immer nur für einzelne Angelegenheiten oder für einen bestimmten Kreis von Angelegenheiten bestellt werden, eine größere Freiheit und Selbstständigkeit eingeräumt, insbesondere von der Bestellung eines Gegenvormundes Abstand genommen, weil die vorkommenden Fälle von geringerer Bedeutung sein würden, ein einzelnes Geschäft auch eine leichtere Ueberwachung durch den Vormundschaftsrichter ermögliche.

Dieser Abschnitt behandelt:

1) Nothwendigkeit einer Pflegschaft (§ 86),
2) Pflegschaft auf Grund einer Zuwendung (§ 87),
3) Pflegschaft einer noch nicht geborenen Leibesfrucht (§ 88),
4) Pflegschaft unbekannter Erben eines Nachlasses (§ 89),
5) Pflegschaft verhinderter Interessenten (§ 90),
6) Gegenvormundschaft (§ 91),
7) Beendigung der Pflegschaft (§ 91).

2) Es waltet hier lediglich das Ermessen des Vormundschaftsgerichts ob. Eine Pflegschaft wird nöthig sein z. B. wenn zwischen den Kindern und dem Vater eine Auseinandersetzung wegen des mütterlichen, oder des sonst den Kindern eigenthümlich zustehenden Vermögens erfolgen soll (§§ 34—36. II. 18, § 179 ff. II. 2., §§ 1001—1005. II. 1. A. L. R., Johow 6. S. 79); oder, wenn den Kindern etwas unter der Bedingung vermacht oder zugewendet worden, daß der Vater von der Verwaltung ausgeschlossen sein soll (§ 37. II. 18, § 160. II. 2. A. L. R.); vorausgesetzt, daß die Kinder minderjährig sind und nicht außerdem (§ 87) ein besonderer Verwalter bestellt ist, (Johow 6. S. 75, 5. S. 293, 7. S. 76. 77. 94 Anm., Gruchot 22. S. 269); ferner, wenn zwischen dem minderjährigen Hauskinde und seinem Vater über das nicht-freie Vermögen,

---

*) Die in der 1. Auflage (S. 49) vertretene entgegengesetzte Ansicht ist hier als irrig fallen gelassen, da Litiskuratelen prozessualische Vorschriften sind und das Vormundschaftswesen nicht berühren, mithin die bisherigen Vorschriften nach § 102 V. O. nicht aufgehoben erscheinen.

oder dem Mündel und dem Vormunde in des Letzteren eigenen Angelegenheiten etwas zu verhandeln ist oder zu einem Geschäfte eine dem Vormunde nicht beiwohnende besondere Sachkenntniß erfordert wird. (§§ 46. 47. II. 18. A. L. R.)

Dahin gehören, nach den Motiven, sowohl die § 699. II. 2. A. L. R. für das Vermögen des Adoptivkindes nach dem Tode des leiblichen Vaters angeordnete Kuratel, wie die Fälle, in denen ein Vormund noch nicht hat bestellt werden können, in denen der bestellte Vormund oder der Vater wegen Krankheit oder Abwesenheit zu handeln außer Stande ist, und dergleichen mehr. Ebenso gehören hierher die Kuratelen (Pflegschaften): bei Einschränkungen der väterlichen Gewalt (§§ 266. 182. 267. 200. 204—209. 268. II. 2. A. L. R.) wegen Vernachlässigung der eigenen Kinder, Nichtbestellung von Sicherheit und Vermögensverfall; bei Anfechtung der Rechtmäßigkeit eines während der Ehe geborenen Kindes seitens des Ehemannes oder dessen Verwandten (§§ 9. 14. 15. II. 2. A. L. R., J. M. Bl. 1874. S. 133); bei der Erziehungsfrage geschiedenen Eltern gegenüber (§ 98. II. 2. A. L. R.); bei unterlassener Anzeige des Vaters, daß seinen Kindern freies Vermögen zugefallen (§§ 159. II. 2, 989. 992. 986. II. 18. A. L. R.); bei einer Veränderung der Bestimmung über den für die Kinder ausgesetzten Erbschatz (§ 30. II. 18. A. L. R.)

Unberührt bleiben die Vorschriften, nach welchen ein Vater zur Sicherstellung des Vermögens seiner Kinder verpflichtet ist (§§ 179 ff. 187. II. 2. A. L. R.), und die Frage: ob großjährige, in väterlicher Gewalt stehende Personen zu Rechtsgeschäften mit dem Vater eine Vertretung bedürfen, welche zu verneinen ist (§ 201. II. 2., § 29. II. 18. A. L. R., Striethorst Arch. 28. S. 251.)

Ist den Kindern ein Kapital zur besonderen Sicherheit verschrieben (§ 169. II. 2. A. L. R.), so kann der Vater die Löschung nicht bewilligen, sondern nur ein zu bestellender Pfleger. (Johow 7. S. 278.) In den Fällen der §§ 170—173. II. 2. A. L. R. (Substanzveränderung des nichtfreien Kindervermögens) wird jetzt die Erklärung eines Pflegers für das Vorm. Gericht erforderlich sein, da das Gericht jetzt nur beaufsichtigt. Dernburg (S. 262 Anm. 2) rechnet diese Fälle nicht als hierher gehörig.

3) So daß der Vormund ganz ausscheidet. Der Widerstreit erheblicher Interessen muß aber vorliegen. Für mehrere Mündel mit gleichen Interessen kann ein Pfleger bestellt werden und für den einzelnen oder die mehreren mit widerstreitenden Interessen ein anderer. (Möbius S. 20, Neumann S. 170.)

Der gehörig bestellte Pfleger ist nach Außen, soweit sein Amt reicht, vollständig legitimirt. Dem Gegner steht der Einwand nicht zu, daß der Pfleger nicht hätte bestellt werden dürfen. (Striethorst Archiv 80. S. 194, Löwenstein S. 125.)

Hat der Mündel im Auslande Vermögen (also außerhalb Preußens), so wird meist dort von der zuständigen Behörde des „Auslandes“ ein Pfleger bestellt werden müssen. (Wachler S. 199.)

§ 87.

Wird bei Zuwendungen an eine in väterlicher Gewalt oder unter Vormundschaft stehende Person durch Anordnung Desjenigen,

welcher die Zuwendung gemacht hat, eine Pflegschaft nöthig, so ist der bei der Zuwendung Benannte zum Pfleger berufen. 4)

Von der Rechnungslegung während der Dauer der Pflegschaft, von der Sicherheitsstellung und von der Nothwendigkeit der Genehmigung des Gegenvormundes oder des Vormundschaftsgerichts zu gewissen Handlungen kann der Pfleger bei der Zuwendung befreit werden. 5)

4) Ob nach der Fassung der Zuwendung eine Pflegschaft nöthig ist, ermißt das Vormundschaftsgericht. Für diesen Fall ist der bei der Zuwendung Benannte zum Pfleger berufen. Diese Bestimmung lehnt sich an den § 160. II. 2. A. L. R. an, welcher lautet:

> Doch steht es bei dem, welcher .. Vermögen den (minderjährigen) Kindern, unter Lebendigen, oder von Todes wegen zuwendet, zu bestimmen: ob die Verwaltung dem Vater, oder einem Dritten anvertrauet, und wie dieselbe (§ 36. V. O.) geführt werden solle.

Findet das Vormundschaftsgericht, daß durch die angeordnete Verwaltung eine Pflegschaft nach § 86. V. O. erforderlich wird, so ist der benannte Verwalter zum Pfleger berufen. Und in diesem Falle bildet die Bestimmung: wie die Verwaltung geführt werden soll, im Sinne des § 36. V. O. die Verwaltungsinstruktion für den Pfleger. Damit übereinstimmend ist der Beschluß des Berliner Stadtgerichts (Johow 5. S. 293).

Es ist also das Recht eines Dritten, den Vater oder Vormund (betreffs der Zuwendung) von der Vertretung auszuschließen und die Person des Pflegers zu bestimmen, ausdrücklich anerkannt. (Philler S. 112.)

Sind die, welchen die Zuwendungen gemacht worden, großjährig und gesetzlich in ihrer Dispositionsfähigkeit nicht beschränkt, so ist eine Pflegschaft nicht geboten, da kein Fall der staatlichen Fürsorge vorliegt. (Johow 6. S. 75.) Eine solche (Zuwendungs-)Pflegschaft kann auch demjenigen übertragen werden, welcher die Funktion eines Waisenrathes über den betreffenden Mündel auszuüben haben würde (Johow 6. S. 64).

Hierher sind auch die Deszendenz-Pflegschaften zu rechnen (Johow 5. S. 292, 6. S. 316. 317.), wenn zu deren Einleitung ein bewegender thatsächlicher Grund vorliegt. (S. Anm. 9 zu § 90.)

5) Und zwar, im Einverständniß der Regierungskommissarien mit der Kommission des Abgeordnetenhauses (Löwenstein S. 126, Philler S. 112), in derselben Form, wie die Zuwendung geschehen ist. Darnach würde im Falle des § 172. I. 12. A. L. R. (mündliches Vermächtniß verpflichtet den Erben, wenn der Auftrag erwiesen werden kann, bis auf 1/20 seiner Erbportion), mündliche Form genügen „wenn die Befreiung erwiesen werden kann." Es liegt auf der Hand, daß dieser Fall kaum in der Praxis eintreten dürfte. Dernburg (S. 89) und Neumann (S. 171) halten diese ausnahmsweise Form der Mündlichkeit nicht für genügend, da die Befreiung kein Vermächtniß, auch keine bloße Bedingung desselben sei, sondern eine selbstständige, mit dem Vermächtniß verbundene, in das Vormundschaftsrecht eingreifende letzwillige Anordnung. Das letztere würde sie nun zwar bei einer Zuwendung unter Lebenden

nicht sein. Aber schriftliche Form (§ 17 V. O.) wird der Vormundschaftsrichter sicher zum „Nachweis" der Befreiung verlangen.

Die in die Bestallung (§ 47) aufzunehmende, geschehene Befreiung muß im entsprechenden Falle speziell die §§ 41. 42 Nr. 4—14 und 44 bezeichneten Handlungen erwähnen, auch wenn in des Zuwenders (testamentarischer) Anordnung der Benannte allgemein „von allen Beschränkungen, soweit die Gesetze dies zulassen" (was giltig ist) befreit ist. In solchem Falle ist in die Bestallung der Zusatz aufzunehmen:

„Befreit ist der (Vormund) Pfleger, nach den testamentarischen Bestimmungen von der Nothwendigkeit der Genehmigung des Gegenvormundes, beziehungsweise des Vormundschaftsgerichts zu den in §§ 41. 42 Nr. 4—14, 44 der Vorm.-Ordnung bezeichneten Handlungen."

So die Verfügung des Kammergerichts zu Berlin v. 28. März 1877 in Johow 7. S. 90.

Im Abs. 2 des § 87 ist der Kreis zulässiger Befreiungen für derartige (Zuwendungs-)Pfleger abgeschlossen. Andere läßt das Gesetz nicht zu. Namentlich ist die Zulässigkeit eines Ausschlusses von den Anordnungen im § 60 V. O. nicht ausgesprochen. Dabei muß es verbleiben, auch wenn die Ansicht Dernburgs (S. 88 Anm. 2) richtig sein sollte, daß „aus Zufall" die Bestimmung des § 60 Abs. 2 im § 87 nicht wiederholt sei. Einer solchen Wiederholung hätte es aber auch nicht bedurft. Denn Abs. 2 des § 60 bestimmt:

„Diese Anordnungen (des V. G. betreffs der Deponirung von Werthpapieren und Kostbarkeiten resp. Außerkurssetzung ersterer) finden gegen den Vater des Mündels als Vormund nicht statt. Sie finden gegen den von dem Vater benannten Vormund nicht statt, wenn sie von dem Vater in der § 17 Nr. 2 bestimmten Form ausgeschlossen sind."

Und des Vaters Recht in dieser Beziehung ist auch Pflegern gegenüber nach § 91 V. O. Abs. 1 völlig unberührt geblieben. Der § 87 spricht (s. Anm. 4 zu diesem § 87) aber von dem Rechte Dritter, den Vater oder Vormund von der Vertretung auszuschließen, also von einem anderen Falle, als der § 60 Abs. 2 im Auge hat. (Vergl. Löwenstein S. 126, Neumaun S. 171, Wachler S. 199, Koch Anm. zu § 87.)

§ 88.

Eine Leibesfrucht, welche unter Voraussetzung ihrer bereits erfolgten Geburt nicht unter väterlicher Gewalt stehen würde,[6]) erhält auf Antrag der Schwangeren, oder auf Antrag desjenigen, dessen Rechte durch eine mögliche Geburt betroffen werden, oder in geeigneten Fällen von Amtswegen einen Pfleger.[7])

6) Gleichgiltig ist, ob die Schwangere unter väterlicher Gewalt steht und ob die Leibesfrucht in der Ehe oder außer der Ehe erzeugt ist. Die väterliche oder vormundschaftliche Gewalt, unter welcher etwa die Schwangere selbst steht, erstreckt sich nicht ohne Weiteres auch auf deren Kind. Es muß also in derartigen Fällen der Leibesfrucht ein Pfleger bestellt werden, wobei geeignetenfalls auch jene Vertreter der Mutter berücksichtigt werden können. (Motive.) Die Pflegschaft tritt aber nur im Bedürfnißfall ein. (Dernburg S. 264).

7) Ob und wie die Schwangerschaft zu bescheinigen (Dernburg S. 264) oder nachzuweisen ist, bleibt dem Ermessen des Vormundschaftsgerichts anheim gestellt.

Die Aufgabe des bestellten Pflegers besteht nach A. L. R. in Folgendem:

a) bei einer schwangeren Wittwe: darauf zu sehen, daß die Wittwe aus dem Nachlasse gehörig verpflegt, der Nachlaß selbst aber sicher aufbewahrt, und weder verbracht noch verdunkelt werde (§ 962. II. 18, §§ 372. 373. I. 9. A. L. R., Dernburg S. 265.); mag die Leibesfrucht lebendig zur Welt kommen, oder nicht, immer werden die Administrations- und Verpflegungskosten der Leibesfrucht und ihrer Mutter von der ganzen Nachlaßmasse vor der Theilung abgezogen (§§ 377. 381. I. 9. A. L. R.), es liege denn der Fall einer Täuschung vor (Dernburg S. 265); zweckmäßig ist daher die Bestellung des Pflegers der Leibesfrucht zugleich zum „Verlassenschaftskurator" (§ 372. I. 9. A. L. R.);

b) bei einer aus unehelicher Schwängerung erzeugten Leibesfrucht: die Rechte der Leibesfrucht wegen Ernährung der Mutter und Ausmittelung der Entbindungs- und Verpflegungskosten für dieselbe aus dem Vermögen des Schwängerers wahrzunehmen. (§§ 966. 967. II. 18. A. L. R., §§ 7. 13. 15. 19. Ges. v. 24. April 1854. Ges. S. S. 193.)

Die Pflegschaft zu a und b endigt mit Ablauf des Zeitraums, binnen welchem nach den Gesetzen entschieden sein muß: ob ein Kind zur Welt gekommen ist. (§ 91 Abs. 2 V. O., §§ 964. 968. II. 18. A. L. R.)

§ 89.

Ist der Erbe eines Nachlasses unbekannt, so ist zur Erhaltung des Nachlasses und zur Ausmittelung des Erben ein Pfleger zu bestellen.

Die in den einzelnen Landestheilen bestehenden weiteren Befugnisse dieses Pflegers werden durch dieses Gesetz nicht berührt. 8)

Auch bei nicht umfangreicher Vermögensverwaltung kann diesem Pfleger ein Honorar zugebilligt werden.

8) Die hierüber bestehenden gesetzlichen Bestimmungen (§§ 49. 50. II. 18, § 471—476. I. 9. A. L. R., code art. 811—814, Französ. Proz. Ordn. art. 998—1002, Oesterr. B. G. B. § 276, Sächs. G. B. §§ 2246—2248) weichen betreffs der Befugnisse des Nachlaßkurators nicht nur von einander ab, sondern auch wesentlich von der Praxis des gemeinen Rechts. Eine einheitliche Gestaltung dieser verschiedenen Systeme ist nach den Motiven ebensowenig beabsichtigt, wie ein ausdrückliches Aufrechterhalten des bestehenden Rechtes, um namentlich nicht auszuschließen, daß die gemeinrechtliche Praxis, wie beim curator absentis, so auch beim Nachlaßkurator, sich zu einer im Verkehrsinteresse liegenden Erweiterung seiner Befugnisse hinneige und ist hervorgehoben, daß am Rechte derjenigen Landestheile nichts geändert werden solle, welche den Nachlaßkurator zu Handlungen für legitimirt erachten, bei denen es zweifelhaft sein kann, ob sie zur Erhaltung des Nachlasses dienen. (Wachler S. 200.)

Ein Nachlaßpfleger ist auch dann zu bestellen, wenn zwar ein Miterbe vorhanden ist, aber über das Leben und den Aufenthalt neben ihm zur Erbschaft berufener Personen Nachrichten mangeln. (Johow 7. S. 87.) Der Pfleger ist (§ 8 V. O.) im Forum der Erbschaft zu bestellen. (Wachler S. 201.) Und zwar nach Ablauf dreier Monate vom Todestage des Erblassers, wenn es die Umstände des Nachlasses nicht früher erfordern (§ 471. I. 9. A. L. R.). Aufgabe des Pflegers ist es, möglichst den Nachlaß in derjenigen Lage zu erhalten, in welcher er sich beim Ableben des Erblassers befunden hat. Doch hat er bei Verwaltung des Nachlasses die Rechte und Pflichten eines Vormundes (§§ 474. 473. I. 9. A. L. R., § 91 Abs. 1 V. O.). Er hat daher den Antritt der Erbschaft zu erklären, oder zu entsagen, das Nachlaßverzeichniß aufzunehmen und nach den gesetzlichen Vorschriften zu verwalten. (§§ 91. 27. 32. 36. 38. 39. 41. 42. 44. 60. 57. 58. V. O.) Wegen Antrages auf erbschaftliches Liquidationsverfahren s. §§ 342. 361 Konk. Ordn., und wegen Unterbrechung eines Prozesses durch den Tod der Partei §§ 218—220 Deutsche Civ. Proz. Ordn. Pachtkontrakte darf der Nachlaßpfleger nicht kündigen (Entsch. O. Tr. 36. S. 52), weil er „erhalten" soll.

Das Amt des Nachlaßkurator endet, wenn sich ein Erbe meldet und legitimirt hat, oder, wenn nach fruchtlosem öffentlichen Aufgebot (dessen Erforderung vom Pfleger abhängt, Johow 7. S. 62), und Erlaß des Präklusionsurtheils, der Nachlaß als herrenloses Gut dem Fiskus oder einem sonst dazu Berechtigten zugefallen und ausgehändigt ist. (§§ 482. 477. 494. 478—481. I. 9. A. L. R.; §§ 145—156. I. 51 A. G. O.; Deutsche Civ. Proz. O. §§ 28. 823. ff.; Ges. v. 12. März 1869, Ges. S. S. 473, betreffend Ausstellung gerichtlicher Erbbescheinigungen.) Herrenlose Verlassenschaften (§ 89 V. O.), welche einen Pfleger erhalten haben, sind von diesem an den Berechtigten, also namentlich auch an die Regierungen als Vertreterinnen des Fiskus auszuliefern und ist Schlußrechnung denselben vom Pfleger zu legen. Dem Vormundschaftsgericht kommt dabei nur die im § 67 V. O. geordnete Mitwirkung zu. Die Min. Verf. v. 18. Febr. 1846, wonach die Gerichte bei herrenlosen Verlassenschaften über den Betrag der Abführung aus den Depositorien Atteste auszustellen hatten, ist daher aufgehoben worden. (Just. Min. Verf. v. 2. Aug. 1878, Deutscher Reichs-Anzeiger Nr. 193, J. M. Bl. S. 124.)

Für unbekannte Vermächtnißnehmer genügt die Bestellung eines Pflegers aus § 90 V. O. (Löwenstein S. 128.)

Wenn der Nachlaß durch Vermächtnisse erschöpft wird und der bekannte Erbe sich mit dem Geschäft der Erbschaftsregulirung nicht selbst befassen will, so steht ihm frei, (beim Nachlaßrichter) die gerichtliche Bestellung eines Verlassenschaftskurator, auf Kosten der Masse, seinem Erbrecht unbeschadet, nachzusuchen. Derselbe ist aber kein Pfleger im Sinne des § 89 V. O., sondern ein Verwalter, Sequester. (§ 359. I. 12. A. L. R., Löwenstein S. 128, Neumann S. 174, Johow 6. S. 82.) Ebenso ist der Testamentsexekutor nicht als Pfleger anzusehen. (Johow 7. S. 76.)

§ 90.

Außer in den Fällen der §§ 86—89 können Personen, welche selbst zu handeln außer Stande sind und der väterlichen oder

vormundschaftlichen Vertretung entbehren, für einzelne Angelegenheiten oder für einen bestimmten Kreis von Angelegenheiten einen Pfleger erhalten. [9])

9) Alle einzelnen Fälle, in denen eine Pflegschaft nöthig werden kann, lassen sich nicht voraussehen und aufzählen. In dem Komm. Ber. des H. H. wird darauf aufmerksam gemacht, daß häufig für die noch nicht entmündigten Geisteskranken eine besondere Vorsorge und dadurch die Bestellung eines Pflegers erforderlich werde, bevor das Entmündigungsverfahren begonnen habe oder beendigt sei (Johow 6. S. 77, 7. S. 78. 79.). Mit solcher Pflegschaft erlischt die vom Pflegling vorher ertheilte Vollmacht (Johow 7. S. 150.). Und in dem Komm. Ber. des A. H. wird hervorgehoben, daß darüber, ob eine Handlungsunfähigkeit vorliegt, nicht der Prozeßrichter, sondern das Vormundschaftsgericht entscheidet, natürlich auch gegen den Willen des unter Pflegschaft Kommenden. (Philler S. 113, Löwenstein S. 128, Neumann S. 175.) Welche Beweisvorlagen das Vormundschaftsgericht verlangt, um zu seinem Entschluß zu kommen, z. B. ob ärztliches Attest, oder dorfgerichtliche Bescheinigung (Johow 6. S. 78) u. s. w., ermißt es selbst nach Lage des Einzelfalles.

In dem Verfahren wegen unfreiwilliger Pensionirung eines Beamten (Ges. v. 7. Mai 1851. Ges. S. S. 218, Ges. v. 21. Juli 1852. Ges. S. S. 465, Ges. vom 31. März 1873. R. G. Bl. S. 61) ist der zu bestellende „Kurator“ ein „Pfleger“ in diesem Sinne. (Johow 7. S. 80.) Ebenso gehört hierher die „Deszendenzpflegschaft“ im Bedarfsfalle (Johow 7. S. 82. 83, 5. S. 292, Dernburg S. 268, Wachler S. 202). S. auch Anm. 4 zu § 87.

Bei Bestellung eines Pflegers aus § 90 V. O. ist aber genau anzugeben, für welche einzelnen Angelegenheiten oder für welchen bestimmten Kreis von Angelegenheiten die Pflegschaft eingeleitet worden ist. (Johow 7. S. 88.) Mit Beendigung des aufgetragenen Geschäfts ist in der Regel auch die Pflegschaft aufzuheben. (§ 91 V. O.)

Dieser Paragraph umfaßt jeden Fall der Nothwendigkeit einer Pflegschaft, so daß in dieser Richtung eine Lücke im Gesetz nie gefunden werden kann. (J. M. Bl. 1878. S. 9. Nr. 1 litt. b.) Besonders wird der Bedarfsfall eintreten

a) wenn es unbekannt oder ungewiß ist, wer der Inhaber eines Rechts ist,
b) wenn der Berechtigte zwar bekannt, aber an Wahrnehmung seiner Rechte behindert ist.

Zu a. werden z. B. Fideikommißanwärter (Entsch. O. Tr. 36. S. 52), Deszendenzen ꝛc. gehören. Ob der Fall zu b. vorliegt, z. B. wegen Geisteskrankheit, entscheidet das Vormundschaftsgericht. (§ 1. I. 1. A. L. R., Dernburg S. 267, Wachler S. 202, J. M. Bl. 1878. S. 9, Motive zum Reg. Entwurf.)

Hierher gehören auch die Familienstiftungen (§§ 21—46. II. 4. A. L. R.), soweit dabei eine Pflegschaft etwa eintreten muß. (Dernburg S. 23.)

Die Pflegschaft wird auch hierbei der Regel nach nur eine vorübergehende, zu bestimmten Zwecke einzuleitende, sein, wie sich aus Nachstehendem ergiebt, wenn man überhaupt annimmt, daß die neue Vorm.-Ordnung nicht jede vormundschaftsgerichtliche Thätigkeit bei Familienstiftungen ausschließt, da sie nur von physischen, und nicht von juristischen Personen handelt. (Was Neumann S. 175 annimmt.)

Die vormundschaftsgerichtliche Thätigkeit in Stiftungssachen nach Allgem. Landrecht resp. jetzt nach der neuen Vormundschaftsordnung.

In Bezug auf Familienstiftungen bestimmt das A. L. R. in den §§ 28 bis 33 II. 4, daß dieselben durch Verträge, durch einseitige Verfügungen unter Lebenden, und durch letztwillige Verordnungen errichtet werden können, daß die Stiftungsurkunde vor dem ordentlichen persönlichen Richter des Stifters zu verlautbaren und von demselben zu bestätigen ist, und daß der Richter darauf zu sehen hat, daß die Urkunde deutlich und bestimmt gefaßt ist*).

Ferner ist im § 38 a. a. O. noch bestimmt, daß die Sorge für Beobachtung der Stiftungsurkunde und für Aufrechterhaltung der der Familie zukommenden Rechte, wenn der Stifter nichts besonderes festgesetzt hat, dem Vorsteher der Familie hauptsächlich obliegt.

Der persönliche Richter ist der Richter des Gerichtsstandes einer Person, der sogenannte Civilrichter, welchem nicht in den Gesetzen auch gewisse andere Geschäfte, so insbesondere die Vormundschaften übertragen sind.

Hiernach ist gesetzlich in Familien-Stiftungssachen nur eine Mitwirkung des Civilrichters und zwar nur bei Errichtung der Stiftungsurkunde vorgeschrieben.

Durch das Min. Reskr. vom 5. März 1841 (J. M. Bl. S. 117) ist jedoch den Vormundschaftsbehörden die Oberaufsicht über Familienstiftungen übertragen und die K. O. vom 3. Januar 1845 genehmigt mehrere in dem Bericht des Staatsministeriums vom 23. Dezember 1844 vorgeschlagene Verwaltungsgrundsätze, welche indeß ebenfalls ganz allgemein gehalten sind und für den Umfang der den Vormundschaftsbehörden obliegenden Mitwirkung keinen genügenden Anhalt gewähren. Nach der gegenwärtigen Lage der Gesetzgebung ist daher zu unterscheiden:

1) die gesetzlich angeordnete Verlautbarung und Bestätigung der Stiftungsurkunde vor dem persönlichen Richter, welcher gleichzeitig darauf zu sehen hat, daß die Stiftungsurkunde bestimmt und klar gefaßt ist, daß sie den Verhältnissen angemessene und keine dem Willen des Stifters sowie dem Interesse der Familie entgegenstehende Bestimmungen enthält. Daß als solcher nicht der Vormundschaftsrichter anzusehen, ist oben erwähnt.

Das Reskr. von 1841 hat daran nichts geändert, konnte auch die betreffende gesetzliche Bestimmung nicht ändern.

---

*) § 29 Ges. v. 24. April 1878 (Ges. S. S. 236) bestimmt: Die den Gerichten zustehende Verwaltung oder Beaufsichtigung von Stiftungen liegt den Amtsgerichten ob. Durch den Justizminister kann das Landgericht oder das Oberlandesgericht mit der Verwaltung oder Beaufsichtigung beauftragt werden. Das Gesetz v. 24. April 1878 tritt mit dem Deutschen Gerichtsverfassungsgesetz in Geltung.

2) **Die durch das Reskr. vom 5. März 1841 und K. O. vom 3. Januar 1845 angeordnete Oberaufsicht des Staats durch die Vormundschaftsbehörden.**

Das Reskr. von 1841 bestimmt, daß letztere bei Bestätigung der Stiftungsurkunde mitzuwirken und die stiftungsmäßige Verwaltung zu kontrolliren haben. In dieser Beziehung ist nun auseinanderzuhalten:

A. Die Einwirkung der Vormundschafsbehörde bis zur Bestätigung der Stiftungsurkunde.

Als Ausfluß des Oberauffichtsrechts hat die Vormundschaftsbehörde darauf zu halten, daß die Stiftungsurkunde errichtet wird, sie hat also die Verlautbarung vorzubereiten und dafür zu sorgen, daß die Urkunde zur Bestätigung gelangt.

Wie bei Errichtung der Stiftungsurkunde zu verfahren, unterliegt der freien rechtlichen Beurtheilung der Vormundschaftsbehörde.

Wenn in dem Testamente des Stifters die Familienstiftung vollständig enthalten ist, dann kann von einer weiteren Errichtung der Stiftungsurkunde keine Rede sein; dann bleibt das Testament die eigentliche Stiftungsurkunde, wie § 28. II. 4. A. L. R. klar ergiebt, so daß, wenn nicht durch spätere besondere Umstände eine Ergänzung nothwendig geworden, ohne Weiteres die Verlautbarung zu veranlassen ist. Andernfalls hat nach § 30. a. a. O. der Vorsteher der zum Genuß berufenen Familie selbstständig die Urkunde zu entwerfen und dem Civilrichter zur Prüfung, Verlautbarung und Bestätigung einzureichen.

Die Prüfung der Legitimation des Familienvorstehers als solchen liegt ebenfalls dem Civilrichter ob.

Die Verlautbarung durch den Familienvorsteher ist indeß zur Giltigkeit der Stiftungsurkunde nicht in allen Fällen erforderlich. Die Regel des § 30. a. a. O. erleidet eine Ausnahme, wenn der Erblasser die Verlautbarung einem Anderen übertragen hat, wenn er als seine Bevollmächtigten Testamentsexekutoren und Stiftungskuratoren ernannt hat; dann liegt diesen Personen die Errichtung und Verlautbarung der Urkunde ob. Außerdem kann aber auch nach Ermessen der Vormundschaftsbehörde dem von derselben bestellten Pfleger die Besorgung der Verlautbarung übertragen werden. ((Erk. d. Obertrib. vom 10. April 1864. Entsch. Bd. 51 S. 268 zur Levin'schen Stift. Sache.) Die Verlautbarungserklärung des letzteren bedarf dann einer besonderen vormundschaftsgerichtlichen Genehmigung nicht.

B. Die Oberaufsicht der Vormundschaftsbehörde nach erfolgter Bestätigung der Urkunde.

Hier ist zunächst die betreffende Bestimmung des Stifters maßgebend.

Hat derselbe Stiftungskuratoren ernannt und ihnen die Verwaltung des Stiftungsvermögens übertragen, so wird die Vormundschaftsbehörde nur dann einzuschreiten haben, wenn sie Kenntniß erhält, daß die Verwaltung keine ordnungsmäßige ist. Den bedachten Familienmitgliedern, insbesondere den Familienvorstehern liegt es ob, die Verwaltung zunächst zu überwachen, sie haben im eigenen Interesse Anzeige zu machen, sobald ein Einschreiten der Vormundschaftsbehörde geboten erscheint und ist dann nach Analogie des § 63 der Vorm. Ordn. v. 5. Juli 1875 zu verfahren. Wenn dagegen nach dem Willen des Stifters, oder nach Lage der Sache sofort eine Theilnahme der Vormundschaftsbehörde an

Verwaltung des Stiftungsvermögens und eine fortgesetzte Kontrolle der stiftungsmäßigen Verwendung eintreten muß, so kommen die §§ 8 Abs. 2, 51. 90. 102 der Vorm. Ordn. analog zur Anwendung.

C. Bestellung und Verpflichtung von Pflegern (Kuratoren).

Ein Pfleger ist nach gegenwärtiger Lage der Gesetzgebung nur zu verpflichten und mit Bestallung zu versehen:

a) zur Entwerfung und ev. zur Bewirkung der Verlautbarung der Stiftungsurkunde, wenn der Stifter bestimmte Personen damit nicht beauftragt hat, die ernannten Testamentsexekutoren und Stiftungskuratoren abgelehnt haben und der Familienvorsteher nicht bekannt resp. als solcher nicht legitimirt ist, wenn also die Verlautbarung anderweit nicht zu beschaffen ist; hierbei ist lediglich das Ermessen des Vormundschaftsgerichts in jedem Fall maßgebend (siehe das obengedachte Erk. des Ob. Tr.);

b) nach erfolgter Verlautbarung, wenn die sofortige Mitwirkung der Vormundschaftsbehörde bei der Verwaltung eintreten muß, oder die vom Stifter ernannten Verwalter sich einer unordentlichen Verwaltung schuldig machen.

Die vom Erblasser ernannten Stiftungskuratoren sind als solche nicht zu verpflichten und zu bestellen, es sind nicht die Organe der Vormundschaftsbehörde, sondern zunächst die Mandatare des Stifters, deren Befugnisse, ähnlich wie bei den Testamentsexekutoren, nur soweit gehen, als ihnen solche vom Stifter übertragen sind. Nach erfolgter Bestätigung der Stiftungsurkunde, mit welcher die Stiftung die Eigenschaft einer juristischen Person erlangt (K. O. 23. Mai 1845. J. M. Bl. S. 178), sind dieselben Vertreter dieser juristischen Person auf Grund des Statuts und werden lediglich durch das Statut legitimirt. Wenn die im Statut benannten Kuratoren sämmtlich fortfallen, resp. ausscheiden und dieser Fall nicht besonders im Statut vorgesehen ist, so muß die Vormundschaftsbehörde eine Ergänzung resp. Abänderung des Statuts durch Familienschluß veranlassen.

§ 91.

Auf die Pflegschaft finden die Vorschriften dieses Gesetzes über die Vormundschaft entsprechende Anwendung; 10) **die Bestellung eines Gegenvormundes ist nicht erforderlich.** 11)

Die Pflegschaft hört auf, wenn der Grund zu deren Einleitung gehoben ist. 12)

10) So die §§ 2—4. 6. 8. 17. 19. 23. 24. 33. 35. 41 (wenn ein Gegenvormund bestellt ist), 42. 56—59. 60. 63. 67. 70. 87 V. O.

Der Waisenrath hat auch die Pfleger vorzuschlagen (§ 53 V. O., Johow 7. S. 29) und, wenn die Pflegschaft die Person des Pflegebefohlenen betrifft, die Aufsicht zu führen. (Johow 5. S. 282.) Auch die Bildung eines Familienrathes ist bei Pflegschaften nicht ausgeschlossen. (Johow 5. S. 292.)

Honorar kann dem Nachlaßpfleger auch bei nicht umfangreicher Vermögensverwaltung zugebilligt werden. Anderen Pflegern mithin nur bei umfangreicher Vermögensverwaltung als Ausnahme. (§§ 33. 34 V. O., Johow 7. S. 37.)

11) Auch bei Vermögensverwaltung nicht. Findet das Vormundschaftsgericht aber einen Gegenvormund für zweckmäßig, so bestellt es einen solchen und ist dann derselbe in den gesetzlich vorgeschriebenen Fällen, namentlich auch in den § 41 erwähnten, zuzuziehen. Für die Vormundschaften „bedarf es" immer in den Fällen des § 41 V. O. der Genehmigung des Gegenvormundes, bei Pflegschaften dagegen nur, wenn aus der Bestallung des Pflegers sich die Bestellung eines solchen ergiebt.

12) Die nach den bestehenden Gesetzen vom Prozeßgericht zu bestellenden Kuratoren kommen hier nicht in Betracht. (S. Anm. 1 zu diesem Abschnitt S. 172.)

Bei Auseinandersetzungen zwischen Vater und Kindern betreffs des mütterlichen Vermögens endet die zu diesem Behufe eingeleitete Pflegschaft mit der vormundschaftsgerichtlichen Genehmigung des Aktes, und, ist Sicherstellung nöthig, mit deren Bewirkung. (J. M. Bl. 1841. S. 220.) In anderen Angelegenheiten kann ein zu diesem Zweck bestellter Pfleger nicht auftreten, z. B. nicht bei einer Subhastation des väterlichen Grundstückes, auf welchem für die minderjährigen Kinder ein Kapital eingetragen steht. (Entsch. O. Tr. 24. S. 148, Johow 6 S. 201.)

Wenn dem Vater das Verwaltungsrecht über das Vermögen seiner Kinder durch Gesetz oder Bestimmung des Zuwenders entzogen ist, so sind nach Gruchot 21. S. 279. 285. die baaren Gelder und Schuldinstrumente dem Pfleger auszuantworten. Vergl. Johow 5. S. 291. 292.

Die Pflegschaft über im Auslande wohnende Preußen ist hier von dem Gericht des Heimathsortes zu führen. (Johow 6. S. 29.)

Fünfter Abschnitt.

Schlußbestimmungen.

§ 92.

Dieses Gesetz tritt am 1. Januar 1876 in Kraft und findet auch auf die schwebenden Vormundschaften oder Pflegschaften Anwendung, soweit nicht in den nachstehenden Paragraphen etwas Anderes bestimmt ist.[1])

Die vormundschaftliche Thätigkeit der Familienräthe im Bezirk des Appellationsgerichtshofes zu Cöln, der Voluntairgerichte im Bezirk des Justizsenats zu Ehrenbreitstein, der Waisengerichte in den Hohenzollernschen Landen und der Kirchspielsgerichte des Landes Hadeln hört auf.

1) Nach den Motiven kann weder den bereits Bevormundeten noch den schon bestellten Vormündern irgend ein Anspruch als ein wohlerworbenes Recht auf die Fortführung der Vormundschaft in der bisherigen Weise zugestanden werden. Die Befugnisse des Vormundes entspringen nicht aus einem Vertrage, sondern lediglich aus dem Gesetz oder der Seitens des Staates erfolgten Bestellung. Sie sind Ausflüsse des übertragenen Amtes, nicht aber wohlerworbener Rechte des Vormundes. Der Staat ist daher berechtigt, im Wege der Gesetzgebung jene Befugnisse auch bei bereits bestellten Vormündern zu verändern, zu vermehren, einzuschränken oder auch ganz zu entziehen. (Philler S. 114.)

Die einzelnen Akte der vormundschaftlichen Verwaltung sind als eine fortgesetzte Kette von successiven Verpflichtungsgründen anzusehen. Das Gesetz, welches zur Zeit ihrer Vornahme herrschte, ist daher für sie maßgebend, wenn auch die Vormundschaft unter der Herrschaft des neuen Gesetzes zu Ende geht und der Vormund nach dessen Inkrafttreten zur Verantwortung gezogen wird. Dagegen wirken Befugnisse, deren Entstehung unter dem alten Rechte sich abschloß, unter der Herrschaft der neuen Vorm. Ordnung fort, auch wenn nach deren Bestimmungen solche Rechte nicht hätten entstehen können. So bleibt das vor dem 1. Jan. 1876 dem Vormund zugebilligte Honorar bestehen, ebenso wie der Titel zum Pfandrecht, welcher unter der Herrschaft des alten Rechtes für die bis zum 1. Januar 1876 erwachsenen Ansprüche erworben wurde, nach diesem Termine noch realisirt werden kann. Andererseits sind die schwebenden Vormundschaften für Alles, was in Zukunft zu gestalten ist, mit dem 1. Januar 1876 unter die Herrschaft des neuen Gesetzes getreten. (Dernburg S. 28. 29, Johow 6. S. 69.)

Durch diesen § 92 V. O. haben die allgemeinen Grundsätze über die Nichtrückwirkung der Gesetze in keiner Weise abgeändert werden sollen. (§ 14. Einl. zum A. L. R., Gruchot 21. S. 364.)

Wenn das bisherige Recht geringere Befugnisse als die Vorm. Ordn. v. 5. Juli 1875 zuließ, so sind diese Einschränkungen seit dem 1. Januar 1876 aufgehoben und die Vormünder davon frei geworden. Die §§ 14 und 51 der Einleitung und die Art. VIII und XII des Publ. Patents zum A. L. R. stehen dem nicht entgegen. Denn neue Gesetze, welche die Rechts- und Handlungsfähigkeit der Staatsangehörigen anderweitig normiren, insbesondere frühere Beschränkungen beseitigen, setzen sofort Alle, die sie angehen, in den Zustand der vollen und erweiterten Fähigkeit. (J. M. Bl. 1876. S. 233 ff.) Daher sind mit dem 1. Januar 1876 alle über die Großjährigkeit hinaus verlängerten Vormundschaften, als fortan gesetzlich unzulässig, aufzuheben gewesen. (J. M. Bl. 1876. S. 95, Johow 5. S. 287. 294, 7. S. 37, Dernburg S. 29, Löwenstein S. 132, Neumann S. 179.)

§ 93.

Die bisherigen Vormünder oder Pfleger verbleiben in ihrem Amte; sie können jedoch vom Vormundschaftsgerichte in der Zeit bis zum 1. Januar 1878 entlassen werden, wenn sie zur Führung der Vormundschaft oder Pflegschaft ungeeignet erscheinen, und

weder nach Maßgabe der §§ 17. 87 als berufen zu erachten, noch nach Maßgabe der §§ 12. 83 gesetzliche Vormünder sind.[2])

2) Auch dann, wenn der Mündel sich am 1. Januar 1876 in einer dem § 13 V. O. entsprechenden Verpflegungsanstalt befindet, oder nach dem 1. Jan. 1876 in eine solche aufgenommen wird, bleibt der bisherige Vormund in seinem Amte, wenn ihn das Vormundschaftsgericht nicht bis zum 1. Januar 1878 entlassen und so die gesetzliche Vormundschaft des Anstaltsvorstandes zur Wirksamkeit gebracht hat, da auf die vor dem 1. Jan. 1876 bestellten Vormünder nach § 93 der § 62 Abs. 2 keine Anwendung finden kann. (Löwenstein S. 132.)

§ 94.

Sind einem bisher bestellten oder berufenen Vormund oder Pfleger durch Verfügung der Eltern oder der Erblasser des Mündels nach dem bisherigen Rechte zulässigerweise größere Befugnisse eingeräumt, als dieses Gesetz zuläßt, so bleiben diese Befugnisse bestehen.[3])

3) Vergl. Anm. 1 zu § 92 V. O.

Daher sind neben befreiten Vormündern des A. L. R. Gegenvormünder nicht zu bestellen. (Johow 7. S. 35. 36. 37.) Auch denen, welche der Testator etwa substituirt und befreit hat, bleibt diese Befugniß erhalten, wenn der Substitutionsfall nach dem 1. Januar 1876 eingetreten ist. Denn beabsichtigt ist die Aufrechterhaltung aller vor dem 1. Jan. 1876 giltig verordneten Befreiungen. Daher ist auch die ganz einzeln aufgestellte Ansicht: vorsorgliche Väter müßten ihre vor 1. Januar 1876 getroffenen vormundschaftlichen letztwilligen Verordnungen der Vorm. Ordn. vom 5. Juli 1875 gemäß ändern, eine irrige. (Johow 5. S. 293, Dernburg S. 30, Löwenstein S. 133. 134, Philler S. 115, Neumann S. 178. 179.) Den nach A. L. R. befreiten Vormündern ist hiernach die Schlußrechnung zu erlassen (§ 874. II. 18. A. L. R.), obwohl die neue V. O. diese Befreiung nicht kennt, und ist der Regel nach kein Gegenvormund zu bestellen; ausnahmsweise wird dies indeß doch nicht nur zulässig, sondern nothwendig bei Veräußerung von Mündelgrundstücken. In solchem Falle hat nach A. L. R. (§§ 686. 687. Anh. § 167. II. 18.) auch dem befreiten Vormunde gegenüber das Vormundschaftsgericht die Nothwendigkeit oder Nützlichkeit sowie die Art der Veräußerung zu prüfen resp. zu genehmigen, und zwar nach den Angaben und den Thatsachen, die der Vormund an die Hand giebt. An Stelle dieser landrechtlichen Genehmigung ist jetzt die aus § 42 Nr. 5 V. O. getreten, und diese setzt nach § 55 Abs. 2 V. O. stets eine vorherige Anhörung des Gegenvormundes voraus. Von dieser Genehmigung ließ das A. L. R. eine Befreiung nicht zu, während die neue V. O. sie gestattet. Das A. L. R. hat also in dieser Beziehung den bisher berufenen befreiten Vormündern eine größere Befugniß nicht eingeräumt und findet hier deshalb die neue V. O. (§ 92, resp. die §§ 42 und 55) volle Anwendung. (Vgl. Motive, Johow 5. S. 293, Löwenstein S. 133, Wachler S. 206, Philler S. 116, Märcker S. 74.) Abweichender Ansicht sind: Neumann (S. 179) und Maassen (S. 96). Sie wollen auch in diesem Falle keinen

Gegenvormund zulassen, weil nach der V. O. v. 5. Juli 1875 (§ 26) die Bestellung eines Gegenvormundes untersagt werden könne und zur Veräußerung von Grundstücken nur die Genehmigung des Vormundschaftsgerichts vorgeschrieben sei. Dieser Ansicht steht aber, wie vorstehend ausgeführt ist, entgegen:

a) daß das A. L. R. Gegenvormünder und eine Befreiung davon nicht kennt,
b) die neue V. O. auf alle am 1. Jan. 1876 schwebenden Vormundschaften Anwendung findet, und
c) den nach A. L. R. befreiten Vormündern nur diejenigen Befugnisse erhalten bleiben, welche ihnen durch Verfügung der Eltern oder der Erblasser des Mündels eingeräumt und größer (weitergehend) sind, als die neue V. O. sie zuläßt.

Dem Vormundschaftsgericht liegt es ob, die Voraussetzungen der Zulässigkeit der im § 94 V. O. gedachten Verfügungen und die Form und Echtheit derselben zu prüfen; erst durch die Anerkennung des Gerichts gelangt dieselbe zur Wirksamkeit. (J. M. Bl. 1875. S. 266.) Die Befreiung nach A. L. R. ist (§ 47 V. O.) ebenfalls, und zwar am zweckmäßigsten dem Wortlaut nach, in die Bestallung aufzunehmen. (Neumann S. 180.)

§ 95.

Die Befugnisse, welche Eltern oder Ehegatten kraft gesetzlicher Nutznießung am Vermögen der Kinder oder kraft ehelichen Güterrechts zustehen, werden von diesem Gesetze nicht berührt.[4]

Im Bezirk des Appellationsgerichtshofes zu Cöln hat der Vater nach dem Tode der Mutter die Rechte und Pflichten des gesetzlichen Vormundes. Schreitet der Vater zur ferneren Ehe, so ist das Vermögen des Kindes unter Mitwirkung eines Pflegers durch ein von dem Vater dem Vormundschaftsgericht einzureichendes Verzeichniß festzustellen.

Die in den übrigen Landestheilen bestehenden Vorschriften, welche vor oder nach der Eheschließung eine Nachweisung, Auseinandersetzung oder Sicherstellung des Vermögens erfordern, bleiben in Kraft.[5]

4) Weil sie dem ehelichen Güterrecht und Familienrecht, nicht aber dem „Vormundschaftswesen“ (§ 102 V. O.) angehören. Leicht ist es nicht, stets genau zu bestimmen, wie weit das Gebiet des Vormundschaftswesens geht. Indeß gilt als Grundsatz: alle Befugnisse sind unberührt fortbestehend:

a) welche Eltern kraft gesetzlicher Nutznießung am Vermögen der Kinder,
b) welche Ehegatten (bevormundet oder nicht) kraft ehelichen Güterrechtes (nicht aber kraft spezieller Bestimmungen für Bevormundete Löwenstein S. 135. 140. 141)

zustehen. Und darnach werden sich die einzelnen Fälle mit Sicherheit beurtheilen lassen. In Vermögensrechte (der Mutter, des Vaters und der Ehegatten) greift die V. O. nicht ein. Vormundschaftliche Rechte soll die Mutter aber nur kraft richterlicher Bestellung haben. Die Befreiung eines überlebenden Ehegatten von der Vermögensverzeichnung kraft ehelichen Güterrechts, wie z. B. § 11 Ges. v. 16. April 1860 (Ges. S. S. 168) für die Provinz Westfalen sie kennt, ist daher nicht beseitigt. Ebenso ist die zum Vormund bestellte Mutter, die mit den Kindern auf Grund des Gesetzes die Gütergemeinschaft fortsetzt, oder das Leibzuchtsrecht hat, von der Vermögensverzeichnung befreit. (Johow 6. S. 42. 44. 47. 43.) Die Rechte und Pflichten des Vaters betreffs der Verwaltung des Vermögens seiner Kinder sind durch die V. O. nicht verändert worden. (Johow 6. S. 78. 80.) Ihm, als gesetzlichem Vormunde der verheiratheten minderjährigen Töchter, steht das Recht zur Aufbewahrung der Hypothekendokumente über deren Muttergut zu. (Johow 7. S. 73, Gruchot 21. S. 288.) Zur Auflassung des, einer wegen Minderjährigkeit bevormundeten Ehefrau gehörigen, Grundstückes ist, neben dem Vormunde, auch der Ehemann zuzuziehen. (Johow 7. S. 152.)

5) Obwohl daher an sich der Vormund zu prüfen hat, ob eine Auseinandersetzung oder Sicherstellung des Vermögens, sowie in welcher Art, erfolgen soll, so kann im Falle der Eheschließung (namentlich Wiederverheirathung) die Auseinandersetzung nothwendig werden und das freie Ermessen des Vormundes ausschließen.

Die überlebende Mutter, welche mit den Kindern die Gütergemeinschaft fortsetzt, ist zur Auseinandersetzung verpflichtet:

a) wenn sie zur ferneren Ehe schreitet,
b) wenn die Töchter heirathen oder die Söhne eine eigene Wirthschaft anfangen,
c) wenn sie sich der Verschwendung oder sonst einer schlechten Verwaltung verdächtig macht. (§§ 411—413. II. 18. A. L. R.)

Der Vater (auch bei der Gütergemeinschaft § 414. II. 18. A. L. R.) muß sich mit den Kindern auseinandersetzen:

a) wenn er zu einer anderweitigen Ehe schreitet,
b) in allen Fällen, wo er nach Vorschrift der Gesetze für das Vermögen der Kinder (§ 179 ff. II. 2. A. L. R.) Sicherheit zu stellen verbunden ist (§§ 35. 36. II. 18. A. L. R.).

Wird ein Kapital vom Vater durch Hypothek sicher gestellt, so ist im Grundbuche zu vermerken, daß es zur besonderen Sicherheit eingetragen ist, damit der Grundbuchrichter wegen des Verfügungsrechts darüber nicht in Zweifel gerathen kann. (Johow 5. S. 292.) Ist dies geschehen, so ist gegen Ausantwortung des Hypothekendokumentes an den Vater kein Bedenken obwaltend. (Johow 7. S. 75, Gruchot 21. S. 287. 288.) Besteht ein zur Verwaltung dieser zur Sicherheit verschriebenen Kapitalien befugter resp. verpflichteter Pfleger oder Vormund, so ist dieser zur Aufbewahrung der Dokumente ebenso berechtigt als verpflichtet.

Der § 95 V. O. hat besonders zwei praktische Fragen hervorgerufen:

A) In wie weit berührt die V. O. die Rechte eines Ehemannes betreffs des Vermögens seiner minderjährigen bevormundeten Frau?

Nach A. L. R. (§ 205. II. 1.) geht das Vermögen der Frau in die Verwaltung des Mannes über, insofern diese Verwaltung der Frau durch Gesetze oder Verträge nicht ausdrücklich vorbehalten worden. Also Alles, was zum

Eingebrachten (§ 210 a. a. O.) gehört. Daran hat der Mann alle Rechte und Pflichten eines Nießbrauchers. (§. 231 a. a. O.) Bei minderjährigen Frauen wird die Vormundschaft durch die Verheirathung nicht aufgehoben, der dem Ehemanne an ihrem Vermögen gesetzlich zustehende Nießbrauch kann ihm aber nicht vorenthalten werden. Ob ein Theil des Vermögens der Frau, vor Vollziehung der Heirath, durch Vertrag vorzubehalten sei, muß der Vormund vernünftig beurtheilen. Das vorbehaltene Vermögen bleibt unter vormundschaftlicher Verwaltung; von dem nicht vorbehaltenen gebührt der Regel nach auch die Verwaltung dem Ehemanne, doch bleibt die Substanz der Aufsicht des Vormundes und vormundschaftlichen Gerichts unterworfen; nur muß der Ehemann bei jeder mit der Substanz oder der Art der Administration vorzunehmenden Veränderung gutachtlich gehört werden. Die baaren Gelder oder ausstehenden Kapitalien bekommt er nur gegen Sicherheitsstellung in die Hände und hat bei der Vormundschaftsrechnungsabnahme mitzusprechen. (§§ 736—775. II. 18. A. L. R.) Mehr Befugnisse, als diese eingeschränkten, hatten die Ehemänner kraft ehelichen Güterrechtes nach A. L. R. bisher nicht. Ihre Verwaltung reicht also so weit, als ihr Nießbrauch dies bedingt, während die Rechte des Eigenthümers bei der Vormundschaft bleiben. (Arndts und Leonhardt S. 91.) Daß diese Einschränkungen bei verheiratheten weiblichen Mündeln im 18. Titel Theil II des A. L. R. ausgedrückt sind, macht sie um so weniger zu Bestimmungen des Vormundschaftswesens, als sie, soweit es sich um die Grenzen des ehelichen Güterrechts dabei handelt, den gesetzlichen Vorschriften bei unbevormundeten Ehefrauen § 231. ff. II. 1. entsprechen und diese Stellung im Vormundschaftstitel nur gewählt ist, um die Rechte und Pflichten des Vormundes dem Mündel und seinem Ehemanne einerseits und dem Vormundschaftsgericht andererseits gegenüber am richtigen Orte anzuordnen. Diese letzteren Rechte und Pflichten des Vormundes ebenso wie die Stellung des Vormundschaftsgerichtes selbst richten sich gesetzlich seit 1. Januar 1876 nach der V. O. v. 5. Juli 1875. Die auch vom Stadtgericht zu Berlin (Johow 5. S. 280) und Neumann (S. 194) sowie bei Gruchot 21. S. 362 vertretene Ansicht erscheint daher richtig, welche dahin geht:

> daß die landrechtlichen Bestimmungen über die Rechte des Ehemannes am Vermögen seiner unter Vormundschaft stehenden Frau von der Vorm. O. v. 5. Juli 1875 unberührt geblieben sind.

Abweichend hiervon führt Dernburg (S. 227. 228), wie folgt, aus: Eine gewisse Kollision zwischen dem Rechte des Ehemannes an dem Vermögen seiner minderjährigen Ehefrau kraft ehelichen Güterrechtes und den Befugnissen des Vormundes trete allerdings ein. Diese Kollision sei dahin zu lösen, daß dem Ehemanne die Rechte, welche er gegenüber einer volljährigen Frau habe, auch der minderjährigen gegenüber zuständen, soweit sie nicht etwa durch Eheverträge ausgeschlossen seien. Der Vormund hingegen wahre die Rechte der minderjährigen Ehefrau an deren Statt. Die landrechtlichen Vorschriften § 742. ff. II. 18. enthielten Funktionen des Vormundschaftsgerichts, welche zum neuen System der Vormundschaft nicht paßten und im Wesentlichen auf eine Mitverwaltung des Gerichts hinausliefen. Theilweise beibehalten, theilweise ignoriren könne man die bezüglichen landrechtlichen Normen aber auch nicht. Zur Sicherung der minderjährigen Frauen seien jetzt Eheverträge bei der Genehmigung der Ehe auszubedingen, die den konkreten Verhältnissen entsprächen. Dieser Ansicht ist Löwenstein (S. 140) beigetreten.

B. **Sind die landrechtlichen Bestimmungen (780 ff. II. 18.) aufgehoben, wonach die am Orte geltende Gütergemeinschaft bei Verheirathung eines Bevormundeten bis nach erfolgter Aufhebung der Vormundschaft ausgesetzt bleibt?**

Es bejahen wohl mit Recht, weil diese Aussetzung der Gütergemeinschaft Folge und Wirkung der Vormundschaft ist (Entsch. O. Tr. 30 S. 128) und daher ihren Grund und ihre Wurzel im Vormundschaftsrecht hat, Dernburg (S. 229), Löwenstein (S. 141), Neumann (S. 180), Gruchot 20. S. 504. 733, 21. S. 359, Johow 6. S. 89. Es verneinen: Wachler (S. 132), Gruchot 20. S. 21. 24. 700, Johow 7. S. 72.

Mit Rücksicht darauf, daß obige Frage zu bejahen ist, wird der Vormund vor Abschluß der Ehe seines Mündels zu prüfen haben, ob er durch Vertrag, von dem er seine Zustimmung zur Ehe abhängig machen kann, und durch gehörige Bekanntmachung die Gütergemeinschaft ausschließen will. Da das Gericht im Landrechtsgebiete die Genehmigung zur Mündelehe mit zu ertheilen hat, so kann es gleichfalls das Entsprechende erwirken. (Dernburg S. 230.)

Bei den vor 1. Januar 1876 geschlossenen Ehen verbleibt es bei der einmal eingetretenen Aussetzung der Gütergemeinschaft, so daß der Mündel noch innerhalb dreier Monate nach erlangter Volljährigkeit sich über die endgiltige Ausschließung der Gütergemeinschaft erklären kann. (Gruchot 20. S. 25, 21. S. 363, Dernburg S. 230, Löwenstein S. 141.)

Ueber das Kinder- und Frauen-Vermögen, dessen Verwaltung, Sicherstellung, Verwahrung u. s. w. vergl. in Neumann S. 180—200.

§ 96.

Im Geltungsbereiche der Depositalordnung vom 15. September 1783 kann die Auszahlung von Geldern aus dem Depositum auf Grund der dem Vormund erst durch dieses Gesetz übertragenen Rechte vor dem 1. Januar 1878 nicht verlangt werden.[6]

6) Mit dem 1. Januar 1878 ist, nach der Erklärung der Regierungskommissarien in der Kommission des Abgeordnetenhauses (Löwenstein S. 136), jede Veranlassung zur ferneren Deposition von Mündelgeldern und damit jede Art der gerichtlichen Verwaltung solcher Gelder weggefallen. Sofern bis dahin die Auszahlung wegen etwaiger Hindernisse in der Person des Vormundes nicht zu bewirken gewesen sein sollte, würden die Gelder (wegen Verzuges des Empfängers) allerdings auch ferner zu verwahren sein. Ebenso ist nach Löwenstein (S. 136) zu verfahren, wenn Arreste auf dem Vermögen des Mündels haften. In beiden Fällen wären darnach die Massen zum Judizialdepositum zu nehmen. Nach Johow 5. S. 284 kann der Umstand, daß Arreste auf dem Vermögen des Mündels haften, die Ausantwortung desselben an den Vormund nicht hindern; nur muß von den Arresten dem Vormunde und dem Gegenvormunde Kenntniß gegeben werden. Dem steht die Spezialbestimmung für den Gerichtsbezirk des Appellationsgerichts zu Cöln (§ 19) im Hinterlegungsgesetz v. 19. Juli 1875, wonach die Deposita, welche nach Maßgabe des § 60 der V. O. angeordnet sind, „abgesehen von einem der Kasse etwa zugestellten Arrest oder sonstigen Einspruch" zurückgegeben werden, nicht entgegen. Sie be-

handelt einen anderen Fall und nicht die Ausschüttung der Mündelmassen aus den zum 1. Jan. 1878 aufzulösenden Pupillendepositorien im Geltungsbereiche der Depos. Ordn. v. 15. Sept. 1783.

Nach dem 1. Januar 1876 durften Mündelgelder überhaupt nicht mehr dem Hinterlegungsfonds als Pupillardepositen zugeführt werden (V. v. 19. April 1876, J. M. Bl. S. 95). Wenn in Folge besonderer Vorschriften, z. B. in Siegelungsfällen, die Hinterlegung von Geldern, welche Minderjährigen gehören, bei Gericht erforderlich wird, so sind solche Gelder doch nicht als „Pupillarmassen" oder „Pupillardepositen" zu bezeichnen. (V. v. 27. Sept. 1876, J. M. Bl. S. 185.)

Der Zinsfuß der beim Hinterlegungsfonds hinterlegten Gelder ist auf 2½ Prozent festgesetzt. (V. O. v. 1. Dez. 1875, Ges. S. S. 611.)

Ueber den Verkehr wegen Abführung von Depositalgeldern an die Justizoffiziantenwittwenkasse s. J. M. Bl. 1875 S. 261, 1876 S. 47. 144. 241.

In Folge von Auseinandersetzungen der Väter mit ihren Kindern wegen deren Vermögens (§ 168. ff. II. 2. A. L. R.) werden sich am 1. Januar 1876 vielfach Gelder im gerichtlichen Depositum befunden haben, welche Kindern in väterlicher Gewalt zustehen und hinsichtlich deren die Verwaltung dem Vater und nicht einem Vormunde oder Pfleger gebührt. In Gruchot 20. S. 776 ist ausgeführt: derartige Massen würden auch ferner neu entstehen und zum gerichtlichen Depositum angenommen werden müssen, da die gerichtlichen Depositorien nach § 6 des Ges. v. 19. Juli 1875 „bis auf Weiteres" bestehen bleiben. Freies Vermögen der Kinder, an dem also dem Vater kein Nießbrauchsrecht zustehe, sei an die Väter herauszugeben, welche hinsichtlich dieses freien Vermögens die Rechte und Pflichten der Vormünder bez. Pfleger hätten und denen nach § 39 V. O. die zinsbare Anlegung der verfügbaren Gelder obliege. Alle zum nicht-freien Vermögen der Kinder gehörenden Gelder müßten dagegen im Depositorium verbleiben, weil kein legitimirter Empfänger für sie vorhanden sei; denn dem Vater könnten sie nicht zur freien Verfügung gegeben und ausgezahlt werden, weil dieser hinsichtlich ihrer in seiner Verwaltung, sei es durch Gesetz, sei es durch Willenserklärung eingeschränkt sei, und zwar fortdauernd. Dieser Ansicht ist auch Neumann (S. 202) beigetreten.

Anderer Meinung sind Johow 5. S. 291 und Löwenstein (S. 142). Nach deren richtiger Ansicht mußten am 1. Jan. 1878 derartige Massen spätestens aus dem Depositum herauskommen. Soweit ein gesetzlicher Grund zur Sicherstellung vorlag, war mit Vater und Pfleger betreffs der baaren Masse über die anderweite Sicherstellung zu verhandeln. Pretiosen und Werthpapiere waren nach § 60 V. O. zu behandeln und die Hypothekendokumente waren, sobald vermerkt ist, daß das Kapital dem Kinde zur besonderen Sicherheit verschrieben ist, dem Vater event. dem Pfleger auszuhändigen.

§ 97.

Die Großjährigkeitserklärung eines in väterlicher Gewalt stehenden Kindes erfolgt mit Zustimmung des Vaters nach Maßgabe der Vorschriften des zweiten Absatzes § 61. Die Anhörung von Verwandten oder Verschwägerten des Kindes ist nicht erforderlich.[7])

Im Bezirk des Appellationsgerichtshofes zu Cöln findet die nach den bisherigen Vorschriften zulässige Emanzipation nicht mehr statt.

7) Das Verfahren der Großjährigkeitserklärung bei Hauskindern und Bevormundeten ist nun ganz gleich; auch ist der Unterschied von in väterlicher Gewalt befindlichen Söhnen und Töchtern (§§ 216. 230. Anh. §§ 91. II. 2. A. L. R.) weggefallen. Desgleichen das Institut der Emanzipation nach Rheinischem Recht.

Durch die Großjährigkeitserklärung findet nicht zugleich Entlassung aus der väterlichen Gewalt statt, als eine Folge jener. (J. M. Bl. 1874. S. 151.)

Die Entlassung des minderjährigen Sohnes aus der väterlichen Gewalt hat nicht mehr (§§ 216. 218. II. 2. A. L. R.) die Wirkung der Großjährigkeitserklärung. (Johow 5. S. 295. 296, Löwenstein S. 137, Neumann S. 204.) In Gruchot 20. S. 727 sind die §§ 216—218. II. 2. A. L. R. auch ferner für giltig erklärt.

Die väterliche Erklärung in einem Testamente, die Kinder sollten nach dem zurückgelegten 18. Lebensjahre für großjährig erklärt werden, erübrigt die Einleitung einer Vormundschaft und die Sachuntersuchung nach § 61 V. O. nicht. (Dernburg S. 119, Löwenstein S. 100, Neumann S. 204, Gruchot 20. S. 762.) Ebenso ist ein testamentarisches Verbot der Großjährigkeitserklärung an sich wirkungslos. Doch wird das Vormundschaftsgericht auf des Vaters ausgesprochenen Willen die gebührende Rücksicht nehmen. (Gruchot 20. S. 762.)

§ 98.

Die für großjährig Erklärten haben alle Rechte der Großjährigen.[8])

Dasselbe gilt im Bezirk des Appellationsgerichtshofes zu Cöln von den vor dem 1. Januar 1876 Emanzipirten, wenn sie das achtzehnte Lebensjahr zurückgelegt haben. Auf die vor dem 1. Januar 1876 Emanzipirten, welche das achtzehnte Lebensjahr noch nicht zurückgelegt haben, finden die bisherigen Vorschriften mit der Maßgabe Anwendung, daß die dem Familienrath und dem Landgericht zugewiesene Thätigkeit von dem Vormundschaftsgericht auszuüben ist.

8) Beschränkungen bei der Großjährigkeitserklärung sind nicht mehr, wie nach A. L. R. §§ 724—727. II. 18., zulässig. Rechte, die an die Vollendung des 21. Jahres geknüpft sind, haben die für großjährig Erklärten nicht. Die vor 1. Januar 1876 für großjährig erklärten Personen sind mit diesem Zeitpunkt von allen etwa noch in Folge der Minderjährigkeit bestehenden Beschränkungen befreit. (Dernburg S. 119. 120, Philler S. 118.)

§ 99.

Die Großjährigkeit tritt als Folge der Verheirathung nicht mehr ein.[9])

Im Bezirk des Appellationsgerichtshofes zu Cöln erlischt durch Verheirathung des Kindes die väterliche Gewalt.

9) Nach den Motiven hat durch Abs. 1 die im Gebiet der vormals freien Stadt Frankfurt a. M. entgegenstehende Vorschrift beseitigt werden sollen. (Philler S. 118, Neumann S. 205.) Vergl. auch Johow 7. S. 27.

Bei der Berathung der V. O. im Preußischen Landtage, namentlich im Herrenhause, wurde der Vorschlag:

daß die Minderjährigen beiderlei Geschlechts durch die Verheirathung großjährig werden sollten,

verworfen, um die minderjährige Frau des Schutzes eines Vormundes gegen den Mann, namentlich aber, wenn sie Wittwe werde, nicht zu berauben. (Dernburg S. 227.)

§ 100.

Rücksichtlich der Vormundschafts- und Pflegschaftsangelegenheiten der Mitglieder der Königlichen Familie und des Hohenzollernschen Fürstenhauses behält es bei der Hausverfassung sein Bewenden. [10]

10) Es ist dies bereits bestehender Grundsatz: daß die Rechtsangelegenheiten, welche die Personen- und Familienrechte des Landesherrn betreffen, nach den Hausverfassungen und Verträgen bestimmt werden. (§ 17. II. 13. A. L. R., § 11 V. O. v. 2. Jan. 1849, Ges. v. 26. April 1851 Art. III Ges. S. S. 182, Ges. v. 17. Febr. 1875. § 2. R. G. Bl. S. 71, Dernburg S. 26.) Auch im Einführungsgesetze zum Gerichtsverfassungsgesetz für das Deutsche Reich § 5 ist dies festgehalten.

§ 101.

Die nach dem bisher geltenden Privat-Familienrecht der Häupter und Mitglieder der früher reichsständischen Familien begründeten Rechte werden durch dieses Gesetz nicht berührt. [11]

11) Dieselben bestehen im Wesentlichen darin, daß sie auch in ihren Vormundschaftssachen den privilegirten Gerichtsstand vor den Apellationsgerichten genießen und daß die Vormundschaften nach dem von dem Könige bestätigten Statut der reichsunmittelbaren Familien geregelt werden. (Philler S. 119.)

Die Instruktion v. 30. Mai 1820 (Ges. S. S. 81), in Verbindung mit der V. O. v. 12. Nov. 1855 resp. 17. Dez. 1855 (Ges. S. S. 686), ordnet das Nähere an. (Vergl. Dernburg S. 27.)

§ 102.

Die Vorschriften des gemeinen Deutschen Rechts, des allgemeinen Landrechts und der allgemeinen Gerichtsordnung für die Preußischen Staaten, des Rheinischen Civilgesetzbuchs und der in den einzelnen Landestheilen geltenden Ordnungen und Gesetze über

das Vormundschaftswesen, welche in diesem Gesetze nicht ausdrücklich aufrecht erhalten sind, werden aufgehoben. [12])

12) Die Aufhebung bezieht sich auf die Gesetze und die Ausführungsbestimmungen derselben (Reskripte ꝛc.). Dabei ist zu untersuchen: ob eine Rechtsnorm im Vormundschaftsrecht wurzelt, oder ob sie ihre Grundlage außerhalb desselben hat. Im letzteren Fall ist sie durch die V. O. an und für sich nicht beseitigt, auch wenn sie auf die Rechte des Vormundes oder des Mündels einwirken sollte. Im ersteren Falle ist sie durch die V. O. aufgehoben, auch wenn hierdurch indirekt in andere Rechtsmaterien eingegriffen würde. (Dernburg S. 22.) Aufgehoben sind insbesondere solche Normen, welche mit Vorschriften der V. O. in Widerspruch treten. (Löwenstein S. 139.)

Ueber die einzelnen Gesetzesparagraphen des Titel 18. Th. II. des A. L. R. und ihre gegenwärtige Giltigkeit sind zu vergl.

Dernburg S. 23—27, 227—230,
Löwenstein S. 139—142,
Wachler S. 212. 213 (hier sind die Paragraphen der V. O. aufgezählt, welche frühere Bestimmungen aufrecht erhalten),
Gruchot 20. S. 699—701, 20. S. 23. 504. 733,
Johow 6. S. 39—41. 54. 86. 201, 7. S. 39. 58. 72. 73. 75. 357.

Daß Beistände nicht unter das Vormundschaftswesen zu rechnen sind, ist zweifellos. (J. M. Bl. 1878. S. 12, Dernburg S. 25, Neumann S. 206, Löwenstein S. 139; eine gegentheilige Ansicht findet sich bei Gruchot 20. S. 509.) Sie sind daher durch die V. O. nicht berührt.

Außer diesen, die Beistände betreffenden, §§ 5. 17. 18. 51—55, 1005—7, II. 18. A. L. R. sind noch als giltig anzusehen:

§§ 28—38 und Anh. 153.
§§ 218. 219.
§§ 309. 310. 339—348.
§§ 410—414. 417. 418.
§§ 427. 428.
§ 574 und Anh. § 164.
§ 689 und Anh. § 168 Satz 1.
§§ 815—817. 821—858.
§§ 970—981.
§§ 984—989.
§§ 996—1002.

(zu allen vorstehenden:) Vergl. Löwenstein S. 139.

V.

Aufnahme

eines Vermögensverzeichnisses (Nachlaßinventars) und Formular dazu.

(§§ 47—56. II. 5. Allg. Ger. Ordnung.)

Verfahren bei der Inventur überhaupt.

Alle an dem Orte, wo der Erblasser gewohnt hat, gestorben ist, oder ein unbewegliches Gut besessen hat, befindliche Mobilien und Effekten, sie mögen Namen haben, wie sie wollen, müssen genau, mit Bemerkung des Maßes, des Gewichts, der Anzahl und Beschaffenheit, auch der von den Taxatoren geschehenen Würdigung, aufgezeichnet werden, ohne daß der das Vermögen Aufnehmende sich einer Entscheidung: ob etwa dieses oder jenes zur Erbschaft nicht gehöre, anmaßen, und es aus diesem Grunde aus dem Inventar weglassen darf; doch muß er die desfalls etwa geschehenen Anzeigen in dem Inventar mitbemerken.

Die Aufzeichnung geschieht übrigens von Zimmer zu Zimmer, sowie die Mobilien und Effekten in einem jeden derselben sich befinden, und mit Bemerkung ihrer Lage. Aus diesen Lokalverzeichnissen werden hiernächst, in dem Inventar selbst, die Sachen von einerlei Art unter gewisse Titel zusammengeschrieben; die Taxe eines jeden Stückes wird ausgeworfen und die Summe des Werthes nach der Taxe, von jedem Titel, bei dem Abschlusse desselben, zusammengezogen.

Verfahren insonderheit bei Zubehörungen.

Bewegliche Sachen, die als Zubehör zu einer unbeweglichen Sache, oder zu einer Gerechtigkeit gehören, z. B. das Wirthschaftsinventarium eines Grundstücks, die Geräthschaften von Fabriken, Kramladen, Apotheken 2c., werden besonders verzeichnet, und diese Verzeichnisse dem Hauptinventar beigelegt.

Verfahren bei Büchern.

Bücher brauchen nicht taxirt zu werden, sondern es ist genug, wenn nur die Titel derselben, mit der Angabe des Formats, der Edition und des Bandes verzeichnet sind. Auch ist es, wenn weitläufige Bibliotheken vorhanden sind, nicht nöthig, den Abschluß des Inventarii so lange, bis der Katalog geendigt worden, auszusetzen.

Verfahren bei Häusern, Landgütern und anderen unbeweglichen Sachen.

Häuser, Landgüter und andere unbewegliche Sachen werden nur nach ihrem Namen, ihrer Qualität, ihrer Lage und Beschaffenheit, in das Inventarium eingetragen. Erhellet aus den Erwerbungsurkunden ein gewisser Werth, oder ist sonst dergleichen Werth im Hypothekenbuche eingetragen, so wird selbiger ausgeworfen. Konstirt kein solcher Werth, das Gut ist aber verpachtet, so wird nach dem Ertrage des Pachtgeldes der auszuwerfende Werth bestimmt.

Verfahren bei Briefschaften und Skripturen.

Die vorhandenen Urkunden und Briefschaften müssen mit möglichster Aufmerksamkeit durchgegangen und diejenigen, welche auf den Status des Nachlasses irgend Beziehung haben, von den übrigen Papieren abgesondert werden.

Letztere müssen, so weit es nöthig ist, sortirt und ihrer in dem Inventar nur unter gewissen allgemeinen Titeln, z. B. Wirthschafts- oder Hausrechnungen, Familienkorrespondenz, gelehrte Korrespondenz 2c., gedacht werden.

Hat der Erblasser in seinen Papieren eine gewisse Ordnung beobachtet und seine Korrespondenzen in gewisse Packete oder Fächer, nach Unterschied der Gegenstände oder Subjekte, zusammengelegt; so müssen dergleichen Packete bei der Inventur undurchsucht bleiben und im Inventar nur unter allgemeinen Rubriken aufgeführt werden.

Diejenigen Dokumente, welche entweder das Eigenthum, die Gerechtsame, Lasten oder Pflichten der zum Nachlasse gehörigen oder anderer Grundstücke, auf welche dem Verstorbenen ein Anspruch zustand, betreffen; oder woraus Aktivforderungen desselben an Andere, sie seien von welcher Art sie wollen, hervorgehen, müssen umständlich, mit Bemerkung der Person des Ausstellers, der Zeit und des Orts, auch einer kurzen Angabe ihres wesentlichen Inhalts, im Inventar verzeichnet werden.

Betreffen dergleichen Dokumente Geldforderungen, so muß die verschriebene Summe im Inventar ausgeworfen werden.

Finden sich Umstände, aus welchen zu erhellen scheint, daß eine solche Forderung zweifelhaft oder inexigibel sei, so sind auch diese dabei zu bemerken.

Verfahren wegen der Schulden.

Die auf dem Nachlasse haftenden Schulden müssen ebenfalls, so viel es sich thun läßt, vollständig verzeichnet werden. Die eingegebenen Rechnungen, Mahnbriefe, die von dem Verstorbenen selbst geführten Rechnungsbücher und andere schriftliche Nachrichten und Anzeichnungen über Passivschulden müssen genau nachgesehen werden.

Form des Inventarii.

Alle gerichtlichen Inventarien sollen nach dem hier beigedruckten Formulare angefertigt und abgeschlossen werden.

Von mehreren Spezialinventarien.

Wenn der Verstorbene an mehr als Einem Orte Vermögen zurückgelassen hat, z. B. wenn er einen doppelten Wohnsitz hatte, oder wenn er, außer seinem gewöhnlichen Wohnorte, Landgüter besaß, auf welchen ein Theil seiner Mobilien und Effekten, seiner Briefschaften u. s. w. sich befand, so wird dennoch nur Ein Inventarium errichtet, in welchem die an den verschiedenen Orten aufgenommenen Verzeichnisse, unter den gehörigen Titeln, mit der Bemerkung, an welchem Orte diese Stücke sich befinden, zusammengeschrieben werden. Haben mehrere Inventarien aufgenommen werden müssen, so hängt es, nach Beschaffenheit der Umstände, von dem Gutfinden des Vormundes ab, inwiefern es nöthig sei, alle diese besonderen Inventarien in ein einziges allgemeines Inventarium zusammenzufassen. Wenn aber auch dies nicht geschehen soll, so muß dennoch, um einen Abschluß des ganzen Nachlasses zu erhalten, in demjenigen Spezialinventar, welches die meisten und hauptsächlichsten Vermögensstücke enthält, ein Extrakt aus den übrigen Inventarien, sowohl in Ansehung der das Aktivvermögen betreffenden Titel, als in Ansehung des Titels der Schulden, hinzugefügt; darnach der Abschluß gemacht und die übrigen Spezialinventarien diesem Hauptinventar beigeheftet werden.

Verzeichniß

des

Nachlasses (Vermögens)

des (Mündels N. N.)

am 18 in verstorbenen

N. N.

verfertigt, den

von N. N. (Vormund).

	Tit. I. An unbeweglichen Gütern und liegenden Gründen.			
	Summa .			
	Tit. II. An Aktivis und außenstehenden Forderungen.			
1				
2				
	Summa .			
	Tit. III. An baarem Gelde.			
1	An			
2	An			
	Summa .			
	Tit. IV. An goldenen, silbernen und anderen Medaillen, und seltenen Münzen.			
1				
2				
3				
	Summa .			
	Tit. V. An Juwelen und Kleinodien.			
1				
2				
3				
	Summa .			
	Tit. VI. An Uhren, Tabatieren und anderen kleinen kostbaren oder künstlichen Stücken.			
1				
2				
3				
	Summa .			

	Tit. VII. An Gold- und Silbergeschirr.			
1				
2				
3				
	Summa .			
	Tit. VIII. An Porzellan.			
1				
2				
3				
	Summa .			
	Tit. IX. An Gläsern.			
1				
2				
	Summa .			
	Tit. X. An Zinn, Kupfer, Metall, Messing, Blech und Eisen.			
1				
2				
3				
	Summa .			
	Tit. XI. An Leinenzeug und Betten.			
1				
2				
3				
	Summa .			
	Tit. XII. An Meubles und Hausgeräthe.			
1				
2				
3				
	Summa .			
	Tit. XIII. An Kleidungsstücken.			
1				
2				
3				
	Summa .			
	Tit. XIV. An Wagen und Geschirr.			
1				
2				
3				
	Summa .			
	Tit. XV. An Pferden.			
1				
2				
3				
	Summa .			

Tit. XVI. An allerhand Vorrath zum Gebrauch.

1
2
3

Summa .

Tit. XVII. An Vorrath und Waaren, zum Verkauf und Handel.

Wenn deren viel vorhanden, z. B. bei einem Kaufmann, Handelsmann, Krämer ꝛc., so ist es bequemer, davon ein ganz besonderes Inventarium aufzunehmen, und nur die Summe davon in dem Generalinventar anzumerken.

Summa .

Tit. XVIII. An Gemälden, Zeichnungen, Kupferstichen und mathematischen Instrumenten und Gewehren.

1
2
3

Summa .

Tit. XIX. An Büchern und Manuskripten.

1
2
3

Ist der Büchervorrath ansehnlich, so ist es bequemer, einen besonderen Katalog davon zu machen und dem Generalinventar nur den Betrag davon einzurücken.

Summa .

Tit. XX. An Briefschaften und Dokumenten.

1
2
3

Summa .

Tit. XXI. An Passivis und Schulden.

1
2
3

Diese sind entweder, wenn sie aus den Briefschaften und Rechnungen offenbar sogleich erhellen, oder wie sie angegeben werden, zu verzeichnen.

Summa .

Sollten sich bei einer ansehnlichen Erbschaft Sachen finden, die unter keinen dieser Titel zu bringen; so sind besondere Titel einzurücken. Es sind auch die Titel in besondere Abtheilungen sodann abzusondern, wenn z. B. bei dem Titel X. XI. XII. XVI. XVII. XVIII. von jeder Art der darunter gerechneten Sachen sehr viele vorhanden sind.

Bei einer geringen Verlassenschaft können diejenigen Titel ganz ausgelassen werden, wovon nichts vorhanden ist. In Ansehung des Titels I. II. III. XX. XXI. aber ist jederzeit nothwendig, daß ausdrücklich im Inventar angeführt werde, ob etwas oder nichts davon vorhanden sei.

Recapitulation.

Tit. I. pag.			
Tit. II. pag.			
Tit. III. pag.			
Tit. IV. pag.			
Tit. V. pag.			
Tit. VI. pag.			
Tit. VII. pag.			
Tit. VIII. pag.			
Tit. IX. pag.			
Tit. X. pag.			
Tit. XI. pag.			
Tit. XII. pag.			
Tit. XIII. pag.			
Tit. XIV. pag.			
Tit. XV. pag.			
Tit. XVI. pag.			
Tit. XVII. pag.			
Tit. XVIII. pag.			
Tit. XIX. pag.			
Tit. XX. pag.			
Summa Summarum .			
Hiervon geht ab Tit. XXI.			
Verbleibt Summa des Vermögens (Nachlasses) .			

VI.

Gesetz,

betreffend die Geschäftsfähigkeit Minderjähriger und die Aufhebung der Wiedereinsetzung in den vorigen Stand wegen Minderjährigkeit.

Vom 12. Juli 1875. (G. S. S. 518.)

---

§ 1.

Minderjährige, welche das siebente Lebensjahr noch nicht vollendet haben, sind zur Vornahme von Rechtsgeschäften nicht fähig.[1])

1) § 25. I. 1, § 20. I. 4. A. L. R. Der Kinder Willenserklärungen sind nichtig. Daher können sie auch nicht erwerben. Der Besitzerwerb an sich ist kein Rechtsgeschäft. (Dernburg S. 108, vergl. § 44. I. 7. A. L. R.) Die Bestimmung des Preuß. Landrechts (§ 1060. I. 11), daß jeder Dritte ein Geschenk zum Besten des Kindes annehmen kann, besteht nach wie vor.

§ 2.

Minderjährige, welche das siebente Lebensjahr vollendet haben, sind ohne Genehmigung des Vaters, Vormundes oder Pflegers nicht fähig, durch Rechtsgeschäfte Verbindlichkeiten zu übernehmen oder Rechte aufzugeben, jedoch fähig, durch Rechtsgeschäfte, bei welchen von ihnen keine Gegenleistung übernommen wird, Rechte zu erwerben oder von Verbindlichkeiten sich zu befreien.[2])

2) Ein Unterschied der vierzehnjährigen (mündigen, § 25. I. 1. A. L. R.) und jüngeren Minderjährigen (unter 21 Jahr alten), wie ihn das A. L. R. (§ 21. I. 4) kannte, ist nicht gemacht. Die sieben Jahre alten Minderjährigen werden bis zur Großjährigkeit gleich behandelt.

Die Genehmigung (des Vaters, Vormundes, Pflegers), welche nicht allgemein für künftige Handlungen des Minderjährigen ertheilt werden darf, kann dem Abschlusse des Geschäfts vorgehen oder ihm nachfolgen, sie kann mündlich oder schriftlich geschehen. (Dernburg S. 109, Löwenstein S. 168.) Bedarf indeß der Vertrag des Hauskindes (mag dasselbe minderjährig oder großjährig sein) zur Rechtsbeständigkeit der Einwilligung des Vaters und der schriftlichen Form (§ 125. II. 2. A. L. R., Striethorst Arch. 26. S. 296), so muß die Einwilligung des Vaters auch in schriftlicher Form erfolgen. Dieser vom Obertribunal ausgesprochene Grundsatz findet auf Handelsgeschäfte keine Anwendung. (Deutsches Handelsges. B. Art. 317, Entsch. R. O. H. G. 21. S. 216.) Eine Genehmigung unter einer Bedingung hat bis zum Eintritt der Bedingung noch keine Geltung. (Dernburg S. 110.)

§ 3.

Die wegen fehlender Genehmigung unwirksamen Geschäfte werden wirksam, wenn der Minderjährige nach erlangter Selbstständigkeit sie anerkennt.[3]) Durch Zeitablauf werden sie nicht wirksam.[4])

3) Eine Form für diese Anerkennung ist nicht für erforderlich erachtet. Insoweit haben §§ 136. 137. II. 2. A. L. R. ihre Giltigkeit verloren (Dernburg S. 111 Anm. 12, Löwenstein S. 168 Anm. 4), obwohl deren Grundsatz, daß die ungiltige Verbindlichkeit der Hauskinder hinterher, durch Anerkenntniß der Schuld, nach aufgehobener väterlicher Gewalt, giltig wird, hier aufgenommen ist, weil die ungenehmigten Rechtsgeschäfte nur für den Minderjährigen, nicht aber absolut unwirksam sind. Das Anerkenntniß ersetzt also die fehlende Genehmigung des Vertreters, und kann deshalb daraus gegen den früher Minderjährigen nicht nur auf Erfüllung geklagt werden, sondern es fällt auch die Zurückforderung des Geleisteten weg. Obgleich nun keine Form für die Anerkennung vorgeschrieben ist, ist doch eine Beseitigung der bestehenden allgemeinen Formvorschriften nicht beabsichtigt. (Löwenstein S. 169 Anm. 6.)

In Folge der Genehmigung der Geschäfte durch Anerkennung werden die Geschäfte ex tunc, also mit rückwirkender Kraft, wirksam. (Dernburg S. 112, Löwenstein S. 169.)

4) Dies bezieht sich auf das Rheinische und gemeine Recht. (Dernburg S. 112 Anm. 13, Löwenstein S. 169 Anm. 7.)

§ 4.

Derjenige, mit welchem der Minderjährige ein wegen fehlender Genehmigung unwirksames Rechtsgeschäft abgeschlossen hat, ist an dasselbe gebunden; er wird jedoch von seiner Verbindlichkeit frei, wenn der Vater, Vormund oder Pfleger die Genehmigung zu dem abgeschlossenen Rechtsgeschäft verweigert.

Der Verweigerung steht es gleich, wenn auf ergangene Aufforderung der Vater, Vormund oder Pfleger oder der Minderjährige nach erlangter Selbstständigkeit die Genehmigung innerhalb einer Frist von zwei Wochen nicht ertheilt.[5])

5) Dieser Grundsatz findet sich bereits im A. L. R. §§ 12. 13. I. 5. Von vornherein ist ein derartiges, nicht genehmigtes, Rechtsgeschäft ein negotium claudicans. Wird die Genehmigung verweigert, und gilt deshalb das Geschäft für gar nicht abgeschlossen, so kann der Geschäftsfähige vom Minderjährigen Herausgabe der Bereicherung fordern, muß aber seinerseits das vom Minderjährigen an Geld oder Geldeswerth Erhaltene herausgeben. (Dernburg S. 111. 112, Löwenstein S. 170.)

Eine Form für die „Aufforderung" ist nicht vorgeschrieben. Dieselbe kann daher mündlich oder schriftlich erfolgen. Im letzteren Falle muß die Behändigung zur Berechnung der zweiwöchentlichen Frist nachgewiesen werden.

§ 5.

Hat der Vater oder unter Genehmigung des Vormundschaftsgerichts[6]) der Vormund den selbstständigen Betrieb eines Erwerbsgeschäftes[7]) dem Minderjährigen gestattet, so ist Letzterer zur selbstständigen Vornahme derjenigen Rechtsgeschäfte fähig, welche der Betrieb des Erwerbsgeschäftes mit sich bringt.[8])

Zu einzelnen innerhalb dieses Betriebs vorkommenden Rechtsgeschäften bedarf der Minderjährige der Genehmigung des Vormundschaftsgerichts in gleicher Weise, wie nach den bestehenden Vorschriften der Vater oder Vormund dieser Genehmigung bedürfen würde.[9])

6) Vergl. § 42. Nr. 9 V. O.

7) Der Begriff eines Erwerbsgeschäftes ist weit umfassender als der eines Handelsgeschäftes. Dasselbe begreift jede regelmäßige Thätigkeit in sich, durch welche Jemand in selbstständiger Weise Erwerb sucht, also Landwirthschaft, Handwerk, Fabrikation, Handel. Im Gegensatz steht Erwerb durch ein Dienstverhältniß. (§ 6 dieses Ges., Dernburg S. 115.)

8) Der Vater und der Vormund können die zum selbstständigen Betriebe eines Erwerbsgeschäftes ertheilte Erlaubniß jederzeit widerrufen. (Dernburg S. 114 Anm. 5, Löwenstein S. 171.)

9) Weil (nach den Motiven) der Vater und Vormund nicht größere Rechte durch ihre Genehmigung geben können, als ihnen selbst zustehen, und es viele Erwerbsgeschäfte giebt, z. B. Betrieb eines Handwerks, bei denen eine Befreiung von der im § 42 der V. O. vorgeschriebenen vormundschaftsgerichtlichen Genehmigung, z. B. zur Ausstellung von Wechseln, nicht erforderlich ist. (Dernburg S. 115, Löwenstein S. 171.)

Forderungen aus solchen Erwerbsgeschäften kann der Minderjährige auch selbstständig einziehen (Johow 7. S. 333), und demgemäß selbstständig Prozesse führen, sowohl wegen Forderungen aus Erwerbsgeschäften, als aus Dienst- und Arbeitsverhältnissen. (Deutsche Civilproz. O. § 51 Abs. 1.)

§ 6.

Hat der Vater oder Vormund seine Genehmigung ertheilt, daß der Minderjährige in Dienst oder Arbeit trete, so ist Letzterer selbstständig zur Eingehung und Auflösung von Dienst- oder Arbeitsverhältnissen der genehmigten Art befugt.[10])

Dem Vater oder Vormund steht es frei, eine solche Genehmigung zurückzuziehen oder einzuschränken, soweit dadurch Rechte Dritter nicht beeinträchtigt werden.[11])

10) Die allgemeine Genehmigung genügt für immer, bis sie zurückgezogen wird. Sie kann ausdrücklich, durch Handlungen und Geschehenlassen ertheilt werden. (Dernburg S. 116.)

11) Laufende Dienst- oder Arbeitskontrakte dürfen hiernach wider den Willen des dritten Kontrahenten nicht aufgelöst werden. (Löwenstein S. 171.) Wohl aber darf der Vater oder Vormund jederzeit statt des Mündels das kontraktlich vorbehaltene oder gesetzlich zustehende Kündigungs- oder Auflösungsrecht ausüben. (Dernburg S. 116.)

§ 7.

Hat sich ein Minderjähriger fälschlich für geschäftsfähig ausgegeben[12]) und einen Andern ohne dessen Verschulden zur Vornahme eines Rechtsgeschäftes verleitet,[13]) so kann Letzterer den Ersatz des hierdurch ihm zugefügten Schadens aus dem Vermögen des Minderjährigen verlangen.[14]) [15])

12) Analog der Bestimmung im A. L. R. § 33. I. 5, §§ 134. 135. II. 2. Es genügt, daß sich der Minderjährige nicht bloß durch Worte, sondern auch durch Benehmen und Auftreten für geschäftsfähig ausgegeben hat.

13) Den Minderjährigen muß eine Schuld, ein Verleiten, treffen. Hatte er zu der Annahme Grund, der Mitkontrahent wisse von seiner Minderjährigkeit, so erscheint er schuldlos, und dürfte dann muthmaßlich Letzteren ein „Verschulden" treffen. Ob ein Verschulden des Verleiteten anzunehmen, bleibt dem Ermessen des Prozeßrichters überlassen.

14) Dem getäuschten Mitkontrahenten ist Alles, was er in Folge des Vertragsabschlusses aufgewendet oder verloren hat, zu erstatten. Sein Anspruch unterliegt nach A. L. R. der dreijährigen Verjährung außerkontraktlicher Ansprüche. (Dernburg S. 113.)

15) Zum Schutze der Minderjährigen werden Diejenigen, welche deren Leichtsinn und Unerfahrenheit in gewinnsüchtiger Absicht misbrauchen, nach dem Strafgesetzbuche (§§ 301. 302) mit Gefängniß, Geldstrafe und Verlust der bürgerlichen Ehrenrechte belegt.

§ 8.

Die Fähigkeit der Minderjährigen zur Eingehung einer Ehe oder eines Verlöbnisses,[16] sowie zu letztwilligen Anordnungen[17] wird von diesem Gesetze nicht berührt.

16) Vergl. § 28 Ges. v. 6. Febr. 1875 (R. G. Bl. S. 23), Verordn. v. 24. Febr. 1875 (Ges.=S. S, 97), Verf. v. 2. März und 6. Nov. 1875 (J. M. Bl. S. 63. 234).

17) Vergl. §§ 16—18. I. 12. A. L. R.; s. oben Anm. 2 zu § 11 der Vorm. Ordn. S. 66.

§ 9.

Die Wiedereinsetzung in den vorigen Stand wegen Minderjährigkeit findet gegen die nach Erlaß dieses Gesetzes vorgenommenen Rechtsgeschäfte nicht statt.

Dies gilt auch von den Rechtsgeschäften der den Minderjährigen gleichgestellten Personen.[18] [19]

18) Das Wort „Rechtsgeschäfte" ist, nach den Motiven, gewählt, weil die Restitution in Prozessen (§§ 13—16. I. 16. A. G. O.) und bei der Verjährung (§§ 537 ff. I. 9. A. L. R.) durch dieses Gesetz nicht berührt wird. (Dernburg S. 107, Löwenstein S. 173.) Der § 210 Deutscher Civilproz. O. bestimmt: „Auf Grund der den Minderjährigen und den ihnen gleichgestellten Personen als solchen zustehenden Rechte findet die Aufhebung der Folgen einer Versäumung nicht statt."

19) Dieses Gesetz gilt, wie die Vormundschaftsordnung, seit 1. Januar 1876.

VII.

Alphabetisches Sachregister.

(Die Zahlen bezeichnen die Seiten.)

A.

B.

G.

H.

T.

U.

V.

W.

Pierer'sche Hofbuchdruckerei. Stephan Geibel & Co. in Altenburg.

FSC
www.fsc.org
MIX
Papier | Fördert
gute Waldnutzung
FSC® C083411

Kolibri 360 GmbH
Ferdinand-Jühlke-Straße 7
99095 Erfurt, Deutschland
produktsicherheit@kolibri360.de